主　　编　曹士兵　国家法官学院副院长

副 主 编　关　　毅　国家法官学院科研部主任

　　　　　刘　　畅　国家法官学院科研部副主任

主编助理　边疆戈　国家法官学院编辑

　　　　　苏　　烽　国家法官学院编辑

《中国法院年度案例》编辑人员（按姓氏笔画）

边疆戈　关　毅　刘　畅　苏　烽　孟　军

罗胜华　赵丽敏　唐世银　曹士兵　曹海荣

梁　欣　程　瑛

　本书编审人员　　曹海荣

中国法院
2016年度案例

国家法官学院案例开发研究中心◎编

借款担保纠纷

中国法制出版社
CHINA LEGAL PUBLISHING HOUSE

《中国法院年度案例》通讯编辑名单

刘晓虹	北京市高级人民法院	赵晓利	安徽省高级人民法院
白云飞	天津市高级人民法院	杨　治	浙江省高级人民法院
王　磊	山东省高级人民法院	李相如	福建省高级人民法院
王　佳	河北省高级人民法院	李春敏	福建省高级人民法院
马　磊	河南省高级人民法院	黄玉霞	广东省高级人民法院
姜欣禹	黑龙江省高级人民法院	贺利研	广西壮族自治区高级人民法院
李慧玲	吉林省高级人民法院	李周伟	海南省高级人民法院
邢　丹	辽宁省高级人民法院	豆晓红	四川省高级人民法院
陈树森	上海市高级人民法院	游中川	重庆市高级人民法院
马云跃	山西省高级人民法院	赵学玲	陕西省高级人民法院
孙烁犇	江苏省高级人民法院	马小莉	陕西省高级人民法院
戴鲁霖	江苏省高级人民法院	施辉法	贵州省贵阳市中级人民法院
沈　杨	江苏省南通市中级人民法院	陈　薇	云南省高级人民法院
周耀明	江苏省无锡市中级人民法院	冯丽萍	云南省昆明市中级人民法院
汤媛媛	江西省高级人民法院	许文博	甘肃省高级人民法院
汪丽萍	湖北省高级人民法院	石　燕	新疆维吾尔自治区高级人民法院
黄金波	湖北省宜昌市中级人民法院	王　琼	新疆维吾尔自治区高级人民法院
汪媛媛	湖南省高级人民法院		生产建设兵团分院
庞　梅	安徽省高级人民法院	孙启英	青海省高级人民法院

序

　　《中国法院年度案例》丛书，是国家法官学院于 2012 年开始编辑出版的一套大型案例丛书，之后每年初定期出版，由国家法官学院案例开发研究中心具体承担编辑工作。此前，该中心坚持 20 余年连续不辍编辑出版了《中国审判案例要览》丛书 80 余卷，分中文版和英文版在海内外发行，颇有口碑，享有赞誉。现在编辑出版的《中国法院年度案例》丛书，旨在探索编辑案例的新方法、新模式，以弥补当前各种案例书的不足。该丛书 2012—2015 年已连续出版 4 套，一直受到读者的广泛好评，并迅速售罄。为响应读者需求，2014 年度新增 3 个分册：金融纠纷、行政纠纷、刑事案例。2015 年度将刑事案例调整为刑法总则案例、刑法分则案例 2 册。现国家法官学院案例开发研究中心及时编撰推出《中国法院 2016 年度案例》系列，新增知识产权纠纷分册，共 20 册。

　　党的十八届四中全会提出了建设中国特色社会主义法治体系，建设社会主义法治国家的依法治国的总目标，对司法体制改革和司法审判提出了新的标准和要求，特别强调加强和规范司法解释和案例指导，统一法律适用标准。法律的生命在于实施，而法律实施的核心在于法律的统一适用。《中国法院年度案例》丛书出版的价值追求，即是公开精品案例，研究案例所体现的裁判方法和理念，为司法统一贡献力量。

　　总的说来，当前市面上的案例丛书大多"不好读"，存在篇幅长、无效信息多、案例情节杂、缺乏深加工等不足。《中国法院年度案例》丛书试图把案例书籍变得"好读有用"，故在编辑中坚持以下方法：一是高度提炼案例内容，控制案例篇幅，每个案例基本在 3000 字以内；二是突出争议焦点，剔除无效信息，尽可能在有限篇幅内为读者提供有效、有益的信息；三是注重对案件裁判文书的再加工，大多数案例由案件的主审法官撰写"法官后语"，高度提炼、总结案例的指导价值。

同时，《中国法院年度案例》丛书还有以下特色：一是信息量大。国家法官学院案例开发研究中心每年从全国各地法院收集到的上一年度审结的典型案例超过10000 件，《中国法院年度案例》有广泛的选编基础，可提供给读者新近发生的全国各地的代表性案例。二是方便检索。为节约读者选取案例的时间，丛书分卷细化，每卷下还将案例主要根据案由分类编排，每个案例用一句话概括焦点问题作为主标题，让读者一目了然，迅速找到需要的案例。

总之，编辑《中国法院年度案例》就是为了让案例类书籍简便、易用，这既是本丛书的特点，也是编辑出版这套丛书的理由。中国法制出版社始终坚持全力支持《中国法院年度案例》的出版，给了作者和编辑们巨大的鼓励。我们在此谨表谢忱，并希望通过共同努力，逐步完善，做得更好，真正探索出一条编辑案例书籍的新路，更好地服务于学习、研究法律的读者，服务于社会，服务于国家的法治建设。

本丛书既可作为法官、检察官、律师等实务工作人员办案权威参考和培训推荐教程，也是社会大众学法用法的极佳指导，亦是教学科研机构案例研究配备精品。当然，案例作者和编辑在编写过程中也不能一步到位实现最初的编写愿望，可能会存在各种不足，甚至错误，欢迎读者批评指正，我们愿听取建议，并不断改进。

目 录
Contents

一、借款合同

二、保　证

三、抵 押

一、借款合同

1

被宣告婚姻无效的原夫妻间的借条
能否认定为债权债务关系
——郭惠某诉张耀某民间借贷案

【案件基本信息】

1. 裁判书字号

河南省汝州市人民法院（2014）汝民再字第 1－2 号民事判决书

2. 案由：民间借贷纠纷

3. 当事人

原告：郭惠某

被告：张耀某

【基本案情】

原审原告郭惠某、原审被告张耀某 2008 年 8 月 8 日在汝州市民政局登记结婚，2009 年 8 月 8 日生育女儿郭奕某，现随原审原告生活。2010 年原审原告郭惠某在原审被告张耀某处发现了宝丰县人民法院（2010）宝民初字第 203 号民事调解书一份，得知原审被告 2000 年 11 月 20 日已与阿双某结婚，婚后生一子一女，2010 年 3 月 16 日原审被告与阿双某经宝丰县人民法院调解离婚。原审原告遂提起刑事自诉，汝州市公安局于 2010 年 3 月 24 日将原审被告刑事拘留，同年 4 月 8 日逮捕，汝州市人民法院经审理以重婚罪判决原审被告拘役五个月，原审被告已于 2010 年 8 月

23 日刑满出狱。后原审原告郭惠某又向汝州市人民法院申请确认其与原审被告的婚姻无效，并要求原审被告偿还共同生活期间的借款共计 21.3 万元。汝州市人民法院于 2010 年 11 月 15 日作出了（2011）汝民初字第 199 号民事判决书，判决驳回原告郭惠某的诉讼请求。2011 年 4 月 21 日，汝州市人民法院作出（2011）汝刑初字第 153 号刑事判决书，以原审被告张耀某 2000 年 11 月 20 日与阿双某登记结婚后，在有效的婚姻关系存续期间，于 2006 年至 2010 年与王爱某以夫妻名义同居生活，构成事实婚姻，犯重婚罪判决有期徒刑十个月。后原审原告起诉汝州市民政局要求撤销与原审被告的婚姻登记，2011 年 9 月 7 日汝州市人民法院作出（2011）汝行初字第 348 号行政判决，判决确认汝州市民政局 2008 年 8 月 8 日为郭惠某和张耀某颁发的豫结字第 000803696 号结婚证无效。2013 年，原审原告关于孩子抚养费及原审被告借款纠纷分别向宝丰县人民法院提起诉讼，宝丰县人民法院于 2013 年 10 月 28 日作出（2013）宝民初字第 1180 号民事判决，对原审原告郭惠某作为法定代理人要求原审被告张耀某支付其女郭奕某抚养费一案作出判决，判决张耀某每月支付抚养费 300 元；同日作出（2013）宝民初字第 1174 号民事裁定书，对郭惠某要求张耀某民间借贷纠纷一案作出裁定，以该民间借贷纠纷一案所诉争的标的，郭惠某已于 2010 年 8 月 10 日向汝州市人民法院提起民事诉讼，汝州市人民法院经审理于 2010 年 11 月 15 日作出了（2011）汝民初字第 199 号民事判决书，该判决书已对郭惠某与张耀某之间 21.3 万元欠款进行了实体审理，并判决驳回郭惠某的诉讼请求，该判决书现已发生法律效力，郭惠某就同一诉讼标的，同一理由再次向宝丰县人民法院提起民事诉讼，违反了"一事不再理"的诉讼原则，裁定驳回郭惠某的起诉。2013 年，原审原告郭惠某对（2011）汝民初字第 199 号民事判决书申请再审。在法院审理过程中，原审原告增加诉讼请求，要求被告归还 21.3 万元。2014 年 9 月 22 日法院作出（2014）汝民再字第 1-1 号民事判决书，判决撤销法院 2010 年 11 月 15 日作出的（2011）汝民初字第 199 号民事判决，宣告原审原告郭惠某与原审被告张耀某的婚姻无效。

【案件焦点】

被宣告婚姻无效的原夫妻间借款合同的效力如何。

【法院裁判要旨】

河南省汝州市人民法院经审理认为，原审被告张耀某在婚姻关系存续期间又重婚，2014 年 9 月 22 日本院作出（2014）汝民再字第 1－1 号民事判决书，判决撤销本院（2011）汝民初字第 199 号民事判决，并宣告原审原告郭惠某与原审被告张耀某婚姻无效。无效或者被撤销的婚姻，自始无效。当事人不具有夫妻的权利和义务。所生子女依照婚姻法有关父母子女的规定。其子女的抚养费，原审原告以宝丰县人民法院已对此作出处理，不再要求处理，本院不再审理。原审原告原审要求被告归还借款的请求，本案再审中婚姻被宣告无效后，应予处理。欠款应当归还，借款人应当按照约定返还借款。原审原告主张原审被告欠款 21.3 万元，事实清楚，证据充分，足以认定，原审被告辩称欠条缺乏真实性，但未提供相关证据予以证实，其辩称理由不能成立。原审原告要求原审被告归还欠款其请求应予支持，利息双方未约定，不予支持。判决：原审被告张耀某于本判决生效后三十日内支付原审原告欠款 21.3 万元。未按判决书指定的期间履行给付的，按照《中华人民共和国民事诉讼法》第二百五十三条规定支付迟延履行期间债务利息。案件受理费 300 元由原审被告张耀某负担。

【法官后语】

《婚姻法》对夫妻约定财产制予以确认和完善，而夫妻双方约定财产制是夫妻间借贷关系产生的基础。如果否定了夫妻间借贷关系的效力，即是否定了夫妻一方可以作为独立的民事权利主体的存在，使夫妻约定财产制失去其法律意义和现实意义。对此，《关于适用〈中华人民共和国婚姻法〉若干问题的解释（三）》第十六条也明确规定，夫妻之间订立借款协议，以夫妻共同财产出借给一方从事个人经营活动或用于个人事务的，应视为双方约定处分夫妻共同财产的行为，离婚时可以按照借款协议的约定处理。庭审中，原审原告共出具了 7 张欠条，共计 21.3 万元，并主张借款的用途大多是为原审被告做生意借款，对欠条书写的情形描述也较为详细。从借条的书写情况来看，欠条书写较规范。

就本案而言，原审原告郭惠某与原审被告张耀某之间的婚姻被宣告无效，无效的婚姻自始无效，当事人不具有夫妻的权利义务。参照《关于适用〈中华人民共和国婚姻法〉若干问题的解释（三）》第十六条对婚内夫妻之间借贷关系的处理，本案中原、被告之间的借款应按照普通的民间借贷关系进行处理。但由于原、被告之间存在的特殊关系，使案件在证据认定方面存在较大难度，对此本案在审判中对借款的来源、用途等内容进行了细致认定，并结合原审被告多次重婚的事实和收入状况，认定原审原告主张的借款是真实的，借条上并未未约定借款利息，所以判决原审被告张耀某在判决生效后十日内偿还原审原告借款 21.3 万元，对利息部分不予支持。

编写人：河南省汝州市人民法院　闫飞飞

2

仅有转账凭证能否认定成立借贷关系

——重庆卓泰机械有限公司诉付乘加民间借贷案

【案件基本信息】

1. 裁判书字号

重庆市第五中级人民法院（2015）渝五中法民终字第 01003 号民事判决书

2. 案由：民间借贷纠纷

3. 当事人

原告（被上诉人）：重庆卓泰机械有限公司（以下简称卓泰公司）

被告（上诉人）：付乘加

【基本案情】

2010 年 1 月 6 日原告卓泰公司通过华夏银行账户向被告付乘加的华夏银行账户转账 37.5 万元；2010 年 2 月 11 日原告卓泰公司通过华夏银行账户向被告付乘加的华夏银行账户转账 20 万元；2011 年 9 月 19 日原告卓泰公司通过邮政银行账户向被告付乘加的邮政银行账户转账 4.5 万元；2011 年 9 月 20 日原告卓泰公司通过邮政银行账户向被告付乘加的邮政银行账户转账 1 万元；2011 年 10 月 26 日原告卓泰公司通过邮政银行账户向被告付乘加的邮政银行账户转账 20 万元；2011 年 10 月 28

日原告卓泰公司通过邮政银行账户向被告付乘加的邮政银行账户转账 30 万元；2012 年 2 月 6 日原告卓泰公司通过民生银行账户向被告付乘加的民生银行账户转账 50 万元，同日原告卓泰公司通过邮政银行账户向被告付乘加的民生银行账户电汇 50 万元。在上述期间内，原告卓泰公司共计向被告付乘加银行账户转账 213 万元。2014 年 6 月原告以上述资金系借给被告付乘加的借款为由起诉至法院，要求被告付乘加归还借款并支付迟延还款的利息。被告付乘加只对其中一笔转账承认是借款，其余以无借款合同和借条为由予以否认。

【案件焦点】

本案无借条、借款合同的情况下能否认定其余大部分转账是借款。

【法院裁判要旨】

重庆市大渡口区人民法院经审理认为：民间借贷既可以采用书面形式也可以采用口头形式。虽然本案原被告未签书面的借款合同，但鉴于被告与本案原告的法定代表人之间特殊关系和大量银行转账事实的存在，不能直接否定双方的借款关系的存在。庭审中被告对 2010 年 2 月 11 日原告卓泰公司通过华夏银行账户向被告付乘加的华夏银行账户转账的 20 万元认可为原告向其出借的借款。同时 2012 年 2 月 6 日原告卓泰公司通过邮政银行账户向被告付乘加的民生银行账户电汇 50 万元的电汇单上用途一栏载明"借款"，并有被告付乘加的签名。对这两笔转款，应直接认定为原告向被告出借的借款。对其余多笔转账（共计 143 万元），庭审中被告辩称是原告归还自己的借款。因涉及金额较大，被告并未举示任何证据证明曾向原告实际出借借款的事实，虽辩称系多次陆续出借形成，但未合理说明多次出借借款的具体金额、时间、方式。因此本院对被告辩称其余转账系原告归还其借款的主张不予认可。结合以上几方面情况，本院对原被告之间形成的民间借贷关系予以确认，因此原告要求被告返还借款本金的诉讼请求，于法有据。对卓泰公司主张的借款利息，因卓泰公司与付乘加之间并未约定借款利息和还款期限，卓泰公司可以随时要求付乘加还款，但应给付乘加合理的期间准备。结合本案，卓泰公司未提供证据证明在起诉前向付乘加进行催收，法院认为卓泰公司起诉时应视为卓泰公司向付乘加进行催收，从起诉时至本案开庭之日为合理期间。因此，对开庭之日后的逾期利息，予以支持。

重庆市大渡口区人民法院，依照《中华人民共和国民法通则》第五十六条、第九十条、《最高人民法院关于贯彻执行〈中华人民共和国民法通则〉若干问题的意见（试行）》第一百二十一条、第一百二十三条、《中华人民共和国民事诉讼法》第三十九条第二款、第一百三十四条第一款，《最高人民法院关于民事诉讼证据的若干规定》第二条、第七十六条之规定，作出如下判决：

一、付乘加于本判决生效后十日内支付重庆卓泰机械有限公司借款本金 213 万元及逾期还款的利息（以 213 万元为本金，按中国人民银行同期贷款利率从 2014 年 11 月 3 日起计收至借款还清为止）①；

二、驳回重庆卓泰机械有限公司的其他诉讼请求。

被告付乘加不服一审判决提起上诉。重庆市第五中级人民法院经审理认为，被告上诉理由不成立，依照《中华人民共和国民事诉讼法》第一百七十条第一款第（一）项之规定，作出如下判决：

驳回上诉，维持原判。

【法官后语】

民间借贷是自然人与非金融企业之间或者自然人相互之间的借贷法律行为，与金融借贷相比更具普遍性，灵活性，简便性，在形式上既可以是书面形式和口头形式，以及其他形式。民间借贷的形成，往往是基于当事人之间的特殊关系，一般可能是亲戚、朋友、生意伙伴等关系，其中掺杂着其他的法律关系和其他非法律因素。正是基于以上特点，审理中对民间借贷关系的认定及权利义务内容确定具有相当的复杂性。随着民商事活动形式的不断发展和扩展，民间借贷的形式也呈现出多样性。最高人民法院和众多省市的高级人民法院对民间借贷也出台相关的司法解释和指导意见，但不能涵盖民间借贷案件出现所有的问题，因此不能只是机械的适

---

① 关于逾期利率，2015 年公布的《最高人民法院关于审理民间借贷案件适用法律若干问题的规定》第二十九条规定："借贷双方对逾期利率有约定的，从其约定，但以不超过年利率 24% 为限。未约定逾期利率或者约定不明的，人民法院可以区分不同情况处理：（一）既未约定借期内的利率，也未约定逾期利率，出借人主张借款人自逾期还款之日起按照年利率 6% 支付资金占用期间利息的，人民法院应予支持；（二）约定了借期内的利率但未约定逾期利率，出借人主张借款人自逾期还款之日起按照借期内的利率支付资金占用期间利息的，人民法院应予支持"。下文不再赘述。

用，要具体案情具体分析。对于没有书面借款合同情况下判断是否存在民间借贷法律关系，要结合当事人双方的情况、庭审中举示的证据及被告的抗辩意见等多方面的因素进行具体的综合的判断。本案中，被告付乘加系原告的法定代表人的妻子，同时又是公司的股东的女儿，仅在支票存根上注明借款，不由被告出具借款协议也符合常情。在查明被告已经收到款项前提下，被告否认上述转账系借款应向法院合理说明其性质，必要时需提交证据加以证明，一审庭审中原告主张是原告向被告的还款，但未提交相关证据加以证明也未具体说明向原告出借借款的金额、时间和方式，在二审中称用于公司购买设备和发工资，也未提交证据加以证明。

编写人：重庆市大渡口区人民法院　戴乔

3

《农户短期借款申请书》是否是
《保证担保借款合同》的附条件合同

——迁安市农村信用合作联社诉司学东、司玉林借款合同案

【案件基本信息】

1. 裁判书字号

河北省迁安市人民法院（2014）安民初字第5579号民事判决书

2. 案由：借款合同纠纷

3. 当事人

原告：迁安市农村信用合作联社

被告：司学东、司玉林

【基本案情】

被告司学东于1996年12月6日从孙刚处借款10000元，并约定月利率为18‰，一直未偿还。另外，孙刚欠迁安市农村信用合作联社所属的建昌营信用社借

款 15000 元。2000 年 6 月 25 日，孙刚、司学东、迁安市农村信用合作联社所属的建昌营信用社、司玉林四方协商由被告司学东偿还建昌营信用社借款 15000 元，并订立了借款合同，约定月利率为 7.3125‰，被告司玉林为担保人，且借款申请书中还款资金来源注明"待迁安市人民法院（1998）安经初字第 359 号民事判决书执行后还款"，借款合同约定还款日期为 2000 年 12 月 25 日。

迁安市人民法院已对（1998）安经初字第 359 号民事判决书执行回标的款 40000 余元并交付给司学东，还有 20000 余元因被执行人无能力偿还，迁安市人民法院中止执行此案。被告司学东以迁安市人民法院（1998）安民初字第 359 号没有全部执行完毕，迁安市农村信用合作联社无权向其追偿借款为由至今未偿还原告所属的建昌营信用社该笔借款本息。

【案件焦点】

在《农户短期借款申请书》中项下"还款资金来源"注明"待迁安市人民法院（1998）安经初字第 359 号民事判决书执行后还款"，以此对抗其与迁安市农村信用合作联社订立的《保证担保借款合同》，其拒绝偿还借款的理由是否成立。

【法院裁判要旨】

河北省迁安市人民法院经审理认为：2000 年 6 月 25 日，孙刚、司学东、迁安市农村信用合作联社所属的建昌营信用社、司玉林四方协商由被告司学东偿还原告所属的建昌营信用社借款 15000 元，并订立了保证担保借款合同，是双方当事人的真实意思表示，其债权张行为符合法律规定，其签订《保证担保借款合同》合法、有效。借款到期后，被告司学东应偿还借款本金及利息，被告司玉林应承担连带保证责任。被告司学东办理借款时借款申请书中还款资金来源一项注明"待迁安市人民法院（1998）安经初字第 359 号民事判决书执行后偿还该笔借款"，是被告对偿还该笔借款资金来源的一种说明。且迁安市人民法院已经对（1998）安经初字第 359 号民事判决书执行回标的款 40000 余元并交付给了司学东，该判决虽然没有全部执行完毕，但对原告与被告之间借款合同不产生任何影响。故被告提出待迁安市人民法院（1998）安经初字第 359 号民事判决书执行后再偿还该笔借款的主张，本院不予支持。故依据《中华人民共和国民事诉讼法》第九十二条、第一百四十四条、《中华人民共和国合同法》第二百零五条、第二百零六条、第二百零七条、

《中华人民共和国担保法》第六条、第十八条、第二十一条之规定，判决如下：

一、被告司学东偿还原告迁安市农村信用合作联社借款本金15000元及相应利息。本判决生效后十日内履行；

二、被告司玉林对被告司学东的上述偿还义务承担连带清偿责任；承担责任后，有权向债务人追偿。

【法官后语】

本案处理重点主要在于《农户短期借款申请书》对《保证担保借款合同》作用的理解。《农户短期借款申请书》是借款人司学东向迁安市农村信用合作联社提出贷款时，必须履行的手续。意在表明司学东的借款意向、借款概况及还款能力，供意向贷款人迁安市农村信用合作联社对司学东及借款概况进行了解，其属于借款凭证附件。借款人司学东、担保人司玉林与贷款人迁安农村信用合作联社签订的是《保证担保借款合同》。《保证担保借款合同》是双方履行权利、义务的最终依据。

在本案中，司学东以《农户短期借款申请书》中项下"还款资金来源"注明"待迁安市人民法院（1998）安经初字第359号民事判决书执行后还款"作为抗辩理由拒绝还款，是将《农户短期借款申请书》误认为《保证担保借款合同》的附条件合同。

我国《合同法》第四十五条第一款规定："当事人对合同的效力可以约定附条件。附生效条件的合同，自条件成就时生效。附解除条件的合同，自条件成就时失效"。本案中，在《保证担保借款合同》中没有关于附条件合同生效的约定条款；在《农户短期借款申请书》下方明确注"申请书……一份交信用社会计作为借款凭证附件"字样，意在说明《农户短期借款申请书》是信用社借款凭证附件的属性。综述，《农户短期借款申请书》不是《保证担保借款合同》生效或失效的构成要件。因此，司学东以《农户短期借款申请书》中项下"还款资金来源"注明"待迁安市人民法院（1998）安经初字第359号民事判决书执行后还款"作为抗辩理由拒绝还款的主张法院不予支持。

编写人：河北省迁安市人民法院　张丽媛

4

名为房屋买卖实为借贷的合同效力之认定
——孙环扣等诉张正龙、邓得俊民间借贷案

【案件基本信息】

1. 裁判书字号

江苏省盐城市阜宁县人民法院（2014）阜益民初字第 0229 号民事判决书

2. 案由：房屋买卖合同纠纷

3. 当事人

原告：孙环扣、岳萍、鞠万统、单其英、孙环进、夏金蝉

被告：张正龙、邓得俊

【基本案情】

原告孙环扣、岳萍系夫妻关系，原告鞠万统、单其英系夫妻关系，原告孙环进、夏金蝉系夫妻关系。2012 年 8 月 4 日，阜宁县罗桥碧波沐浴中心 3 间四层共 12 间房屋，以原告孙环扣、岳萍，原告鞠万统、单其英，原告孙环进、夏金蝉的名义分别办理了三份房屋产权证书及土地使用权证书，每份房产证上载明的房间数均为 4 间。2012 年 10 月 17 日，原告孙环扣向被告张正龙借款 50 万元（未出具条据），并由原告孙环进、夏金蝉与被告邓得俊签订房屋买卖合同一份，将登记在孙环进、夏金蝉名下的 4 间房屋出售给被告邓得俊，用以作为张正龙 50 万元借款的抵押担保，原告孙环进、夏金蝉向被告邓得俊出具收条一份，载明："今收到邓得俊购房款人民币伍拾萬元整"，被告张正龙实际给付借款 45 万元。后因债务到期，原告孙环扣无力偿还，于 2013 年 4 月 26 日，原告孙环扣、岳萍及第三人朱茂顺与二被告签订了房屋买卖合同，约定将自有的坐落在阜宁县罗桥镇沿街村七组境内，海陵河西侧用于开设碧波浴城、歌厅、茶社、宾馆等 12 间四层房屋及锅炉房、水箱、场地等全部设备、设施售卖给二被告，上列房屋（12 间四层）及全部设备、设施、

场地等双方议定价款人民币180万元。

2013年5月25日，周爱国、朱晓晖（夫妇）与张正龙、孙环扣、岳萍签订了房屋买卖协议书，约定将原孙环扣抵押过户给周爱国的房屋卖给张正龙，由张正龙替原告孙环扣归还差欠周爱国的债务83万元，当天被告张正龙向周爱国转账83万元，周爱国将孙环扣的债务条据退给张正龙。2013年5月31日，原告鞠万统、单其英夫妇与二被告签订了房屋买卖合同，约定将登记在原告鞠万统、单其英名下的4间房屋（包含于阜宁县罗桥碧波沐浴中心中）售卖给二被告，房屋价款为41万元。2013年6月9日，原告孙环扣、岳萍与二被告签订了"附协议"一份，约定双方自愿认可上述的三份分协议，即二被告分别与孙环进、夏金蝉夫妇于2012年10月17日签订的房屋买卖合同，与周爱国、朱晓辉、孙环扣夫妇于2013年5月25日签订的房屋买卖协议书，与鞠万统、单其英夫妇于2013年5月31日签订的房屋买卖合同。

本案涉案的阜宁县罗桥碧波沐浴中心12间房屋房产证及土地使用证原件现均在被告张正龙处，但均未办理过户手续，仍分别登记在原告孙环进、夏金蝉夫妇，原告鞠万统、单其英夫妇及案外人周爱国、朱晓辉夫妇名下。

庭审中，原告孙环进、夏金蝉、鞠万统、单其英均认可阜宁县罗桥碧波沐浴中心为原告孙环扣所有并实际投资经营；原、被告及第三人均认可2013年4月26日的房屋买卖合同中约定的房款180万元的构成包括原告孙环扣差欠二被告的50万元，二被告代原告孙环扣偿还差欠周爱国的83万元及差欠李中志的31.5万元以及2013年7月13日第三人朱茂顺收取二被告的18万元。双方虽签订的是房屋买卖合同，但实际系为借贷等债务提供的抵押担保，原告若归还全部借款，房屋仍归原告所有。

【案件焦点】

双方签订的合同仅是为借款作为抵押担保还是具有房屋所有权转让的意思表示。

【法院裁判要旨】

江苏省盐城市阜宁县人民法院经审理认为：民事法律行为是公民或者法人设立、变更、终止民事权利和民事义务的合法行为，意思表示真实是其必备条件。本案所涉 2013 年 4 月 26 日签订的房屋买卖协议虽经合同双方当事人协商，但在庭审中，双方均表示订立合同时并无房屋买卖的意思表示，均陈述该房屋买卖实为债务抵押，签订房屋买卖合同的目的是为了保证原告孙环扣差欠二被告的借款及欠其他债务的清偿，故案涉协议名为房屋买卖实为债务抵押，据此，当事人订立的房屋买卖协议所体现的房屋买卖关系并非双方订立合同时的本意，不是双方当事人的真实意思表示，故原、被告于 2013 年 4 月 26 日签订的房屋买卖协议不符合法律规定，不具有法律效力，应当认定无效。合同确认无效后的法律后果由各方当事人另行主张。

江苏省盐城市阜宁县人民法院依照《中华人民共和国民法通则》第五十五条、《中华人民共和国合同法》第四十四条、第五十六条、《中华人民共和国民事诉讼法》第一百四十二条之规定，作出如下判决：

原告孙环扣、岳萍与被告张正龙、邓得俊及第三人朱茂顺于 2013 年 4 月 26 日签订的房屋买卖协议无效。

案件宣判后，双方当事人均未提起上诉。

【法官后语】

该类案件往往系是债务人将其本人所有的房屋以买卖方式进行借款抵押。债务人借债，多为急迫窘困之时，其为获得债权人的融资，往往在交易过程中处于被动地位，致使债权人可以利用债务人的急需而提出种种苛刻的条件。同时，债务人在缔结合同时，往往会对自己的偿债能力作不切实际的过于乐观的估计，从而给债权人提出种种苛刻要求提供了可乘之机。在债务人本人提供房屋担保时，自然很容易在债权人的外部压力和对自身偿债能力盲目乐观的内部动力的驱使下，为了获得急需之资金，而孤注一掷地以价值甚高之房屋担保小额之债权，并约定不能偿债时直接以房屋冲抵债务。此类案件中，待债务履行期限届满债权人将房屋直接过户给自己。债权人为了获得高额利息，双方约定的房屋买卖的合同价款往往远高于实际借款。对于出借人来说，在房价日益高涨的情况，其通过这种方式不仅获得借款高额利息，还可以获得房价上涨的超额利润，导致双方利益的严重失衡。

本案在审理过程，首先严格审查是不是双方一致有买卖房屋的意思表示。因此，需要审查真实合同的性质，是真实的房屋买卖合同还是双方间因借贷所形成的债权债务关系。其次要查清双方意思是否真实，有无存在虚假的表示。其三要审查合同的履行情况，虚构的房屋买卖合同，往往无法提供支付款项的来源和方式等相关证据，也可能无法对如何支付的经过进行详细复述。庭审中，双方均表示订立合同时并无房屋买卖的意思表示，均陈述该房屋买卖实为债务抵押，签订房屋买卖合同的目的是为了保证原告孙环扣差欠二被告的借款及欠其他债务的清偿，故案涉协议名为房屋买卖实为债务抵押，据此，当事人订立的房屋买卖协议所体现的房屋买卖关系并非双方订立合同时的本意，不是双方当事人的真实意思表示，故原、被告于 2013 年 4 月 26 日签订的房屋买卖协议不符合法律规定，不具有法律效力，应当认定无效。

编写人：江苏省盐城市阜宁县人民法院　严加力

5

出借人签名改写后的借条作为债权凭证的效力认定

——郭道孟诉郭彬、石彩虹民间借贷案

【案件基本信息】

1. 裁判书字号

山东省淄博市中级人民法院（2013）淄民一终字第 524 号民事判决书

2. 案由：民间借贷纠纷

3. 当事人

原告（被上诉人）：郭道孟

被告（上诉人）：郭彬

被告：石彩虹

【基本案情】

2011 年 10 月 21 日，被告郭彬向原告借款 212000 元，言明于 2012 年 1 月 21 日还清，并约定逾期利息按每万元每三个月 700 元计算，并由被告石彩虹（系被告郭彬之妻）作为担保人在借条上签字。之后，被告陆续向原告还款，其中 2012 年 1

月 21 日，原告向被告出具收到利息 6000 元的收条一份。另查明，原告持有的借条上载明今借原告现金"贰拾壹万贰仟元整（212000 元）"，其中"贰拾壹万贰仟元整（212000 元）"部分已划掉，上述已划掉部分右下角有原告签字，并对划掉部分有原告书写"↘"予以注明，上述划掉部分上面一行"壹拾伍万玖仟元正（159000 元）"同样已划掉，该划掉部分右下角同样有原告签字并同样对该划掉部分用"↘"也予以注明，但该划掉部分的上面一行"壹拾万陆仟元正（106000元）"却并未划掉，且原告没有在该部分右下角签字，也没有用上述的方式"↘"予以注明。对上述内容被告认为，所借原告的 212000 元该数字已经划掉并有原告签字确认，其余划掉部分忘记了是怎么回事。未划掉部分 106000 元是最后还款记的账，如果还欠原告 106000 元，被告会重新向原告出具借条。但被告没有提交已经还清借款的充分证据。原告对被告的上述主张也不予认可，主张被告向原告出具向原告借款 212000 元的借条后，陆续向原告还款，其中被告还一笔款后就将原款项划掉，重新在上面写上尚欠款项的数额，再还款后又将上面的欠款数额划掉，再写上最后欠款数额。所以，每笔还款后对最先借款的数额划掉并有原告在右下角予以签字认可，并用"↘"予以确认，然后在划掉部分上面重新写下欠款数额，被告再还款后又将余欠款划掉，再在划掉部分上面写下最后的欠款数额，故已还款部分均有原告划掉部分右下角签字并用"↘"予以确认。因此借条中未划掉的 106000 元，证实被告尚未还款，故没有划掉，原告也没有签字。原告向被告追索上述借款 106000 元未果，形成诉讼。

【案件焦点】

本案中原告持有经过改写过的借条能否主张被告偿还借款。

【法院裁判要旨】

山东省淄博市临淄区人民法院经审理认为：被告向原告借款后应按约定及时、足额向原告履行还款义务，逾期未还也应按约定向原告支付利息。被告认为向原告出具的借条中所借款项 212000 元已经划掉并经原告签字认可，故主张已向原告还清借款，但没有提交向原告还清借款的相关证据，仅有向原告支付利息 6000 元的收条一份予以证实。而且原告对借条中划掉部分和未划掉部分的解释说明与被告主张已还清借款的解释说明的证明力相比较，原告的证明力显然远远高于被告所提供证据的证明力，故被告尚欠原告 106000 元未还，应当依法予以确认，被告应当继续向原告履行还款义务。由于被告没有按双方约定还清借款，应当依照双方约定向原告履行支付利息义务，且双方对利息的约定不违反法律规定，故对原告的主张，本院予以支持，被告认为已还清借款的意见，不予采纳。被告郭彬向原告借款至今，被告石彩虹与被告郭彬系夫妻关系，而且被告石彩虹又在担保人处签字，因此被告石彩虹应与被告郭彬共同向原告承担偿还借款本金义务。

山东省淄博市临淄区人民法院依照《中华人民共和国合同法》第六十条、第一百零七条，《中华人民共和国民事诉讼法》第六十四条之规定，作出如下判决：

被告郭彬、石彩虹偿还原告郭道孟借款 106000 元、利息 37100 元，于本判决生效后十日内付清。

郭彬持原审意见提起上诉。山东省淄博市中级人民法院经审理认为原审判决认定事实清楚，证据充分，适用法律正确，应予以维持。依法判决驳回上诉，维持原判。

【法官后语】

依据《最高人民法院关于民事诉讼证据的若干规定》第五条规定，在合同纠纷案件中，主张合同关系成立并生效的一方当事人对合同订立和生效的事实承担举证责任；主张合同关系变更、解除、终止、撤销的一方当事人对引起合同关系变动的事实承担举证责任。具体到民间借贷案件，出借人应对双方有借贷合意并已实际出借进行举证，借款人对已经还清借款进行举证。本案尽管借条存在瑕疵，有划痕。但原告解释，被告陆续向原告还款，每笔还款后对最先借款的数额划掉并有原告在右下角予以签字认可，并用"↘"予以确认，然后在划掉部分上面重新写下欠款数额，被告再还款后又将余欠款划掉，再在划掉部分上面写下最后的欠款数额，故已还款部分均有原告划掉部分右下角签字并用"↘"予以确认。因此借条中未划掉的106000 元，证实被告尚未还款，故没有划掉，原告也没有签字。被告对 212000 元数字已经划掉并有原告签字确认并无异议，但对原告的解释并无回应，反而主张其余划掉部分忘记了是怎么回事。未划掉部分 106000 元是最后还款记的账，如果还欠原告 106000 元，被告会重新向原告出具借条。被告的主张无视双方实际履行借款、还款的事实，民间借贷借款还款的方式多种多样，并非在偿还部分借款后，对剩余借款一定由借款方向出借方重新出具借条。《最高人民法院关于民事诉讼证据的若干规定》第二条规定，当事人对自己提出的诉讼请求所依据的事实或者反驳对方诉讼请求所依据的事实有责任提供证据加以证明。没有证据或者证据不足以证明当事人的事实主张的，由负有举证责任的当事人承担不利后果。第六十四条规定，审判人员应当依照法定程序，全面、客观地审核证据，依据法律的规定，遵循法官职业道德，运用逻辑推理和日常生活经验，对证据有无证明力和证明力大小独立进行判断。本案中，被告向原告借款共计 212000 元，扣除被划掉且由原告签名确认已偿还的部分，被告对其改写借条中未被划掉的剩余借款 106000元，应当予以偿还。其主张已经归还了原告全部借款，但其未提供相关反驳证据推翻原告提供的涉案借款凭证，且其对欠条中改写的未划掉的剩余借款 106000 元是否予以偿还，亦不能作出合理的解释，其应当承担举证不能的法律后果。被告主张 6000 元利息，应当从剩余借 106000 元中扣除，原告对此提出异议，主张其 2012 年 1 月 21 日收到被告支付的利息 6000 元是借条中被划掉的 159000 元产生的利息。被告的该项理由与其上述所称已经归还了原告全部欠款的理由相互矛盾，且被告向原告借款时约定了利息，至借款期限届满，被告支付相应利息，亦符合双方的借款约定，故被告主张从剩余借款 106000 元中扣除 6000 元利息的理由不成立，依法不能支持。

编写人：山东省淄博市临淄区人民法院　刘海红

6

小额民间借贷纠纷中单凭借条起诉证据的认定

——翟凤某诉冯秀某等民间借贷案

【案件基本信息】

1. 裁判书字号

山东省淄博市博山区人民法院（2013）博民再初字第 3 号民事判决书

2. 案由：民间借贷纠纷

3. 当事人

原告：翟凤某

被告：冯秀某、翟某、翟海某

【基本案情】

2000 年 11 月 14 日，被告冯秀某与丈夫翟慎甲向原告借款 2 万元，用于其在泰安的经营，翟慎甲与原告的代表人翟慎乙签订借款协议一份，约定每年利息 1200 元，翟慎甲后因病去世，其妻子冯秀某拒不归还借款。诉讼中，原告提供借款协议一份，内容为："甲方翟凤某，乙方翟慎甲、冯秀某。乙方向甲方借人民币现金 20000 元整。每年乙方付给甲方利息 1200 元整。"借款日期为 2000 年 11 月 14 日。并注明甲方代表人翟慎乙，乙方代表人翟慎甲。落款时间为 2000 年 11 月 14 日。落款有"翟慎甲"的签名字样。另查明，翟慎甲与原告翟凤某系亲姐弟关系，翟慎甲与被告冯秀某原系夫妻关系，翟慎乙系翟慎甲和原告翟凤某的弟弟，翟慎甲与翟某、翟海某系父女、父子关系。

【案件焦点】

原告起诉时提供的客观证据只有"借款协议"，在被告不认可的情况下，原告的诉讼请求能否得到支持。

【法院裁判要旨】

山东省淄博市博山区人民法院经审理认为，原告翟凤某在一审、二审及本院重审过程中，将借款用途、借款协议形成的时间、借款交付过程等借款细节作了详细的陈述，证人翟慎乙、董某虽与原告翟凤某具有利害关系，但其证言与原告翟凤某的陈述相互印证，构成完整的证据链。证人翟慎乙、董某的证言具有合法性、客观性、关联性，本院认定为有效证据。据此，认定原告翟凤某已履行了出借行为，原被告之间存在合法有效的民间借贷关系。

山东省淄博市博山区人民法院依照《中华人民共和国合同法》第一百九十六条、《最高人民法院关于适用〈中华人民共和国婚姻法〉若干问题的解释（二）》第二十四条、《中华人民共和国继承法》第三十三条、《中华人民共和国民事诉讼法》第一百四十四条、第二百零七条第一款、《最高人民法院关于民事诉讼证据的若干规定》第二条第一款的规定，作出如下判决：

一、被告冯秀某于本判决生效之日起十日内返还原告翟凤某借款 20000 元，并支付利息 9136.16 元。

二、被告翟某、翟海某以继承翟慎甲遗产实际价值为限承担连带清偿责任。

三、驳回原告翟凤某的其他诉讼请求。

【法官后语】

原告仅凭借条起诉，在被告不认可的情况下，能否认定原告履行了出借行为，双方之间存在合法有效的民间借贷关系，存在不同观点。

一种观点认为，原告仅提供了借款协议，没有打款记录，虽有证人翟慎乙、董某出庭作证，但由于证人与原告之间存在利害关系，故证言不能采信，所以应驳回原告的诉讼请求。

另一种观点认为，在涉案小额民间借贷关系中，原告将借款的用途、借条形成时间以及交付过程做了详细的说明且与证人证言相互印证，可以认定原告已履行了出借行为，认定借贷关系存在。

笔者同意第二种观点。理由如下：

第一，原告翟凤某在一审、二审及重审过程中，将借款用途、借款协议形成的时间、借款交付过程等借款细节作了详细的陈述，证人翟慎乙、董某虽与原告翟凤某具有利害关系，但其证言与原告翟凤某的陈述相互印证，构成完整的证据链。根据《最高人民法院关于依法妥善审理民间借贷纠纷案件促进经济发展维护社会稳定的通知》的精神及《淄博市法院民间借贷纠纷案件会议纪要》的规定，"对于涉诉标的数额较小的借贷纠纷，出借人作出合理解释的，一般视为债权人已经完成证明责任，可以认定借贷事实存在"的规定，在小额民间借贷关系中认定原告已履行了出借行为。

第二，根据证据的高度盖然性标准应认定原告与被告之间的借贷事实存在。高度盖然性主张民事案件的证明标准只需达到"特定"高度的盖然性即可，即这种高度达到"法官基于盖然性认定案件事实时，应该能够从证据中获得待证事实极有可能如此的心证，法官虽然不能排除其他可能性，但已经能够得出待证事实十之八九是如此的结论"的程度即可。纵观全案。1. 翟慎甲签名的真伪问题。"翟慎甲"签名的真伪是本案从一审到再审审理的一个重点问题。原告主张借款协议上的签名是翟慎甲本人所签。被告予以否认。在法院将提出进行笔迹鉴定的举证责任分配给被告的情况下，一审中，被告先提出鉴定申请，后撤回申请，在法院重新指定申请鉴定期限后，亦未提出申请。二审过程中，对于"翟慎甲"签名的真伪，市中院仍将举证责任分配给被告。被告在提出鉴定申请后仍不交鉴定费用。再审过程中，被告再次提出鉴定申请，鉴定机构受理后作了退案处理。2. 被告虽否认借贷事实存在，但未向法庭提交任何有效证据。3. 原告的陈述与证人证言相互印证，构成一个完整的证据链。综上，根据《最高人民法院关于民事诉讼证据的若干规定》第七十三条规定，双方当事人对同一事实分别举出相反的证据，但都没有足够的依据否定对方证据的，人民法院应当结合案件情况，判断一方提供证据的证明力是否明显大于另一方提供证据的证明力，并对证明力较大的证据予以确认。因证据的证明力无法判断，导致争议事实难以认定的，人民法院应当依据举证责任分配的规则作出裁判。所以，被告不举证并不产生结果意义上的举证责任，举证责任也不发生转移。原告向法院提交了最直接、最初的借据，并就借据来源的真实性、合法性及案件的关联性作了必要的说明，本证即具有高度的盖然性，法官可以形成较强的心证，而被告没有提供足够动摇法官已形成心证的证据，并不发生结果意义上的举证责任，根据举证责任分配的规则，应承担不利的后果。

综上，在该案小额民间借贷关系中，原告提供的客观证据虽只有"借款协议"即借条，但其将借款的来源等细节做了详细的陈述，且与证人证言构成一个完整的证据链，本证具有高度盖然性，应认定双方之间存在合法有效的民间借贷关系。

值得注意的是，虽然法官以证据能够证明案件事实为依据作出裁判，但审判实践中部分案件在原告主张的某一事实证据无法达到确凿程度，特别是在证据之间相互矛盾的情况下，如果按照"客观真实"的证明要求，适用传统证明标准——充分、确实，作出不支持原告方诉讼请求的判决，会导致某些当事人上诉、申诉甚至上访，达不到案了事了的效果。在这种情况下，就需要我们法官在遵循法官职业道德的前提下，适用逻辑推理和日常生活经验，对证据有无证明力和证明力的大小独立地进行判断，形成较强的"内心确信"，维护当事人的合法权益特别是一些文化素质或法律素质较低人群的权益。

编写人：山东省淄博市博山区人民法院　郑娟

7

出借方式为给付较大数额现金的借款案件的认定

——王瑞强诉赖振凯、柳州市洛埠造纸厂借款合同案

【案件基本信息】

1. 裁判书字号

广西壮族自治区柳州市柳北区人民法院（2014）北民二初字第 590 号民事判决书

2. 案由：借款合同纠纷

3. 当事人

原告：王瑞强

被告：赖振凯、柳州市洛埠造纸厂

【基本案情】

2013 年 8 月 21 日，原告与两被告签订《借款协议书》一份，该《借款协议书》上列明"甲方（借款人）""甲方（担保人）""乙方（放款人）"三个待签名与盖章之处，原告在该《借款协议书》上的"乙方（放款人）"处签字，被告赖振凯在"甲方（借款人）"处签字，被告柳州市洛埠造纸厂在该三处盖章。经法庭查实，本案的《借款协议书》并无担保人，两被告均为借款人。双方在《借款协议书》中约定：两被告因资金周转困难向原告借款 700000 元；借款期限从 2013 年 8 月 21 日至 2014 年 8 月 21 日止；借款利息为银行同期贷款月利率的四倍；利息支付时间为每月 21 日前，如两被告逾期超出 3 天不能支付利息给原告，则每天按所欠利息总额的 5% 向原告支付违约金；如双方对履行本协议发生争议的，向原告住所地的人民法院提起诉讼；任何一方如有违反合同约定条款的，承担守约方为处理本事项所付出的代理人代理费（包括但不限于一审、二审、执行阶段）。同日，两被告出具了《借条》对《借款协议书》内容进一步确认。同时，两被告出具《收条》载明"此款以（已）收到柒拾万元正：700000.00（现金）"。借款期限届满，两被

告未向原告归还本金及支付利息，原告多次催款未果，为此诉至法院并提交了《借款协议书》《借条》《收条》等证据材料，请求法院判令：1. 两被告归还原告借款本金 700000 元；2. 两被告按照银行同期贷款月利率的四倍向原告支付利息；3. 两被告向原告支付律师代理费 31000 元；4. 被告承担本案的诉讼费用。

原告陈述称在双方《借款协议书》签订当日已实际将现金 700000 元交付被告赖振凯，但两被告在本案的诉讼过程中不予认可实际拿到原告出借的 700000 元。为此，原告向法院提交了双方《借款协议书》签订的前一天（2013 年 8 月 20 日）及签订当日（2013 年 8 月 21 日）的银行取款明细，证明原告为将借款 700000 元以现金的方式支付给被告，而分别于 2013 年 8 月 20 日、2013 年 8 月 21 日从银行取款 493000 元、200000 元。

【案件焦点】

本案中借款本金数额较大，但原告却没有提供相应的转账凭证。原告主张是用现金的方式向被告出借了相应的款项，被告对此不予认可，借款数额应如何认定。

【法院裁判要旨】

广西壮族自治区柳州市柳北区人民法院经审理认为：原、被告签订的《借款协议书》以及被告向原告出具的《借条》《收条》符合法律规定，合法有效，且已实际履行，应受法律保护。合同签订后，原告依约向被告出借了款项，解决了被告急需资金周转的一些实际困难，并无过错。被告借款后，没有按约定还款，已构成违约，现应承担逾期还款的违约责任。对于原告要求被告从借款之日起按照中国人民银行流动资金同类贷款利率的四倍支付利息的诉讼请求，没有超出法律规定的范围，双方在《借款协议书》中对此亦有明确约定，故本院予以支持。被告关于未向原告实际借款 700000 元的辩称，无事实依据及法律依据，本院不予采信。

广西壮族自治区柳州市柳北区人民法院依照《中华人民共和国合同法》第一百一十三条第一款、第二百零五条、第二百零六条、第二百零七条之规定，作出如下判决：

一、被告赖振凯、柳州市洛埠造纸厂共同归还原告王瑞强借款本金 700000 元，并支付相应的借款利息（利息计算方法：以 700000 元为基数，按照中国人民银行流动资金同类贷款利率的四倍从 2013 年 8 月 21 日分段计算至本院生效判决确定的履行期限之日止）；

二、被告赖振凯、柳州市洛埠造纸厂共同支付原告王瑞强律师诉讼代理费 31000 元。

【法官后语】

本案的处理重点在于本案的借款本金如何认定。原告主张向被告出借了本金 70 万元，数额较大，但却没有相应的转账凭证予以佐证。因为原告称向被告实际给付的是 70 万元的现金，但被告对此不予认可，本案中借款本金 70 万元是否实际出借应如何认定要结合案件的具体情况。本案中的具体情况包括：首先从借款的相关书面证据材料看来，双方不但签订了《借款协议书》，被告还出具了相应的《借条》和《收条》，《借条》上载明的内容与《借款协议书》的约定相符，《收条》上载明"此款以（已）收到柒拾万元正：700000.00（现金）"。其次从较大数额的现金出处看来，原告向法院提交了《借款协议书》签订的前一天（2013 年 8 月 20 日）及签订当日（2013 年 8 月 21 日）的银行取款明细，证明原告为将借款 70 万元以现金的方式支付给被告，而分别于 2013 年 8 月 20 日、2013 年 8 月 21 日从银行取款 493000 元、200000 元。再次从被告的辩称看来，在整个案件的审理过程中，被告多次陈述了关于借款数额的意见，对于其究竟拿到多少出借金额的说法本身亦自相矛盾（有时称只拿到 15 万元，有时称只拿到 35 万元，有时称不记得拿到多少钱），这样的表现难以让人对于其说法的真实性予以认可。

编写人：广西壮族自治区柳州市柳北区人民法院　覃素红

8

借条落款日期修改是否促就新的借款合同

——叶信友诉邵爱琴保证合同案

【案件基本信息】

1. 裁判书字号

浙江省台州市三门县人民法院（2014）台三商初字第799号民事判决书

2. 案由：保证合同纠纷

3. 当事人

原告：叶信友

被告：邵爱琴

【基本案情】

2012年7月24日，卢灵芝经叶信军介绍，向叶信友借款。当日，卢灵芝出具借条一份并在借款人处签字、捺印，邵爱琴在借条担保人处签字、捺印。借条载明：今向叶信友借到人民币60000元，月息2分。关于款项交付情况，叶信友称借条出具日未交付款项，借款人卢灵芝称款项已于该日交付。

2012年8月15日，叶信军将60000元存入卢灵芝在三门县农村信用合作联社开设的账户。同日，卢灵芝将上述借条的落款日期"7月24日"划掉，并于该下方改写为"8月15日"。借条落款日期的"7""24""8"及"15"处各有一处指印，其中"7月24日"上有划痕，"15"有被修改的痕迹，"7"或"24"上的其中一处指印为邵爱琴所捺。叶信友认为邵爱琴在场参与借条落款日期的修改，并于"7月24日"的划痕处捺印确认，应当承担担保责任。邵爱琴予以否认，认为担保的是7月24日这笔借款，其在"7"或"24"上的其中一处指印是于7月24日所捺，对8月15日的借款不知情，没有参与借条落款日期的修改，也未提供担保，不应当承担担保责任。

【案件焦点】

邵爱琴是否参与借条落款日期的修改，是否承担保证责任。

【法院裁判要旨】

浙江省台州市三门县人民法院经审理认为：债权人与债务人变更主合同的，应当取得保证人书面同意。否则，保证人不再承担保证责任。卢灵芝于 2012 年 8 月 15 日修改借条落款日期的行为系双方对主合同内容的重新约定，原告叶信友应当就主合同变更已取得保证人书面同意承担举证责任。原告提供的证人证言系孤证，且证人叶信军与原告系同胞兄弟关系，其证明力较弱，本院对证人陈述的被告邵爱琴在场并参与借条修改等内容无法采信。日常生活中也存在借条、收条落款日期处捺指印的情况，原告应当提交证据进一步证明被告在借条落款日期处捺印是因为修改落款日期所捺。本院征求原告是否对被告捺印位置申请相关鉴定，原告明确表示不申请进行相关的鉴定，也未提交其他证据加以证明。根据现有证据不能证明被告邵爱琴知晓 2012 年 8 月 15 日发生的借贷及借条修改行为，且被告邵爱琴明确否认为 2012 年 8 月 15 日借款提供担保。因此，原告叶信友要求被告邵爱琴对 2012 年 8 月 15 日的借款 60000 元承担担保责任的诉请，证据不足，本院不予支持。

浙江省台州市三门县人民法院依照《中华人民共和国担保法》第二十四条，《中华人民共和国民事诉讼法》第六十四条，《最高人民法院关于民事诉讼证据的若干规定》第二条之规定，作出如下判决：

驳回原告叶信友的诉讼请求。

【法官后语】

本案重点在于借条落款日期修改是否促就新的借款合同。我国《合同法》第二百一十条规定："自然人之间的借款合同，自贷款人提供借款时生效"。笔者认为，在自然人之间的借款保证合同中，一般情况下，如果双方对借款交付日期未明确，则借条落款日期即为借款交付日期，系借贷双方对借款交付日期达成的合意，出借人应当在约定的交付日期内完成交付。否则，借款合同不生效。

具体到本案，叶信友于 2012 年 7 月 24 日未完成交付，该借条仅为借贷预约，双方之间的借款合同未生效，担保债权不存在，邵爱琴无需承担担保责任。2012 年 8 月 15 日，借条落款日期被修改，视为双方达成了新的借贷预约，并对交付日期

"8月15日"达成了合意。叶信友于同日完成借款交付促就了新借款合同的生效。虽然债权有效存在，但邵爱琴对该债权不具有担保意思表示，故也不承担担保责任。综上，以借条落款日期的修改为分界点，本案借条包含了两次借贷合意。第一次借贷合意因借款未在交付日期内交付仅为借贷预约，第二次因借款在交付日期内完成交付促就了有效的借款合同。可见，是否在达成合意的交付日期内完成交付成为借款合同成立（生效）与否的关键点。

值得注意的是，本案对借款交付日期进行严格区分与要求，目的在于保护担保人的权益。在担保债权明确有效存在的前提下，对担保意思表示的认定与否才具有意义。如果自然人之间的借贷仅存在单一的借贷法律关系，为方便交易，不宜对借款交付日期进行严格要求。

编写人：浙江省台州市三门县人民法院　上官芳芳

9

目的为借款而同时签订借款合同与买卖合同的法律适用

——李迎辉诉灵宝市鹤立果蔬产业有限责任公司、刘海风借款合同案

【案件基本信息】

1. 裁判书字号

河南省灵宝市人民法院（2015）灵民一初字第1284号民事判决书

2. 案由：借款合同纠纷

3. 当事人

原告：李迎辉

被告：灵宝市鹤立果蔬产业有限责任公司、刘海风

【基本案情】

2015年1月份，被告灵宝市鹤立果蔬产业有限责任公司因资金周转困难，经人

介绍要求从原告处借款，2015 年 1 月 23 日，原告李迎辉与被告灵宝市鹤立果蔬产业有限责任公司签订一份借款合同，被告灵宝市鹤立果蔬产业有限责任公司从原告李迎辉处借款 150 万元，约定使用期限 1 个月，月息 2 分，若逾期，按 150% 加收逾期利息。被告灵宝市鹤立果蔬产业有限责任公司并给原告具了借据一份。被告灵宝市鹤立果蔬产业有限责任公司并给原告出具了一份同意用其公司冷库中的 150 万斤苹果作为借款质押担保的股东会决议。苹果仍存放于被告冷库之中，原告派人参与看护，被告股东刘鹤立、刘海风均在该决议签字。同日原告李迎辉与被告灵宝市鹤立果蔬产业有限责任公司另签订一份苹果买卖合同，约定原告一次性付给被告 150 万元，以每市斤 1 元的价格，购买被告苹果 150 万斤，双方并对苹果质量做了约定，被告刘海风并给原告出具了 150 万元收据一份，并注明其为公司经办人，并给原告出具了收条。借款到期后，二被告本息一直未付。原告遂起诉来院，引起诉讼。案件审理中，根据原告李迎辉的申请，法院依法查封了被告灵宝市鹤立果蔬产业有限责任公司冷库中 100 万斤（价值 160 万元）的苹果，由被告及原告共同保管，非经法院准许，任何单位及个人不得变卖、抵押和转移。查封期间，因季节或市场行情变化，被申请人灵宝市鹤立果蔬产业有限责任公司经法院准许后可随时变卖所查封苹果，变卖价款需交至法院指定账户内。庭审中，原告李迎辉要求被告偿还借款 150 万元，并按月息 3 分计息。审理中，被告口头辩称只收到原告 140 万元现金，经调查，原告承认在付给被告借款时，提前扣除 10 万元利息。

【案件焦点】

1. 合同双方当事人为借款分别签订借款合同与买卖合同而如何区分、认定事实，正确适用法律；2. 较大数额借款的事实认定问题。

【法院裁判要旨】

河南省灵宝市人民法院审理后认为，原告李迎辉诉被告灵宝市鹤立果蔬产业有限责任公司、刘海风借款合同纠纷一案，有双方于 2015 年 1 月 23 日签订的借款合同为证，及被告书写借据为证，事实清楚，证据充分，被告应按约定归还原告借款及利息，但要求被告按月息 3 分承担利息明显过高，不符合相关法律规定，最高人民法院《关于人民法院审理借贷案件的若干意见》第六条规定："民间借贷的利率可以适当高于银行的利率，但最高不得超过银行同类贷款利率的四倍，超出此限度的，超出部分的利息不予保护"，原被告对借款约定按照月息 3 分计算，超出了中国人民银行同类贷款利率的四倍，违反了国家有关限制借款利率的规定，超出部分不予保护，应适当调整。① 审理中，被告口头辩称只收到原告 140 万元现金，经调查，原告承认在付给被告借款时，提前扣除 10 万元利息，故该笔借款本金只能按 140 万元认定。对于原被告 2015 年 1 月 23 日签订的苹果买卖合同，该合同对苹果价格约定每市斤 1 元，明显低于市场价格，显失公平，且有悖于常理，名为买卖合同，实际应认定为用苹果作为借款担保为宜，且有被告灵宝市鹤立果蔬产业有限责任公司给原告出具的同意用其公司冷库中的 150 万斤苹果作为借款质押担保的股东会决议相互印证。该借款的质押物苹果作为季节性、易腐烂水果，应放至被告公司冷库中存放为宜，且按照《中华人民共和国担保法》规定，若被告不能清偿债务，原告有权依法变卖、拍卖质押物。原告要求被告刘海风偿还 150 万元借款，虽然被告刘海风给原告出具了 150 万元收据一份，但其在收据上注明其为公司经办人，而且被告刘海风本人亦是股东之一，故原告要求被告刘海风个人偿还 150 万元借款不符合相关法律规定，故本院不予支持。庭审中，原告要求被告每月承担 5000 元看护费用明显过高，应按照每月 2000 元承担看护费为宜。

依照《中华人民共和国合同法》第二百零五条、第二百零六条、第二百一十一条，最高人民法院《关于适用〈中华人民共和国合同法〉若干问题的解释（二）》第二十一条及最高人民法院《关于人民法院审理借贷案件的若干意见》第六条，判决：一、被告灵宝市鹤立果蔬产业有限责任公司偿还原告李迎辉借款 140 万元及利息（利息从 2015 年 1 月 23 日起按中国人民银行同期贷款基准利率的四倍计至该款付清之日止）。限被告于本判决书生效后五日内偿还原告。二、被告灵宝市鹤立果蔬产业有限责任公司应承担原告李迎辉看护费 10000 元（按每月 2000 元，从 2015 年 1 月 23 日起暂计至 2015 年 6 月 23 日止）。限被告于本判决书生效后五日内付给原告。三、驳回原告李迎辉对被告刘海风的诉讼请求。如果被告未按本判决指定的

---

① 《关于人民法院审理借贷案件的若干意见》已失效，2015 年公布的《最高人民法院关于审理民间借贷案件适用法律若干问题的规定》第二十六条规定："借贷双方约定的利率未超过年利率 24%，出借人请求借款人按照约定的利率支付利息的，人民法院应予支持。借贷双方约定的利率超过年利率 36%，超过部分的利息约定无效。借款人请求出借人返还已支付的超过年利率 36% 部分的利息的，人民法院应予支持。"

期间履行给付金钱的义务，应当按照《中华人民共和国民事诉讼法》第二百五十三条的规定，加倍支付延迟履行期间的债务利息。案件受理费 18300 元，诉讼保全费 5000 元，由被告灵宝市鹤立果蔬产业有限责任公司负担。

一审宣判后，被告服判未提出上诉。

【法官后语】

本案是一起典型的借款合同纠纷案件，但原告为确保实现债权，又与被告另行签订了一份买卖合同，如何认定，应当结合案件具体事实予以区分认定。

一、合同双方当事人为借款分别签订借款合同与买卖合同，买卖合同显失公平，且有悖于常理，买卖合同属可撤销合同，买卖合同无效。

本案中，原告李迎辉与被告灵宝市鹤立果蔬产业有限责任公司签订一份借款合同，被告灵宝市鹤立果蔬产业有限责任公司从原告李迎辉处借款 150 万元，约定使用期限 1 个月，月息 2 分，若逾期，按 150% 加收逾期利息。被告灵宝市鹤立果蔬产业有限责任公司并给原告具了借据一份。双方当事人对借款数额、借款利息、使用期限作出了明确约定，借款事实清楚。对于原被告同时签订的苹果买卖合同，该合同对苹果价格约定每市斤 1 元，但签订合同时间，原告收购苹果价格为每市斤 3 元左右，如按照买卖合同履行，被告按照每市斤 1 元卖给原告，该价格明显低于市场价格，会致使被告亏损，很明显该合同不是被告内心真实意愿，而是被告急于借款，受原告胁迫签订的显失公平的合同，且有悖于常理，依照《合同法》第五十四条规定，该买卖合同应属可撤销合同。该合同名为买卖合同，实际应认定双方当事人用苹果作为借款担保为宜，这另有被告灵宝市鹤立果蔬产业有限责任公司给原告出具的同意用其公司冷库中的 150 万斤苹果作为借款质押担保的股东会决议相互印证。综合本案案情，该案应该认定为借款合同纠纷。

二、较大数额借款合同纠纷中，当事人对借款数额提出异议的，出借人需要另行提交交付借款证据。

原告提交借据证明借款合同成立和借款现金交付，如被告提出抗辩和可信证据，原告应就借款实际交付承担举证责任。对于数额较大的现金交付，债权人仅凭借据起诉而未提供付款凭证，债务人对款项交付提出合理异议的，人民法院可以要求出借人本人、法人或者其他组织的有关经办人员到庭，陈述款项现金交付的原因、时间、地点、款项来源、用途等具体事实和经过，并接受对方当事人的质询和法庭的询问。具体到本案，被告口头辩称只收到原告 140 万元现金，经调查原告，原告也承认在付给被告借款时，提前扣除 10 万元利息，依据《合同法》第二百条规定，借款的利息不得预先在借款本金中扣除。利息先在借款本金中扣除的，应当按照实际借款数额返还借款并计算利息。故该笔借款本金只能按 140 万元认定。

编写人：河南省灵宝市人民法院　王一斌

10

个人借款与共同借款区分

——农安北银村镇银行股份有限公司诉赵国星等借款保证合同案

【案件基本信息】

1. 裁判书字号

吉林省长春市农安县人民法院（2014）吉农民初字第 3018 号民事判决书

2. 案由：借款保证合同纠纷

3. 当事人

原告：农安北银村镇银行股份有限公司（以下简称北银公司）

被告：赵国星、杨秀全、杨占和、刘殿维、刘殿丰、赵国臣、赵玉杰、吉林省禾宝农业生产资料有限公司（以下简称禾宝公司）

【基本案情】

2013 年 1 月 28 日，被告赵国星（乙方）与吉林省龙都农牧专业合作社（以下简称龙都合作社；甲方）签订"高产栽培技术贷款增收致富合同书"。约定主要内容有：1. 由甲方向乙方提供合作社专门研制和独家代理的化肥、种子、农药等农资套装产品；2. 甲方负责帮助乙方在北银公司以三户联保方式办理贷款。2013 年 2 月 28 日，被告赵国星与其妻蔡希芳填写农户贷款申请审查表，2013 年 2 月 28 日，被告赵国星与原告签订个人贷款借款合同，在原告处借款 63080 元，被告禾宝公司与原告签订保证合同，为被告赵国星借款 63080 元提供担保。被告赵国星签写授权委托书，委托孙成文全权办理在北银公司借款 63080 元的个人结算账户，办理贷款通过委托支付的方式支付给龙都合作社。被告赵国星与原告签订委托支付协议（附受托支付对象和账户清单），将在原告处所贷 63080 元支付给龙都合作社。此款用于支付被告赵国星、杨秀全、刘殿维、刘殿丰、杨占和、赵国臣、赵玉杰在龙都合作社购买种子、化肥、农药款。其中被告赵国星与龙都合作社签订高产栽培技术贷款增收致富合同书，合同规定由龙都合作社帮助农户在原告处贷款垫付种子、化肥款。同时被告赵国星、杨秀全、刘殿维、刘殿丰、杨占和、赵国臣、赵玉杰分别在"龙都合作社社员签订贷款致富合同套装产品品种、数量及借款金额明细表"中"借款人"处签字，在套装产品明细中标明被告赵国星 1 垧 5680 元、被告杨秀全 1 垧 5680 元、被告刘殿维 1 垧 5680 元、被告刘殿丰 3 垧 17040 元、被告杨占和 1 垧 5680 元、被告赵国臣 2 垧 11660 元、被告赵玉杰 2 垧 11660 元。后七被告均没有归还货款，被告赵国星欠原告本金 63080 元及利息没有偿还。被告禾宝公司也没有履行保证义务。

【案件焦点】

该笔借款是赵国星个人借款，还是赵国星、杨秀全、杨占和、刘殿维、刘殿丰、赵国臣、赵玉杰七人共同向原告借款。

【法院裁判要旨】

吉林省长春市农安县人民法院经审理认为：原告与被告赵国星、被告禾宝公司签订的借款及保证合同真实有效。被告赵国星在原告处借款后，以委托支付方式将此贷款支付给龙都合作社购买种子化肥货款，被告赵国星到期未还款，属违约。由于原告与被告赵国星签订的借款合同由被告禾宝公司为被告赵国星提供担保，故应由被告赵国星承担还款责任，被告禾宝公司对被告赵国星借款承担连带保证责任；原告未与被告杨秀全、刘殿维、刘殿丰、杨占和、赵国臣、赵玉杰签订借款合同，二者之间不存在借贷关系，原告要求被告杨秀全、刘殿维、刘殿丰、杨占和、赵国臣、赵玉杰偿还借款本金及利息没有事实及法律根据，故对此项请求不予支持。

依据《中华人民共和国合同法》第二百零五条、第二百零六条、第二百零七条，《中华人民共和国担保法》第十八条，《中华人民共和国民事诉讼法》第六十四条、《最高人民法院关于民事诉讼证据的若干规定》第二条之规定，判决如下：

一、被告赵国星于判决生效后立即偿还原告农安北银村镇银行股份有限公司借款本金 63080 元及利息（利息按合同约定执行至判决生效时止）；

二、被告吉林省禾宝农业生产资料有限公司对被告赵国星的借款和利息承担连带保证责任。

三、驳回原告对杨秀全、刘殿维、刘殿丰、杨占和、赵国臣、赵玉杰的诉讼请求。

【法官后语】

审理中，合议庭有两种意见，第一种意见认为，被告赵国星以自己名义在原告处借款，虽被告杨秀全等六被告没有在借款合同及借据上签字，但七被告均在"龙都合作社社员签订贷款致富合同套装产品品种、数量及借款金额明细表"中"借款人"处签字，实际上所借款项支付了自己及杨秀全等七人在龙都合作社的化肥种子款，七被告均是借款的实际使用人，均应承担还款责任。第二种意见认为，原告实际只同赵国星签订了借款合同，并签订了转移支付手续，原告只是同被告赵国星之间形成了借贷关系，被告赵国星应履行双方借款合同义务。其他六被告没有与原告直接产生借贷权利义务关系，所以原告对其他六被告的请求应予以驳回。合议庭同意了第二种意见。

编写人：吉林省长春市农安县人民法院　马金茹

> 11

民间借贷夫妻共同债务范围与责任认定
——马广某诉张菊某、甄某民间借贷案

【案件基本信息】

1. 裁判书字号

山东省济南市天桥区人民法院（2013）天民桥初字第 86 号民事判决书

2. 案由：民间借贷纠纷

3. 当事人

原告：马广某

被告：张菊某、甄某

【基本案情】

原告马广某与被告张菊某系朋友关系，二人于 1986 年相识。被告张菊某与被告甄某系夫妻关系，二人于 2008 年 7 月 3 日登记结婚。2004 年 7 月 28 日被告张菊某向原告马广某借款 5 万元，原告马广某以银行转款的方式向被告张菊某支付 5 万元。2005 年 2 月 22 日被告张菊某向原告马广某借款 24 万元，原告马广某以银行转款的方式向被告张菊某支付 24 万元。2006 年 2 月 16 日被告张菊某向原告马广某借款 20 万元，原告马广某以银行转款的方式向被告张菊某支付 20 万元。2012 年 11 月 10 日被告张菊某向原告马广某借款 10 万元，原告马广某委托妻子李久芳以银行转款的方式向被告张菊某支付 10 万元。2013 年 8 月 17 日，被告张菊某偿还原告马广某借款 5 万元。原告马广某认为，自 2004 年 7 月 28 日至 2012 年 11 月 20 日期间，被告张菊某多次向其借款共计 746600 元。被告张菊某对原告马广某主张的上述借款中有付款凭证的 59 万元予以认可，并称其中 40 余万元用于与被告甄某的共同生活，其余借款为其本人的婚前个人债务，未向法庭提供证据。被告甄某认为原告马广某与被告张菊某之间不存在借贷关系，且认为即使存在借贷关系，也系被告张菊某的个人行为，被告甄某不应承担共同还款的义务。另查明，通过借款金额的多少、当事人之间的关系，结合交易习惯、当事人陈述的交易细节等，无法证实原告马广某与被告张菊某实际履行了 746600 元的借贷事实。被告张菊某没有证据证实婚前所借款项用于婚后与被告甄某共同生活，被告甄某亦没有证据证实被告张菊某将婚后所借 10 万元用于被告张菊某个人支出。

【案件焦点】

原告马广某与被告张菊某之间借贷的具体数额及被告甄某作为被告张菊某的配偶是否对夫妻关系存续期间的债务承担共同清偿责任。

【法院裁判要旨】

山东省济南市天桥区人民法院经审理认为：原告马广某与被告张菊某之间的民间借贷关系，不违背法律规定，合法有效，被告张菊某应就所欠原告马广某的借款承担偿还责任。被告甄某作为被告张菊某的配偶，应就夫妻关系存续期间的债务承担共同清偿责任。因此，原告马广某要求被告张菊某偿还借款 54 万元及要求被告甄某就其中 5 万元借款承担共同清偿责任的诉讼请求，本院予以支持。原告马广某要求被告张菊某偿还无付款凭证且被告张菊某不予认可的借款 156600 元及要求被告甄某就 646600 元借款承担共同清偿责任的诉讼请求，本院不予支持。

山东省济南市天桥区人民法院依照《中华人民共和国民法通则》第一百零八条、第二百一十条、《最高人民法院关于适用〈中华人民共和国婚姻法〉若干问题的解释（二）》第二十四条、《中华人民共和国民事诉讼法》第一百四十二条之规定，于 2014 年 4 月 14 日做出（2013）天民桥初字第 86 号民事判决：一、被告张菊某于本判决生效之日起 10 日内偿还原告马广某欠款 54 万元。二、被告甄某就上述 54 万元借款中的 5 万元借款承担共同清偿责任。

【法官后语】

在涉及个人的民间借贷类案件中，债权人主张权利时往往会要求债务人配偶作为共同还款人。本案中，债权人与债务人之间在 2004 年至 2012 年期间发生了多笔借款，且双方并没有为每笔借款及还款出具相关的借条及收条，导致债权人与债务人之间的借贷关系十分复杂且混乱。另外，本案中的两被告为夫妻关系，双方于 2008 年登记结婚，时间上介于债权人与债务人借贷关系发生期间，认定哪些借款发生在夫妻婚前，哪些借款发生在夫妻关系存续期间即是主要争议焦点之一。更重要的是，如何认定夫妻共同债务也是本案的主要争议焦点。因此，对《最高人民法院关于适用〈中华人民共和国婚姻法〉若干问题的解释（二）》第二十四条的理解与适用对解决这类案件具有重要作用。

司法实践中，该司法解释的实施确实对保障债权人的合法权益起到了重要作用。但在现实中，也存在部分当事人恶意利用该司法解释的情形，夫妻一方与案外人恶意串通，通过向法院起诉并提交借款合同、借条、借据、收条等方式，伪造为夫妻共同债务，使自己在离婚时能够多分得财产，侵害另一方合法权益的行为。上述情况的存在，要求法官在审理民间借贷案件中夫妻共同债务认定时，必须严格把握借款事实是否存在，特别是注意查明当事人是否确实支付过借款、借款支付的方式、借款事实是否合情合理，同时需要了解夫妻婚姻关系的事实，详细了解被告方夫妻关系的问题，在综合查明案件事实的基础上，做出合理的裁判。

编写人：山东省济南市天桥区人民法院　仝洋

12

职工公务借款是否该由职工个人承担

——连云港三益砼制品有限公司诉戴小刚民间借贷案

【案件基本信息】

1. 裁判书字号

江苏省连云港市灌云县人民法院（2014）灌板商初字第 0109 号民事裁定书

2. 案由：民间借贷纠纷

3. 当事人

原告（上诉人）：连云港三益砼制品有限公司

被告（被上诉人）：戴小刚

【基本案情】

原告连云港三益砼制品有限公司与被告戴小刚之间存在劳动关系。由被告戴小刚与案外人戴乐元（系戴小刚叔叔）共同驾驶原告方享有占有、使用权益的苏 G11550 号主车为原告运输水泥。在原、被告劳动关系存续期间，被告从 2013 年 1 月至 2013 年 5 月期间向原告出具借据，该借据明确载明借款事由为 11550 车费、出车费、加油出车、出车加油、加油、保养、年审等项目。原告在起诉状中称"被告陆续多次向原告借款用于车辆使用及保养"。原告在庭审过程中陈述，被告出车前，因为车辆要加油并且缴纳过路费等相关费用，就由被告去原告处借钱，出具本案的借据，如果驾驶员在外地没钱了，会计还会打款到驾驶员的账户上，这些都是由老板安排的。驾驶员出车回来后，将油票、过路费票据及吃饭等其他票据交给沈毅粘贴、初步审核，再由驾驶员拿着发票找沈晖签字。沈晖签完字后，驾驶员再将发票交给会计，与驾驶员之前出具的借据进行冲抵后入账，而且公司要求驾驶员回来以后及时报销。出具借据人提供经审核后的报销发票，即由出具人将借据收回。

【案件焦点】

职工用于公务目的的出差借款是否该由职工个人承担。

【法院裁判要旨】

江苏省连云港市灌云县人民法院经审理认为：原、被告之间的纠纷，不属于平等主体之间的民事纠纷。原告所提供的借据不能证明原、被告之间存在民间借贷法律关系。该借据所载明的借款均是用于原告享有占有、使用权益的苏 G11550 号车辆的出车、加油、保养等事项，并且原告方陈述该借据由被告提供相关发票进行报销，为职工公务借款，应由单位财务制度来处理，不属于民事诉讼案件的受理范围，裁定驳回原告连云港三益砼制品有限公司的起诉。

【法官后语】

民间借贷法律关系应具备民事法律关系的相关特征，调整的是平等主体之间的权利义务关系。在该案中，公司与被告的行为表面上虽符合借贷关系的构成要件，但被告是该公司员工，借款用途是为履行公司任务，此项借款是为履行职务行为的借款，且双方具有管理与被管理的隶属关系，双方的关系由劳动合同固定，不具有民事法律关系所要求的主体平等性，不属于民间借贷调整的范围。在受托事项完成后，因未及时报销冲账与公司发生纠纷，应由该公司按其内部财会制度处理。这就要求公司健全相关的管理制度如借款条件设置、审批、出差后及时报销及定时清收等。

如果借款员工非以公司名义，或在公司授权范围以外的时间、地域或事务中使用借款，则该员工所为民事行为应系个人行为而非职务行为。当职工的行为转化为非职务行为时，即否定的其行为的从属性，遂成为平等主体之间的民间借贷的法律关系，此时公司即可通过民事诉讼途径向员工主张返还所欠款项

此外，如员工在取得借款后与公司解除劳动关系，其与公司之间的内部借贷也

因劳动关系的解除而转化为平等民事主体之间的借贷关系。据此公司也可提起诉讼，要求原员工归还公司借款。如员工以个人消费或使用为目的向公司借款，在这种情况下，公司亦可以通过诉讼追讨借款，为了规避法律风险，借款单上应注明借款目的及归还时间。

编写人：江苏省连云港市灌云县人民法院　王晓毛

13

项目部借款但实际用途与公司经营无关，公司不担责

——王波诉重庆市美好建筑劳务有限责任公司民间借贷案

【案件基本信息】

1. 裁判书字号

重庆市第三中级人民法院（2014）民终字第 00242 号民事判决书

2. 案由：民间借贷纠纷

3. 当事人

原告（被上诉人）：王波

被告（上诉人）：重庆市美好建筑劳务有限责任公司（以下简称美好建筑劳务公司）

【基本案情】

2012 年 4 月 3 日，重庆市南浦建筑工程有限公司（以下简称南浦公司）将武隆县仙女山镇汇祥·云深处工程劳务承包给美好建筑劳务公司。同日，美好建筑劳务公司将承建的上述工程劳务承包给陈玲具体实施。陈玲雇请廖洪某为"汇祥·云深处"项目部负责人。2012 年 12 月 6 日，王波扣除 2.8 万元利息后，支付给廖洪某借款 27.2 万元。廖洪某当日向王波出具的欠条载明：今欠到王波人工工资 30 万元，2013 年 1 月 6 日前一次性付清，如到期未付，王波有权处置美好劳务公司汇祥·云深处工地上的所有财物；如遇公司倒闭等特殊情况该工资由廖洪某私人偿还；

欠款方：重庆市美好劳务有限责任公司汇祥·云深处项目部　经办人：廖洪某
2012年12月6日。该欠条加盖了该项目部印章。廖洪某在该欠条经办人处签名并
盖手印。廖洪某在接受公安机关讯问时陈述：在廖洪某向王波借的30万元款中，
因美好建筑劳务公司付给廖洪某的工资被廖洪某拿去还其欠冉小林、王惠、代忠文
等人的高利贷，有20万元用于填补亏空，有10万元被廖洪某拿去还其欠李墙（绰
号李二娃）的欠款。廖洪某于2013年1月14日至同年5月20日先后向王波的银行
账户转账共计111999元。2013年12月，王波诉至法院，请求判令美好建筑劳务公
司立即偿还借款27.2万元及其从2012年12月6日至付清之日按中国人民银行同期
同类贷款利率的4倍计算的利息。

【案件焦点】

本案借款是廖洪某的个人行为，还是廖洪某代表被告履行的职务行为。

【法院裁判要旨】

重庆市涪陵区人民法院经审理认为，廖洪某是该公司派到汇祥·云深处工地的
代表，廖洪某代表美好建筑劳务公司行使汇祥·云深处工程的管理职责，王波也以
此为依据充分相信廖洪某是代表该公司向其借款，美好建筑劳务公司应当承担还款
责任。王波实际借款为27.2万元，王波按月息1角收取4.6万元利息过高，应将
该4.6万元作为美好建筑劳务公司偿还的借款本金。故判决：美好建筑劳务公司向
王波偿还借款22.6万元及其利息。

美好建筑劳务公司对该判决不服，提起上诉。

重庆市第三中级人民法院经审理认为，廖洪某作为美好建筑劳务公司派驻汇祥·
云深处项目部的负责人，其职权范围应仅限于该工程的管理和施工，公司并未授权
其代表公司对外借款。本案借款由廖洪某实际用于填补本人所借高利贷形成的亏空
和偿还本人的私人借款，与美好建筑劳务公司的经营活动无关，本案借款应认定为
系廖洪某的个人借款，美好建筑劳务公司在本案中不应承担民事责任。故改判驳回
王波的诉讼请求。

【法官后语】

根据现行法律规定，有独立财产并取得营业执照和工商登记的项目部，可作为

其他组织参加民事诉讼，独立承担民事责任，不存在由公司承担民事责任问题。本案争议焦点是：未经工商登记的项目部以其名义对外借款，但实际用途与公司经营无关，公司是否承担民事责任。

该情形如何适用法律，在审判实务中争议较大。有的法院认为，债权人没有义务审查借款用途，事实上债权人也无法准确监督借款用途；项目部负责人以项目部名义对外借款，债权人有理由相信该项目部负责人的行为代表公司，符合《合同法》第四十九条关于表见代理的规定，其民事责任应当由公司承担。笔者不同意此种观点。

首先，出借款项给他人本身面临借款得不到偿还的风险，作为债权人负有对债务人的资格、偿还能力、借款用途、诚信等进行审慎的审查义务。一般人均知晓：未经工商登记作为内设部门的项目部，没有独立的财产，不能独立承担民事责任，也不具有民事诉讼主体资格，通常并不具备代企业融资的功能。故该情形不能适用《合同法》第四十九条关于表见代理的规定。

其次，《民法通则》第四十三条规定："企业法人对它的法定代表人和其他工作人员的经营活动，承担民事责任。"《最高人民法院关于贯彻执行〈中华人民共和国民法通则〉若干问题的意见》第五十八条规定："企业法人的法定代表人和其他工作人员，以法人名义从事的经营活动，给他人造成经济损失的，企业法人应当承担民事责任。"这些法律规定均明确：企业法人对其法定代表人和其他工作人员的民事行为承担民事责任的前提是该民事行为属该企业法人的经营活动。故对与该企业法人的经营活动无关的民事行为，该企业法人不应承担民事责任。上述意见错误的根源在于混淆了企业法人的法定代表人和其他工作人员的个人行为与职务行为的法律后果。

编写人：重庆市第三中级人民法院　陈江平　张胜仙

14

债权人行使撤销权之必要律师代理费的认定

——中国银行股份有限公司宁德分行诉周伦汉、魏盛玉
债权人撤销权案

【案件基本信息】

1. 裁判书字号

福建省宁德市周宁县人民法院（2013）周民初字第 818 号民事判决书

2. 案由：债权人撤销权纠纷

3. 当事人

原告：中国银行股份有限公司宁德分行

被告：周伦汉、魏盛玉

【基本案情】

上海神磊钢铁有限公司分别于 2012 年 7 月份向原告中国银行股份有限公司宁德分行借款 1200 万元，借期为 12 个月，并由被告周伦汉、魏盛玉以及上海胜铃经贸有限公司作为还款的连带责任保证人。被告周伦汉、魏盛玉在 2012 年 8 月 31 日即原告发放贷款的第二个月就将属其所有的位于周宁县狮城镇河滨西苑小区 F8 房屋一幢无偿赠与周伦汉的母亲李烈珠。后因上海神磊钢铁有限公司未能按约支付利息，原告诉请宁德市中级人民法院判令上海神磊钢铁有限公司、周伦汉、魏盛玉及上海胜铃经贸有限公司连带清偿上述借款并支付利息，宁德市中级人民法院于 2013 年 6 月 20 日作出判决，判令上海神磊钢铁有限公司于判决生效之日起十日之内偿还原告借款本金 1200 万元及利息，并判令二被告以及上海胜铃经贸有限公司对上述债务承担连带清偿责任。日前该判决已经生效，原告已经申请执行，但原告上述债权至今未得以清偿。在本案诉讼中原告为行使撤销权所支付的律师代理费为 50250 元。

【案件焦点】

1. 被告周伦汉、魏盛玉将房产无偿转让给第三人李烈珠之后是否损害了原告中国银行股份有限公司宁德分行的利益；2. 原告方行使撤销权必要的律师代理费应为多少。

【法院裁判要旨】

福建省宁德市周宁县人民法院经审理认为：周伦汗、魏盛玉作为借款人上海神磊钢铁有限公司向原告中国银行股份有限公司宁德分行借款的连带责任保证人，在债务人上海神磊钢铁有限公司未有足够的财产清偿债务的情况下将自己的财产无偿赠与第三人李烈珠，又不能举证证明自己还有其它财产足以履行保证义务，故原告有权撤销周伦汗、魏盛玉将自己的财产无偿赠与李烈珠的行为。由于债权人行使撤销权的案件不涉及财产关系，故原告为行使债权人撤销权而应支付的必要的律师代理费不应以被撤销的标的物的金额为计算标准。

福建省宁德市周宁县人民法院依照《中华人民共和国合同法》第七十四条、第七十五条、《最高人民法院关于适用〈中华人民共和国合同法〉若干问题的解释（一）》第二十六条、《中华人民共和国民事诉讼法》第六十四条、第一百四十四条、第一百五十三条的规定，作出如下判决：

一、撤销被告周伦汉、魏盛玉将周宁县狮城镇河滨西苑小区 F8 号房产赠与第三人李烈珠的行为。

二、被告周伦汉、魏盛玉在本判决发生法律效力之日起十日内支付给原告为行使撤销权支付的律师代理费 6000 元。

三、驳回原告的其它诉讼请求。

【法官后语】

本案涉及债务人的连带责任保证人无偿转让财产对债权人造成损害的，债权人是否可以请求人民法院撤销该保证人的行为及应如何认定债权人为行使撤销权所必需的律师代理费两个问题。因为根据《合同法》第七十四条的规定是因债务人无偿转让财产对债权人造成损害的，债权人可以请求人民法院撤销债务人的行为，但未明文规定债务人的连带责任保证人无偿转让财产的，债权人是否享有撤销权。也未有法律明文规定债权人行使撤销权的案件是否属于涉及财产关系的案件，律师代理费应以何种案件的收费标准计算费用。

1. 债权人在其债权未得清偿时有权撤销连带责任保证人将自己的财产无偿赠与他人的行为

在本案中,上海神磊钢铁有限公司曾于2012年7月份向原告借款共计1200万元未还,被告周伦汗、魏盛玉作为该公司的连带责任保证人负有连带清偿上述债务的责任。而作为债权人的原告根据《担保法》第十二条和第十八条的规定,既可以要求上海神磊钢铁有限公司偿还债务,也可以同时要求上海神磊钢铁有限公司和周伦汗、魏盛玉连带偿还债务,还可以在尚未要求上海神磊钢铁有限公司偿还债务的前提下要求该公司的连带责任保证人周伦汗、魏盛玉先行代该公司偿还债务。因此,在向债权人履行还款义务方面,作为连带责任保证人的周伦汗、魏盛玉在法律上的地位等同于债务人。可是,原告与上海神磊钢铁有限公司之间的债权债务关系于2012年7月份成立之后,被告周伦汗、魏盛玉就于2012年8月份将自己的财产无偿转让给第三人,当法院生效的判决书判令上海神磊钢铁有限公司应履行偿还贷款义务而未履行时,负有连带清偿义务的周伦汗、魏盛玉未能提供足够的财产履行连带清偿义务,且此种状态持续到本案撤销权行使时仍然存在,由此可以说明周伦汗、魏盛玉于2012年8月份将自己的房产无偿转让给第三人的行为使自己限于资力不足,不能清偿所有债务,从而损害了债权人的利益。因此原告要求撤销两被告与第三人之间房屋赠与行为的诉讼请求,法院应予以支持。

2. 债权人为行使撤销权所必需的律师代理费应以"不涉及财产关系"民事案件的代理费收费标准计算

本案诉讼中原告要求被告承担其因行使撤销权而支出的律师代理费50250元,不符合《福建省律师服务收费标准(试行)》的规定。因本案属变更之诉,其诉讼标的是撤销两被告与第三人之间的赠与行为,争议的是二被告将房屋赠与第三人这一行为的正当性,并非指向直接的财产权益,且债权人行使撤销权的后果也仅仅是为全体债权人恢复债务人的责任财产,并不当然地独自承受被撤销行为所指向的财产权益,既不涉及具体财产的价值争议,也不存在一方给付另一方一定价值财物的内容,故原告在本案诉讼中必要的律师代理费不能以涉案房产的价额为标准计算,而应按《福建省律师服务收费标准(试行)》规定以"不涉及财产关系"民事案件的代理费收费标准计算,故裁判法院依照上述规定酌定原告为本案诉讼必要的律师代理费为 6000 元，因此法院对于原告要求被告承担本案律师代理费 50250 元的诉讼请求予以部分支持，而不是全部支持。

编写人：福建省宁德市周宁县人民法院　林积平

15

被继承人债务清偿案原告的举证责任与
裁判结果确定性之关系

——何振某诉农德某等被继承人债务清偿案

【案件基本信息】

1. 裁判书字号

广西壮族自治区崇左市江州区人民法院（2013）江民初字第 1146 号民事判决书

2. 案由：被继承人债务清偿纠纷

3. 当事人

原告：何振某

被告：农德某、吴月某、农玉某

【基本案情】

农小某生前与原告系朋友关系，被告农德某、吴月某系农小某的亲生父母。2011 年 11 月 3 日，农小某向原告借款 20000 元，并出具了借条一张。借条载明："借条，本人农小某于 2011 年 11 月 3 日借到何振某现金贰万元正（20000.00），本人承诺到 2012 年 1 月 3 日还清本金。特此立据。借款人农小某，452129×××"。2012 年 3 月，农小某因病在南宁市医治无效死亡，农小某生前曾与一名外地女子同居，并于 2011 年 1 月 3 日生育一名非婚生女儿即被告农玉某，农小某病逝后，该女子已离开，原、被告各方均不知其身份及去向，被告农玉某现随被告农德某、吴月某生活。农小某死亡后，原告认为三被告作为农小某的法定继承人，继承了农小某的遗产，有义务偿还农小某所欠原告的债务，遂诉至法院。

三被告称对农小某的借款事实不清楚，农小某早已在2009年7月22日与一女子同居分户另行居住，并长期在外务工，与本案被告农德某、吴月某无联系。2012年3月5日，农小某在广西南宁市茅桥中心医院因病医治无效死亡。目前，被告农德某、吴月某作为农小某的父母，没有取得农小某生前和死后的任何财产。农玉某是农小某非婚所生之女，农玉某母亲是外地女子，农小某死亡后，该女子已离开现不知其下落，农玉某目前随被告农德某、吴月某居住生活，农小某死后到目前，农玉某也未继承农小某的任何财产。三被告认为，农小某生前和死后没有任何财产，继承程序未启动，即使农小某死后留有遗产，三被告均表示放弃继承农小某的遗产，所以三被告不应承担农小某的债务，请求法院驳回原告对三被告的全部诉讼请求。

【案件焦点】

1. 农小某生前与原告是否存在债权债务关系；2. 若农小某生前与原告存在债权债务关系，三被告是否有义务替农小某偿还所欠原告的债务。

【法院裁判要旨】

广西壮族自治区崇左市江州区人民法院经审理认为：原告提供的手写借条原件，借条内容清晰的反映了借款人、出借人、借款时间、借款数额、借款人身份证号码及约定的还款时间等要素，并加盖有借款人手印，借条背面亦附有农小某身份证复印件信息，在内容及格式上完全符合借条的一般构成要件，此外从原告的陈述及农德某、吴月某、农太红的询问笔录内容中均能证实，原告与农小某系朋友关系，原告有出借钱款的经济能力，农小某生前长期患病确实需要钱款进行治疗等事实，客观上与借条内容能相互印证。三被告虽然对此借条的真实性提出质疑，但未能提供证据予以反驳，也不愿意申请对借条的真实性进行司法鉴定。综上，本院对原告提供的此份借条的真实性予以认定，原告与农小某之间形成了民间借贷关系，其债权债务关系清楚，农小某应承担偿还借款的民事责任。

本案中，本院确认农小某生前与原告借款20000元，原告与农小某之间形成了民间借贷关系，农小某应承担偿还借款的民事责任。根据，《中华人民共和国继承法》第三十三条的规定，本院认为，农小某死亡后，必须同时具备以下两个客观事实，三被告才有义务在各自继承遗产的实际价值限额内替农小某偿还其欠原告的债务，这两个客观事实包括：第一、农小某死亡后存在遗产可以继承；第二、三被告作为农小某的法定继承人已经继承或表示愿意继承农小某的遗产。原告起诉时主张农小某生前与被告农德某、吴月某曾在崇左市公证处进行过分户公证，公证材料可证明农小某有遗产，但崇左市公证处给本院的复函称经详细查询未发现农小某在该处办理过任何公证，故对原告此主张本院不予采信。第一次开庭审理时，原告又主张被告农德某、吴月某在所居住的村屯有一栋三层自建楼房，该楼房农小某也有份额，但本院调查并制作的被告农德某、吴月某及那浪屯屯长农太红的询问笔录，调取的村镇规划选址意见书及崇左市房产管理局查询房产回执函，均相互印证了一个事实，被告农德某、吴月某目前居住的两层半砖混凝土结构楼房系两被告于 2000 年 6 月出资建造，当时农小某年仅 10 岁，该楼房不属于农小某遗产，农小某于崇左市房产管理局处也无房产登记记录，原告认为该楼房系 2000 年选址后于 2010 年才开始建造，但未能提供证据予以证实，故对于原告上述主张，本院不予采信。原告主张农小某有征地补偿款还有生前种植的甘蔗款等遗产，但未能提供任何证据予以证实，本院调取的那浪屯崇左市城区规划建设征收土地补偿确认书、崇左市城区建设征收土地补偿费明细表、江州区石景林街道卜利村那浪经联社书面证明、崇左桂南农村合作银行营业部查询存款回执及那浪屯屯长农太红的询问笔录均证实，农小某曾于 2009 年获得征地补偿款 30528.20 元，该款直接存入崇左桂南农村合作银行营业部农小某开设的账户中，银行的查询结果显示该账户于 2010 年 4 月最后支取出一笔 80 元的款项后，便未再发生过交易，账户至今余额为 9.67 元，2009 年后农小某本人在那浪屯已无土地可耕种或征收，故对于原告上述主张，本院不予采信。本院认为，原告主张农小某死后留有遗产，三被告继承了农小某的遗产，应偿还农小某生前所欠原告的债务，但未能提供任何证据予以证实，应承担举证不能的法律后果，此外在案件审理过程中，三被告称农小某死后没有遗产，即使农小某留有遗产，三被告作为农小某的法定继承人均表示放弃对农小某遗产的继承，故本院认为被告农德某、吴月某、农玉某对农小某生前所欠原告的 20000 元借款不负有偿还责任。

【法官后语】

被继承人债务清偿纠纷在司法实践中并不鲜见，但我国《继承法》对继承人清偿被继承人债务问题仅在第三十三条作了如下规定："继承遗产应当清偿被继承人依法应当缴纳的税款和债务，缴纳税款和债务以他的遗产实际价值为限。超过遗产实际价值部分，继承人自愿偿还的不在此限。继承人放弃继承的，对被继承人依法应当缴纳的税款和债务可以不负偿还责任。"这条规定看似明确具体，但在司法操作中仍存在一些问题。比较常见的一个问题是裁判主文宽泛并且不确定性，实践中此类案件以判决形式结案的，很多判例都直接援引《继承法》第三十三条第一款的规定，采取由"被告在所继承的遗产范围内，支付或赔偿原告"的裁判模式。此种判决似乎遵法循理，但其最大的问题在于生效判决的不确定性并影响案件的最终执行。而导致这一结果的原因恰在于我们对债权人举证责任范围的认识模糊，造成继承人所继承的遗产范围这一关键的待证事实不明。笔者认为，债权人的举证责任除了针对其与被继承人之间的债权债务关系这一基础事实外，继承人所继承的遗产范围同样属于其举证责任范围，法官在必要时可以行使释明权引导债权人进行举证，并在此基础上明确继承人应担的债务数额。如果债权人无法完成举证的，则应依法驳回其诉讼请求。理由有两个：第一，将继承人所继承的遗产范围纳入债权人的举证范围，是"谁主张谁举证"民事诉讼原则的要求。依民事证据法理，除法定的举证责任倒置情形外，债权人就其要求继承人承担多少被继承人债务的主张负有举证义务。因此，本案中的原告应对三被告是否继承以及所继承的遗产范围进行举证，并承担相应的举证责任；第二，查明继承人所继承的遗产范围，是保证生效法律文书确定性和执行力的需要。缺少"继承人所继承的遗产范围"的具体内容，不仅使债权人的举证存在欠缺，法院的司法裁判也是不完善的，生硬地采用"被告在所继承的遗产范围内，支付或赔偿原告"的裁判模式，实际上只确认了债权人与被继承人之间的债权债务关系，至于继承人是否应承担被继承人债务的清偿责任及其清偿责任大小仍然真伪不明，不具备确定性与执行性，未能完整地解决问题。

编写人：广西壮族自治区崇左市江州区人民法院　陆地

$$\boxed{16}$$

债权债务转移审查要件

——陈玉敏诉焦作市盛华置业有限公司、周战平借款合同案

【案件基本信息】

1. 裁判书字号

河南省焦作市马村区人民法院（2014）马民二初字第 00043 号民事判决书

2. 案由：借款合同纠纷

3. 当事人

原告：陈玉敏

被告：焦作市盛华置业有限公司（以下简称盛华置业）、周战平

【基本案情】

原告陈玉敏原享有对刘萍的债权 144 万元，刘萍对被告周战平享有债权，后经三方协商一致，原告陈玉敏对刘萍享有的债权通过原告与被告盛华置业、被告周战平重新签订借款合同的方式转移给了二被告。2012 年 6 月 1 日原告陈玉敏与被告盛华置业、周战平签订借款合同，借款人为被告盛华置业，担保人为被告周战平，借款金额 144 万元，借款期限自 2012 年 6 月 1 日起至 2012 年 12 月 31 日止，月利息 2%。三方约定担保人周战平为该笔借款提供连带保证责任。担保范围为主债权本金、利息、罚金、违约金、损害赔偿金、其他相关费用，以及实现债权而发生的相关费用。担保期限为借款履行期限届满之日起两年。同日被告盛华置业给原告出具了 144 万元借款收据 1 份和还款计划书 1 份，详述了应还款日期、本金、利息。2013 年 5 月初被告周战平通过银行账户向原告还款 105000 元。后因二被告没有再偿还借款，双方纠纷成诉。

【案件焦点】

1. 债权转让是否以存在真实的借贷关系为生效要件；2. 债权转让合同是否需要实质性审查以及是否需要追加刘萍为本案当事人。

【法院裁判要旨】

河南省焦作市马村区人民法院经审理认为，通过债权转让、债务转移，原告陈玉敏与二被告之间形成了真实、合法、有效的债权债务关系。刘萍对被告周战平享有债权、刘萍对原告陈玉敏负有债务，经过债权人陈玉敏的同意，债务人周战平的认可，三方不持异议的情况下，原告和被告盛华置业、周战平通过签订借款合同确认了彼此之间的权利义务关系。在原告和二被告签订了借款合同后，原告陈玉敏对刘萍享有的 144 万债权自然转承至被告盛华置业和被告周战平。在原告和二被告签订借款合同后，原告陈玉敏和刘萍之间以及刘萍和被告周战平之间不再存在债权债务关系。因为刘萍无论是作为债权人还是作为债务人不再享有权利，也不负有义务，所以刘萍不参加本案诉讼不影响案件事实的查明。在本案中刘萍即不是享有实体权利的主体，也不是负有实体义务的主体，故此对被告抗辩刘萍必须参加本案诉讼，追加刘萍作为本案第三人的意见，本院不予采纳。被告虽抗辩原、被告之间没有真实的借贷关系，但无论是借款合同上真实的签章还是被告周战平的还款行为都足以证明二被告明知且认可该借款合同。签订合同的双方当事人均应按照合同的约定履行义务，被告盛华置业应当履行 1440000 元借款，扣除已经还款的 105000 元，被告盛华置业应偿还借款本金 1335000。双方在借款合同中明确约定借款利息，且不高于法律规定，被告盛华置业应按双方约定的月息 2% 的标准，支付借款期间 2012 年 6 月 1 日起至 2012 年 12 月 31 日止的借款利息，但对利息的保护不高于原告诉请的 579800 元。考虑到双方约定的罚息计算标准过高，从公平合理的角度出发，本院认为逾期还款利息按照同期贷款利率的四倍计算为宜①，对逾期还款利息的保护不高于原告诉请的 287400 元。被告周战平应当依法承担连带保证责任，保证人周战平在承担了保证责任后可以依法向债务人追偿。综上，依照《中华人民共和国合同法》第八条、第七十九条、第八十四条、一百零七条、一百九十六条、二

---

① 2015 年公布的《最高人民法院关于审理民间借贷案件适用法律若干问题的规定》第二十九条第一款规定："借贷双方对逾期利率有约定的，从其约定，但以不超过年利率 24% 为限。"

百零七条；《中华人民共和国担保法》第六条、第十八条、第三十一条；《最高人民法院关于适用〈中华人民共和国担保法〉若干问题的解释》第四十二条之规定，判决如下：

一、被告焦作市盛华置业有限公司于本判决生效后五日内一次性清偿原告陈玉敏借款本金 1335000 元及利息（自 2012 年 6 月 1 起至 2012 年 12 月 31 日止，按双方借款合同约定利率计算利息，不高于 579800 元）。

二、被告焦作市盛华置业有限公司于本判决生效后五日内一次性清偿原告陈玉敏借款本金 1335000 元的逾期还款利息（自 2013 年 1 月 1 日起至本判决确定的履行之日止，按照中国人民银行同期贷款利率的四倍计算，不高于 287400 元）。

三、被告周战平对以上判决的第一项、第二项内容承担连带清偿责任。

四、驳回原告陈玉敏的其他诉讼请求。

【法官后语】

对本案争议焦点有两种观点：

一种意见认为，债权转让合同具有无因性，不以支付对价为生效要件。故债权转让后受让人诉债务人民事纠纷中，对债权转让合同进行合法性审查时应采用形式审查标准。首先，债权转让是一种处分行为，必须符合民事行为的生效条件。如果债权转移的主体不适合，当事人的意思表示不真实，签订的债权转让合同无效。第二，债权的有效存在是债权转让的根本前提。本案中原告陈玉敏对刘萍享有的债权以及刘萍对被告周战平享有债权是真实存在的，于法有据的，符合债权转让的要求。第三，债权必须通知债务人。我国《合同法》第八十条第一款规定："债权人转让权利的，应当通知债务人，未经通知，该转让对债务人不发生效力"。本案中刘萍对被告周战平享有债权、刘萍对原告陈玉敏负有债务，经过债权人陈玉敏的同意，债务人周战平的认可，在三方不持异议的情况下，原告和被告盛华置业、周战平通过签订借款合同确认了彼此之间的权利义务关系。在原告和二被告签订了借款合同后，原告陈玉敏对刘萍享有的 144 万债权自然转承至被告盛华置业和被告周战平。双方的意思表示真实，也不存在一方当事人欺诈、胁迫或乘人之危的情形，因此债权转让是有效的，合同是成立的，二被告以未发生实际借贷关系为由进行抗辩的理由不予采纳。最后，在原告和二被告签订借款合同后，原告陈玉敏和刘萍之间以及刘萍和被告周战平之间不再存在债权债务关系。因为刘萍无论是作为债权人还是作为债务人不再享有权利，也不负有义务，所以刘萍不参加本案诉讼不影响案件事实的查明。在本案中刘萍即不是享有实体权利的主体，也不是负有实体义务的主体也无须追加刘萍为被告。

另一种意见认为，确认债权转让有效应该审查原债权债务关系，应该追加刘萍为本案被告。债权转让是合同权利的转让，属广义上的合同变更，即改变合同的内容，债权人通过与第三人订立合同的方式将债权转让给第三人，其中债权人称为让与人，第三人称为受让人，债权转让是基于当事人的合意而发生移转。但即便是双方真实意思表示，为防止虚假债权转移，为保护第三人的合法权利，有必要对原债权人的债权进行深层次审查。其次，应追加刘萍为本案被告。陈玉敏与焦作市盛华置业有限公司、周战平之间原无直接合同关系，依合同相对性原则，陈玉敏与刘萍之间存在债权转让合同，不追加刘萍，无法查明二者之间债权转让合同是否履行及履行的情况。

笔者同意第一种观点。债权转让是指在不改变债的内容的前提下，由出让人与受让人签订合同从而将债权移转于受让人的行为。债权转让合同适用《合同法》的一般原则和规则，必须具备权利人的表示，该意思表示可直接向受让人或第三人表示，不需要他人或债务人的行为，同时肯定有偿转让与无偿转让的合同效力。我国《合同法》第七十九条明确规定："债权人可以将合同的权利全部或者部分转让给第三人，但有下列情形之一的除外：（一）根据合同性质不得转让；（二）按照当事人约定不得转让；（三）依照法律规定不得转让。"一般情况下，这种合同的效力与原因关系相分离。但立法也承认当事人在债权转让契约中约定其与原因关系相关联的效力，存在此约定，则原因关系的效力影响让与行为的效力，故债权转让的性质应当理解为是一种相对的无因契约。

具体到本案，刘萍转让给周战平的债权是否合法，该债权转让合同是否成立及生效。由于两人之间并未约定该债权不能转让，也不存在依据合同性质不得转让和依照法律规定不得转让的情形；同时债权转让合同既可以是有偿的，也可以是无偿的，因此审查债权转让合同的效力只需按照合同法的一般原则，即主体具有行为能力，作出真实意思表示，形成合意即可。对债权转让合同是否存在真实的对价，这些事实是否成立，无需进行实质性审查。

编写人：河南省焦作市马村区人民法院　杨雨村

17

出具的"告知函"是否具有债权转让通知的效力
——李山峰诉滨州市尚德担保有限公司民间借贷案

【案件基本信息】

1. 裁判书字号

山东省滨州市滨城区人民法院（2014）滨民三初字第 366 号民事判决书

2. 案由：民间借贷纠纷

3. 当事人

原告：李山峰

被告：滨州市尚德担保有限公司

【基本案情】

被告滨州市尚德担保有限公司通过其职工毛鲁华提出，向冯李莉借款 500000 元。同日，冯李莉委托包晓冰与被告签订借款合同，并通过中国建设银行向包晓冰账户（账号 622700××××）转入 20000 元，通过中国工商银行向包晓冰账户（账号 622202×××4）转入 480000 元。同日，包晓冰代表冯李莉（乙方、出借人）与被告（甲方、借款人）签订借款协议书两份，约定乙方出借给甲方人民币各 300000 元、200000 元；月利率 1.8%，甲方按月支付利息；借款期限为 3 个月，到期后全部还清本息。包晓冰代表冯李莉在两份协议上签字，并于 2012 年 2 月 7 日，通过中国工商银行向被告账户（账号 161302××××）转入 500000 元。被告向冯李莉分别出具金额为 300000 元和 200000 元的借款借据。上述借款到期后，被告未依约还清借款本息。2013 年 11 月 11 日，被告通过冯李莉母亲李玉奎中国工商银行账户（账号 622202×××9）归还借款本金 100000 元。另查明，被告按照约定的月利率 1.8% 向冯李莉支付了自借款之日起至 2013 年 11 月 30 日的利息，共计 181766 元。

2013 年 11 月 11 日，被告作为借款人（甲方）与作为出借人的冯李莉（乙方）重新签订借款协议书一份，约定借款金额为 100000 元；借款期限为 3 个月。被告向冯李莉出具了金额为 100000 元的借款借据。2013 年 12 月 1 日，被告作为借款人（甲方）与作为出借人的冯李莉（乙方）签订借款协议书一份，约定借款金额为 300000 元；借款期限为 3 个月。被告向冯李莉出具了金额为 300000 元的借款借据，并注明"原单据号 2012007 号，换单据"。被告对上述两笔借款再未支付利息，到期后也未归还借款本金。

2014 年 4 月 18 日，被告为冯李莉出具《滨州市尚德担保有限公司告知函》，委托冯李莉向山东滨州明珠置业有限公司追索债权 1726666.67 元，并要求该公司将其中 400000 元打入冯李莉账户，余款打入被告账户。虽经催要，该公司并未偿还上述债务。

2014 年 4 月 18 日，冯李莉向原告李山峰借款 500000 元。2014 年 4 月 28 日，冯李莉作为出让人（甲方）与作为受让人的原告（乙方）签订债权转让协议一份，约定甲方向乙方转让其被告拖欠的借款本金 400000 元及相应的利息。2014 年 5 月 6 日，原告通过手机短信通知被告法定代表人张耀债权转让事宜，并催收该债权。2014 年 9 月 12 日，冯李莉向被告法定代表人张耀送达了其与原告签订的债权转让协议，山东省滨州市鲁滨公证处出具了（2014）滨鲁滨证民字第 1000 号《公证书》。

【案件焦点】

出具的"告知函"是否具有债权转让通知的效力。

【法院裁判要旨】

山东省滨州市滨城区人民法院经审理认为：被告与冯李莉自愿签订借款合同，冯李莉按照约定将所借款项实际交付了被告，双方的借款合同关系已经成立并生效。被告归还了部分借款后，双方分别重新签订了借款合同，系其真实意思的表示，合法有效。虽然被告按照原协议的约定在新的合同签订前支付了借款利息，因双方未就借款是否支付利息再行约定，而被告也未再向冯李莉支付过利息，应视为双方新达成的借款合意并未重新约定利息，根据法律有关规定，对支付利息没有约定或者约定不明确的，视为不支付利息。冯李莉与原告自愿达成债权转让协议，是其真实意思的表示，原告与冯李莉将债权转让事宜分别通知了被告，该转让对被告已经发生效力，且所转让的债权已经超过履行期限，被告应向原告履行偿还债务的义务。因冯李莉与被告达成的新的借款合同未约定利息，被告只就借款本金部分负有偿还责任，债权转让协议中关于借款利息部分的约定对被告不发生效力。但在债权转让后，原告在通知被告的同时，向被告对该债权进行了催收，被告应自原告主张权利之日起按照中国人民银行同期贷款利率支付利息。本案中，被告借款后向冯李莉按月支付利息到 2013 年 11 月 30 日，其后，双方又达成新的借款合同关系，冯李莉所转让的债权并未超过诉讼时效。被告称其出具的"告知函"系债权转让，也即其已将对山东滨州明珠置业有限公司的债权对应地转让给了冯李莉，双方的债权债务关系已经清结，冯李莉不能将已经不存在的债权再行转让给原告。但根据"告知函"的内容，并无债权转让的意思表示，也没有通知相应的债务人债权转让的内容，不符合债权转让的法律规定。故对被告的该主张，不予支持。至于被告称包晓冰转入的款项为货款，但被告无相应的证据证明其双方具有其他的基础法律关系，包晓冰也否认与被告具有其他经济往来，且与被告其他陈述及本院确认的有效证据证明的案件事实相矛盾。故被告的该项主张，亦不予支持。

山东省滨州市滨城区人民法院依照《中华人民共和国合同法》第八十条、第八十二条、第二百零六条、第二百一十条、第二百一十一条第一款，《最高人民法院关于人民法院审理借贷案件的若干意见》第九条①的规定，判决如下：

被告滨州市尚德担保有限公司于本判决生效之日起十日内清偿原告李山峰借款本金 400000 元及利息（自 2014 年 5 月 7 日起至本判决确定的履行之日止，按中国人民银行同期贷款利率计算）。

【法官后语】

本案争议的焦点是出具的"告知函"是否具有债权转让通知的效力。债权转让通知对于对抗债务人和其他利益相关第三人具有重要意义。债权转让通知既可以由债权出让人向债务人作出，也可以在法律承认其效力的条件下由债权受让人向债务人作出，可以承认一定条件下债权受让人债权转让通知的效力，但同时要求债权受

---

① 已失效，《最高人民法院关于审理民间借贷案件适用法律若干问题的规定》第二十九条第二款第（一）项规定："既未约定借期内的利率，也未约定逾期利率，出借人主张借款人自逾期还款之日起按照年利率6%支付资金占用期间利息的，人民法院应予支持"。

让人负担证明债权转让通知真实性的义务；如果债权转让通知不能由债权受让人作出，那么债权出让人应负担向债权受让人及时、适当地作出债权转让通知的义务。

债权转让通知采取书面或者口头或采用可以为证人证明的其他任何方式均无不可，但为维护交易秩序的稳定并便于举证，应当以书面通知为妥。债权转让通知的内容应当包括三个方面，即：（1）债权已经发生让与；（2）向债权受让人发出履行债务的指示；（3）关于确定发生转让的债权的合理说明。

债权转让通知可以撤回，但是在通知送达债务人之后未经债权受让人同意不得撤销，因该撤销为原债权人对于通知发生转让的债权的无权处分而不生效力；经债权受让人同意的债权转让通知的撤销仅对将来发生效力而不溯及既往，债务人在债权转让通知作出后直至债权转让被撤销期间取得的对债权受让人主张的抵消和或其他抗辩权利，在债权转让撤销后对原债权人具有拘束力。

债权转让通知同诉讼时效之间关系密切，但又相互区别，债权转让通知是否具有中断时效效力，取决于其措辞：如果债权转让通知仅在于通知债权发生转让的事实，那么该通知不具有中断诉讼时效的效力；如果债权转让通知直接具有要求债务履行的意思表示，即使不具有通知债权转让事实已发生的措辞，也应认定它具有通知债权转让和要求债务履行的双重效力；当然，在由债权受让人作出前述通知的情况下，债权受让人应在债务人提出要求时补足证明债权转让事实发生的证据。

根据"告知函"的内容，其并无债权转让的意思表示，也没有通知相应的债务人债权转让的内容，不符合债权转让的法律规定。

编写人：山东省滨州市滨城区人民法院　李永康

18

个人最高额循环贷款合同的债权转让法律效力的认定

——重庆市泽江实业发展有限公司诉刘艾、冉芳借款合同案

【案件基本信息】

1. 裁判书字号

重庆市酉阳土家族苗族自治县人民法院（2014）酉法民初字第 04083 号民事判决书

2. 案由：借款合同纠纷

3. 当事人

原告：重庆市泽江实业发展有限公司

被告：刘艾、冉芳

【基本案情】

被告刘艾、冉芳系夫妻，2010 年 8 月 17 日被告刘艾与重庆市酉阳县华融小额贷款股份有限公司（以下简称华融公司）签订《个人最高额循环贷款合同》，约定由华融公司为其提供额度为 60 万元的最高债权额贷款；期限十个月，年利率按 19.2% 计付；若到期不还的罚息按贷款利率上加 50% 计付。二被告同时与华融公司签订了《重庆市房地产抵押合同》，用其位于本县钟多镇东流口村 7 组的 445.59 平方米自有房产作为抵押担保，保证如期还款。次日原、被告在本县国土资源和房屋管理局进行了抵押登记。8 月 23 日，华融公司向被告刘艾提供了 350000 元借款。被告刘艾于 8 月 23 日归还资金利息 5600 元、9 月 25 日和 10 月 30 日先后分别结息 5250 元至当年 11 月 22 日。2011 年 6 月 20 日，华融公司将其对被告刘艾享有的债权全部转移给原告，并向被告刘艾发出《债权转移通知》，被告刘艾于同日签收。同时原告向被告发出《请及时向我公司履行还款义务的通知》，2011 年 9 月 4 日被告刘艾只向原告归还借款 50000 元。原告因此诉讼来院。又查明：华融公司在 2010 年 9 月 25 日和 10 月 30 日先后两次以资料费、评估费名义收取被告刘艾现金共计 24500 元，原告对应收取被告资料费、评估费未提供相关证据证明。

【案件焦点】

1. 被告刘艾与华融公司订立的《个人最高额循环贷款合同》及《重庆市房地产抵押合同》的效力问题；2. 华融公司当天收回的利息的定性；3. 华融公司与原告重庆市泽江实业发展有限公司的债权转让是否有效。

【法院裁判要旨】

重庆市酉阳土家族苗族自治县人民法院经审理认为：被告刘艾与华融公司订立的《个人最高额循环贷款合同》是双方的真实意思表示；二被告用自有房屋作抵押，且已进行抵押登记，属有效抵押。被告刘艾未按照合同约定归还借款构成违约，应承担归还实际借款和按照借款合同约定的标准承担资金利息和罚息。华融公司在被告刘艾借款当天回收资金利息的行为违反相关法律规定，其于借款当天回收的5600元，应视为收回本金，故被告刘艾向华融公司借款实际金额为344400。华融公司将债权转给原告，已得到被告默认且被告已归还原告50000元，对尚欠借款294400元，被告应承担继续向原告归还的义务。被告刘艾2010年12月10日书写的借条内容，是预约借款，非真实借款，原告亦无充分证据证明被告刘艾已获得该笔借款，该笔借款不受法律保护。故对原告要求被告归还借款的合法部分及其资金利息和罚息的诉讼请求，本院予以支持。但华融公司收取的24500元是基于本案借款344400元所收取的，故应作为资金利息在归还本案借款时予以扣除。原告称华融公司在转移债权时未移交该笔资金的财务资料，属原告与华融公司之间的问题与本案无关，原告可另行主张。被告刘艾辩称向华融公司借款实际金额为332500元，无充分证据证明，本院不予认定。

据此，依照《中华人民共和国合同法》第二百条、第二百零五条、第二百零六条、第二百零七条、《中华人民共和国担保法》第三十三条、第三十六条、第四十一条、《中华人民共和国民事诉讼法》第六十四条之规定，判决如下：

一、限被告刘艾在本判决生效后十日内偿还原告重庆市泽江实业发展有限公司借款本金294400元。

二、资金利息：2010年8月23日至2011年9月4日按344400元本金计息，标准按年利率19.2%计算；2011年6月17日至2011年9月4日期间，在利率19.2%基础上加收50%的罚息。2011年9月5日按294400元本金，年利率19.2%计息且加收50%罚息至借款还清之日与本金同时结清。在归还利息时，应扣除被告刘艾已还给本县华融小额贷款股份有限公司的利息 35000 元（24500 元＋5250 元×2）。

三、原告重庆市泽江实业发展有限公司对被告刘艾、冉芳共有的位于本县钟多镇东流口村 7 组的 445.59 平方米的房屋享有优先受偿权。

四、驳回原告重庆市泽江实业发展有限公司的其他诉讼请求。

【法官后语】

随着经济的快速发展，金融信贷业务成为支撑经济发展的后备军，是经济发展的后盾，但是信用危机已经困扰到金融业的发展，部分债务人不能及时清偿债务，甚至出逃，对金融业造成严重的压力，相关纠纷案件也大量增加。为践行能动司法的理念，充分发挥审判职能作用，妥善化解金融借款纠纷，促进经济的发展，维护社会稳定，有必要对此类案件进行严格的审查、快审、快结，对债务人予以法律的惩戒，同时，也要加强相关法律宣传，引导借贷主体增强风险防范意识，倡导守法诚信的社会风尚。

本案的焦点有：一、被告刘艾与华融公司订立的《个人最高额循环贷款合同》的效力及《重庆市房地产抵押合同》的效力。被告刘艾和华融公司签订的《个人最高额循环贷款合同》是双方的真实意思表示，且该贷款合同中约定的贷款利率未超过法律允许的最高利率，属于法律保护的对象。同时，被告刘艾以其位于酉阳县钟多镇东流口村 7 组的 445.59 平方米的房屋作为担保物，并办理了抵押登记，该抵押合同合法有效。二、华融公司当天收回的利息的定性。华融公司在被告刘艾借款当天回收资金利息的行为违反了《合同法》第二百条的规定，其于借款当天回收的 5600 元，应视为收回本金，被告刘艾应该按照实际借款数额 344400 元返还借款并计算利息。三、华融公司与原告重庆市泽江实业发展有限公司的债权转让是否有效。华融公司转让债权时，向被告刘艾发出《债权转移通知》，被告刘艾于同日签收，符合《合同法》第八十条的规定，故该债权转让对被告刘艾产生了法律效力，被告刘艾应该就该笔借款向本案原告履行还款义务。

编写人：重庆市酉阳土家族苗族自治县人民法院　毛新荔

19

受让人履行通知义务能否导致债权转让协议对债务人发生法律效力及债务人擅自向原债权人偿还债务的效力认定

——姜征诉王秀琴、张伯文借款合同案

【案件基本信息】

1. 裁判书字号

北京市西城区人民法院（2014）二中民（商）终字第08636号民事判决书

2. 案由：借款合同纠纷

3. 当事人

原告：姜征

被告：王秀琴、张伯文

【基本案情】

王秀琴与张伯文系夫妻关系。2012年5月2日，王秀琴、张伯文（甲方）与白云霞（乙方）签订了《借款合同》，约定：甲方向乙方借款150万元，借款期限为2个月，利息按银行同期贷款利率四倍计算。同日，各方就上述合同办理了公证。后，白云霞向王秀琴账号内汇款150万元；王秀琴、张伯文将其所有的房屋进行了抵押登记。

2012年6月8日，白云霞与姜征签订了《债权转让协议》，约定白云霞将张伯文和王秀琴的150万元债权无偿转让给姜征；协议签订之日起10日内，白云霞负责通知。同日，白云霞与姜征就上述协议办理了公证。

王秀琴、张伯文自认在2012年7月27日前曾接到电话，姜征在电话中向其告知了《债权转让协议》，并要求其偿还债务，王秀琴在电话中表示同意。2012年7月27日，王秀琴、张伯文又与白云霞签订了《债权债务确认书》，共同确认王秀

琴、张伯文只向白云霞还款。2012 年 7 月底，王秀琴、张伯文收到姜征邮寄送达的债权转让通知。

2013 年 2 月 17 日，白云霞就《债权转让协议》提起撤销之诉。法院判决驳回了白云霞的诉讼请求；二审维持原判。张伯文擅自于 2013 年 12 月 21 日、2013 年 12 月 22 日分四次，向白云霞支付共计 150 万元。

因王秀琴、张伯文拒绝向姜征偿还借款，故姜征诉至法院，要求判令：王秀琴、张伯文偿还借款 150 万元，支付利息（以 150 万元为基数，按照中国人民银行同期贷款利率四倍的标准，自 2012 年 5 月 2 日起计算至 2012 年 7 月 1 日止）、滞纳金（以实际欠款本金为基数，按照每日万分之五的标准，自 2012 年 7 月 1 日起计算至实际付清之日止），及确认姜征对抵押房屋享有抵押权，并对该抵押房屋拍卖、变卖、折价后所得价款有权行使优先受偿权。

【案件焦点】

1.《债权转让协议》签订后，让与人拒不履行通知义务，受让人直接通知债务人，是否产生通知的效力；2.《债权转让协议》生效后，债务人擅自向原债权人偿还债务，是否对受让人发生法律效果。

【法院裁判要旨】

北京市西城区人民法院经审理认为：根据法律规定，债权转让合同一经成立并生效，在让与人和受让人之间立即发生债权转让的效果。姜征作为本案的债权转让受让人，虽然不是法律规定及合同约定的具有通知债务人义务的一方，但其行为确实客观上达到了通知的效果，其通知行为并未违反法律强制性规定，故该通知行为应属有效；且姜征向本院提起诉讼，亦应视为姜征向王秀琴、张伯文履行了通知义务。故《债权转让协议》合法有效，各方均应按照约定履行合同义务。

王秀琴、张伯文收到债权转让通知后即对其产生法律效力，应以受让人姜征为债权人，不得再向原债权人白云霞履行债务；原债权人白云霞于《债权转让协议》签订生效后，其即丧失了债权人身份，无权再处分其原享有的债权，亦不得再接受债务人向其履行债务。故白云霞与王秀琴、张伯文在未取得姜征同意的情况下签订的《债权债务确认书》及王秀琴、张伯文擅自向白云霞偿还款项等损害债权受让人合法权益的行为，对姜征均不产生法律效力。

本案中，虽然《借款合同》中并未约定抵押内容，但王秀琴、张伯文为担保该《借款合同》项下的款项，在《借款合同》签订后，将其所有的房屋进行了抵押登记，产生法律效力。按照《中华人民共和国物权法》第一百九十二条之规定，债权转让的，担保该债权的抵押权一并转让，故本案中王秀琴、张伯文为担保《借款合同》而设立的抵押权亦应一并转让。依据《中华人民共和国合同法》的规定，债权人转让权利的，受让人取得与债权有关的从权利，但该从权利专属于债权人自身的除外。本案中《债权转让协议》签订时，利息尚未届期，故转让的债权应包括主债权借款本金及利息。故姜征要求王秀琴、张伯文向其偿还本金及利息的主张，于法有据，本院予以支持。

依据《借款合同》的约定，如王秀琴、张伯文未按本合同约定的还款期限归还借款本金，则应承担下列违约责任，即每延期一天，须支付其剩余借款本金的万分之五作为滞纳金。虽然该款项的性质写明为滞纳金，但该款项在合同中明确写入违约责任承担的内容中，故该款项应认定为违约金性质，因该款项约定的标准，并未违反法律强制性规定，故姜征有权要求王秀琴、张伯文支付上述款项，但因《借款合同》约定的借款期限最后一日为 2012 年 7 月 1 日，故上述款项计算的起始日期应为 2012 年 7 月 2 日，对姜征主张的 2012 年 7 月 1 日发生的滞纳金，本院不予支持。

综上，判决如下：一、王秀琴、张伯文向姜征偿还借款本金一百五十万元；二、王秀琴、张伯文向姜征支付利息（以一百五十万元为基数，按照中国人民银行同期贷款利率四倍的标准，自二〇一二年五月二日起计算至二〇一二年七月一日止）；三、王秀琴、张伯文向姜征支付滞纳金（以实际欠款本金为基数，按照每日万分之五的标准，自二〇一二年七月二日起计算至实际付清之日止）；四、姜征在本判决第一项、第二项、第三项债权范围内，对北京市西城区建功南里小区五号楼××号房屋享有抵押权，对该房屋折价、拍卖、变卖后所得的价款，享有优先受偿权；五、驳回姜征的其他诉讼请求。

王秀琴、张伯文不服一审判决，提起上诉。北京市第二中级人民法院经审理认为，依据白云霞与姜征债权转让合同纠纷一案的生效判决认定的内容，《债权转让协议》为合法有效合同，故王秀琴、张伯文作为债务人应向姜征偿还债务。综上所述，判决如下：驳回上诉，维持原判。

【法官后语】

第一，关于《债权转让协议》签订后，让与人拒不履行通知义务，受让人直接通知债务人，是否产生通知的效力的问题。首先，根据法律规定，债权转让合同一经成立并生效，在让与人和受让人之间立即发生债权转让的效果，故《债权转让协议》签字后即在白云霞与姜征之间发生债权转让的效果。其次，债权人转让权利的，应当通知债务人。未经通知，该转让对债务人不发生效力。根据法律规定，原债权人为通知义务人，法律并未对受让人能否通知进行明确的规定。但本院认为，姜征作为本案的债权转让受让人，虽然不是法律规定及合同约定的具有通知债务人义务的一方，但其行为确实客观上达到了通知的效果，其通知行为并未违反法律强制性规定，故该通知行为应属有效；且姜征向本院提起诉讼，本院依法送达起诉书的事实，亦应视为姜征向王秀琴、张伯文履行了通知义务，即《债权转让协议》对债务人王秀琴、张伯文具有法律效力，王秀琴、张伯文应当向姜征偿还债务。

第二，关于《债权转让协议》生效后，债务人擅自向原债权人偿还债务，是否对受让人发生法律效果的问题。由于白云霞转让债权的行为发生在前，且王秀琴、张伯文自认在《债权债务确认书》签订之前，其已接到姜征的电话通知，该债权转让行为在债务人王秀琴、张伯文收到债权转让通知后即对其产生法律效力，即姜征已取代了原债权人白云霞的地位，成为新的债权人，债务人王秀琴、张伯文应以受让人姜征为债权人，不得再向原债权人白云霞履行债务；对原债权人白云霞而言，《债权转让协议》签订生效后，其即丧失了债权人身份，无权再处分其原享有的债权，亦不得再接受债务人向其履行债务。据此，原债权人白云霞与债务人王秀琴、张伯文在债权转让行为生效后，在未取得债权受让人姜征同意的情况下，签订《债权债务确认书》及王秀琴、张伯文擅自向白云霞偿还款项等损害债权受让人合法权益的行为对姜征均不产生法律效力。王秀琴、张伯文在明知债权已经转让的情况下，在诉讼过程中，擅自向白云霞支付 150 万元及白云霞擅自受让该笔债务的行为与本案不属同一法律关系，可另案向白云霞主张其相应权利。

编写人：北京市西城区人民法院 张彤

20

合同解除的条件及法律后果

——龙江银行股份有限公司鹤岗分行诉唐云光、宋慧红金融借款、抵押合同案

【案件基本信息】

1. 裁判书字号

黑龙江省鹤岗市向阳区人民法院（2014）向商初字第116号民事判决书

2. 案由：金融借款、抵押合同纠纷

3. 当事人

原告：龙江银行股份有限公司鹤岗分行

被告：唐云光、宋慧红

【基本案情】

自2012年12月12日，被告唐云光在原告处办理了个人住房抵押消费贷款，用被告宋慧红（与被告唐云光系夫妻关系）名下的位于鹤岗市工农区某住宅抵押，并出具共同还款承诺，贷款200000.00元，贷款期限5年，约定年利率8%，每月还款4055.28元，并与次日办理了抵押登记。同月17日，依据委托支付协议，原告将200000.00元支付给被告唐云光的指定账户。由于二被告的家庭矛盾，从2014年7月开始，被告唐云光、宋慧红未按约定归还借款本息，截止2014年10月20日，连续4个月拖欠原告逾期的贷款，经催告后仍未履行；尚欠本金12394.31元、利息3826.81元、逾期罚息47.59元、剩余本金135733.02元，合计152001.73元。原告为证明其主张的事实，在法院庭审时提供如下证据：一、龙江银行个人贷款借款合同一份（出示原件提交复印件）。证明被告唐云光向龙江银行借款数额、利息、还款方式并约定：连续三个月或累计6次未按合同约定按时足偿还贷款本息，原告有权终止合同；二、龙江银行个人贷款抵押合同、同意书及共同还款承诺（出示原

件提交复印件），证明被告宋慧红为唐云光借款承担连带担保责任；三、龙江银行催收逾期贷款本息通知书，2014 年 7 月至 10 月共 4 个月，证明被告唐云光未按合同约定偿还贷款，原告向被告唐云光催缴贷款通知；四、结婚证复印件一份，证明二被告系夫妻关系；五、共同还款承诺书，证明二被告共同承担对银行借款的偿还义务。

【案件焦点】

合同解除的条件与法律后果。

【法院裁判要旨】

黑龙江省鹤岗市向阳区人民法院经审理认为：我国《合同法》规定，借款人应当按照合同约定的期限返还借款、支付利息；个人贷款借款合同约定，连续三个月或累计六次未按合同约定按时足偿还贷款本息，原告有权终止合同。被告唐云光已连续 4 个月拖欠原告逾期的贷款，经催告后仍未履行，其行为已构成违约。因此原告要求解除与被告唐云光签订的个人贷款借款合同，返还尚欠借款本金 148127.33 元、利息 3826.81 元、逾期罚息 47.59 元，合计 152001.73 元（利息计算至 2014 年 10 月 20 日），支付至本金还清之日止的利息的诉讼请求，符合法律规定，本院予以支持；本案债务是在唐云光与宋慧红夫妻关系存续期间形成，宋慧红应作为共同债务人承担连带清偿责任。

黑龙江省鹤岗市向阳区人民法院依照《中华人民共和国合同法》第九十四条第一款第（三）项、第二百零六条、第二百零七条及《最高人民法院关于适用〈中华人民共和国婚姻法〉若干问题的解释（二）》第二十四条之规定，判决如下：

一、解除原告龙江银行股份有限公司鹤岗分行与被告唐云光签订的个人贷款借款合同；

二、被告唐云光、宋慧红于判决生效后三日内连带返还原告龙江银行股份有限公司鹤岗分行借款本金 148127.33 元、利息 3826.81 元、逾期罚息 47.59 元，合计 152001.73 元（利息计算至 2014 年 10 月 20 日），2014 年 10 月 21 日之后的利息、罚息按合同约定的逾期利率计算至本判决履行期限届满之日止。

【法官后语】

《合同法》第九十三条第二款承认了约定解除的法律效力。因为约定解除是根据当事人的意思表示产生的，其本身具有较大的灵活性，在复杂的事物面前，它可以更确切地适应当事人的需要。当事人采取约定解除的目的虽然有所不同，但主要是考虑到当主客观上的各种障碍出现时，可以从合同的拘束下解脱出来，给废除合同留有余地，以维护自己的合法权益。作为一个市场主体，为了适应复杂多变的市场情况，当事人有必要把合同条款规定得更细致、更灵活、更有策略性，其中应包括保留解除权的条款，使自己处于主动而有利的地位。

本案中，个人贷款借款合同约定，连续三个月或累计六次未按合同约定按时足偿还贷款本息，原告有权终止合同。被告唐云光已连续 4 个月拖欠原告逾期的贷款，经催告后仍未履行，其行为已构成违约。因此原告要求解除与被告唐云光签订的个人贷款借款合同，不违反法律规定，应予支持。同时，《合同法》第九十七条规定，合同解除后，尚未履行的，终止履行；已经履行的，根据履行情况和合同性质，当事人可以请求恢复原状或者采取其他补救措施，并有权要求赔偿损失。该条规定，确立了合同解除的两方面效力：一是向将来发生效力，即终止履行；二是合同解除可以产生溯及力（即引起恢复原状的法律后果）。因此，合同解除后，原告要求被告唐云光返还尚欠借款本金、利息及逾期罚息并支付至本金还清之日止的利息的诉讼请求，符合法律规定，予以支持。且本案债务是在唐云光与宋慧红婚姻关系存续期间形成，故宋慧红应作为共同债务人承担连带清偿责任。

编写人：黑龙江省鹤岗市向阳区人民法院 邱晨

> 21

执行程序中执行权的适度扩张

——江西源泉医药有限公司申请执行异议复议案

【案件基本信息】

1. 裁判书字号

山西省高级人民法院（2014）晋执复字第 48 号执行裁定书

2. 案由：执行异议复议

3. 当事人

申请复议人：江西源泉医药有限公司（以下简称源泉公司）

申请执行人：万荣县农村信用合作联社（以下简称万荣信用联社）

被执行人：夏源达、江西上饶康达制药有限公司、江西捷众制药有限公司（原名江西捷众生物化学有限公司；以下简称捷众公司）

【基本案情】

执行法院在强制执行申请执行人万荣信用联社与被执行人夏源达、江西上饶康达制药有限公司、捷众公司借款担保合同纠纷一案中，于 2014 年 5 月 20 日作出（2008）运中执字第 79 号执行裁定书，追加江西润泽药业有限公司（以下简称润泽药业）、源泉公司为本案的被执行人。源泉公司不服，依法向执行法院提出异议，以其并非执行案件所依据的生效判决的被告，不应成为案件的被执行人。且其与润泽药业是两个独立的企业法人，其接受捷众公司的子公司江西佑盾制药有限公司（以下简称佑盾公司）的预付款 1000 万元是企业之间正常的经营行为，且也已在 2012 年 9 月至 2013 年 9 月间将该 1000 万元返还给了兼并佑盾公司的主体润泽药业，并提供了相关还款凭证。执行法院经审查认为，源泉公司与润泽药业有多笔经营往来，金额过亿，所提供的还款凭证有六笔，其中五笔摘要为"还款"，但有一笔摘要为"货款"，无法证明全部偿还所欠款项，故认定源泉公司主张不能成立，其所提异议不予支持。复议申请人不服执行法院的异议裁定，依法申请复议。

复议理由：1. 复议申请人虽然收受了佑盾公司1000万元款额，但属于企业正常经营行为，且佑盾公司被润泽药业吸收合并后，其已向润泽药业进行了归还。执行法院以交易凭证中一笔标注为"货款"为由，认定其公司未返还所收佑盾公司1000万元，存在认定错误。2. 源泉公司不属于润泽药业的下属单位，其是独立法人，与润泽药业没有利害法律关系，追加其为案件被执行人错误。

法院查明，捷众公司在执行过程中，用1000万元注册成立佑盾公司，为全资子公司，在佑盾公司成立后，于2011年7月13日以预付款的形式给付1000万元给源泉公司，但并未实际发生交易，后在其被润泽药业吸收合并后，即2012年9月开始，由源泉公司将所欠佑盾公司的欠款归还分期归还给润泽药业（有公司往来单据凭证）。且申请执行人万荣信用联社提出源泉公司递交的主张其已归还1000万元的凭证有：2012年9月25日、2012年11月16日、2013年4月2日、2013年4月8日、2013年8月28日二笔，共计六笔，其中五笔摘要均为"还款"，但2012年11月16日一笔摘要为"货款"，用途为"货款"，不能有效证明源泉公司主张全部返还1000万元的事实。

【案件焦点】

1. 复议申请人接受被执行人全资子公司佑盾公司的预付款，是两个独立企业正常的经营行为，在佑盾公司被润泽药业兼并后，执行法院能否直接认定其变相接受了被执行人有效财产，将其追加为被执行人。

2. 在执行程序中追加复议申请人为被执行人事实和法律依据是否充分。

【法院裁判要旨】

山西省高级人民法院经审查认为：虽然源泉公司在佑盾公司成立后以支付货款的方式接受了1000万元，但其在佑盾公司被润泽药业吸收合并后，分几次归还了该款额，尽管申请执行人万荣信用联社对是否真实归还款额持有异议，但这属于润泽药业与源泉公司的债权债务法律关系，与执行案件当事人之间没有必然联系，执行机构在执行程序中也无权评判，不符合最高人民法院关于追加变更被执行人的范畴。依据《中华人民共和国民事诉讼法》第二百二十五条，《最高人民法院关于适用〈中华人民共和国民事诉讼法〉执行程序若干问题的解释》第八条、第九条之规定，裁定如下：

江西源泉医药有限公司复议理由成立，撤销运城市中级人民法院（2008）运中执字第 79 号裁定中追加江西源泉医药有限公司为被执行人的内容。

【法官后语】

本执行异议复议案件是一起在执行程序中追加被执行人的案件。由于历史和现实的原因，我国目前还没有一套完备的强制执行法律，特别是在执行程序中对被执行主体的追加，仅散见于《民事诉讼法》、民事诉讼法司法解释及《最高人民法院关于人民法院执行工作若干问题的规定（试行）》中，范围非常有限，一定程度上限制了执行法院对案件的执行。但执行权作为一种公权力，在保证生效法律文书迅速、有力、及时实现的同时，必须以执行公正为前提条件，这就要求我们在执行案件过程中，不能盲目、主观、随意地对执行权进行任意扩张，必须遵从现有的法律规定，遵从正当的程序，对被执行主体进行追加制度的价值应是"效率优先、兼顾公平"。执行实施权，其更应注重公平价值的保护和追求，否则，执行权就会趋于膨胀，具有破坏性，也最终将背离法律的基本要求，产生一系列不良后果。本案也正是基于这样的理念，支持了复议申请人的申请，撤销了执行法院对其追加为被执行人的裁定。

编写人：山西省高级人民法院　侯勇

被执行人为企业法人的参与分配问题

——谢吟珠申请执行异议复议案

【案件基本信息】

1. 裁判书字号

广东省广州市中级人民法院（2014）穗中法执复议字第 135 号执行裁定书

2. 案由：民间借贷纠纷执行异议复议

3. 当事人

申请复议人（异议人）：谢吟珠

申请执行人：洪泽铭

被执行人：广东博世堂化妆品科技有限公司（以下简称博世堂公司）

【基本案情】

越秀区人民法院（以下简称越秀法院）在执行申请执行人洪泽铭与被执行人博世堂公司民间借贷纠纷一案中，驳回异议人谢吟珠要求参与分配的请求。异议人谢吟珠不服该执行行为，提出异议。越秀法院经审查认为：《最高人民法院关于人民法院执行工作若干问题的规定（试行）》第九十条规定："被执行人为公民或其他组织，其全部或主要财产已被一个人民法院因执行确定金钱给付的生效法律文书而查封、扣押或冻结，无其他财产可供执行或其他财产不足清偿全部债务的，在被执行人的财产被执行完毕前，对该被执行人已经取得金钱债权执行依据的其他债权人可以申请对该被执行人的财产参与分配"。据潮州市潮安区人民法院查询财产的材料显示，只对光大银行和农业银行的两个支行查询了被执行人博世堂公司的存款情况，并未穷尽途径对被执行人博世堂公司财产的查询。博世堂公司尚未经过清算亦未申请破产，且根据潮州市潮安区人民法院以及原审法院的执行情况，被执行人博世堂公司对外享有债权，两法院均已通过向第三人发出《履行到期债务通知书》的途径取得第三人履行的款项，现并无证据证明广州屈臣氏个人用品商店有限公司（以下简称广州屈臣氏公司）和武汉屈臣氏个人用品商店有限公司（以下简称武汉屈臣氏公司）汇入的合计98万元款项为被执行人博世堂公司唯一的财产，换言之，无证据证明被执行人已无其他财产可供执行或者财产不足清偿全部债务。而且，该98万元并非原审法院查封、扣押或冻结的财产，而是第三人广州屈臣氏公司、武汉屈臣氏公司向本案申请执行人依据《履行到期债务通知书》履行的债务。故原审法院依照《最高人民法院关于人民法院执行工作若干问题的规定（试行）》第八十九、九十、九十六条的规定，认为谢吟珠的参与分配申请不符合上述规定的条件，不同意其参与分配，该执行行为并无不当。越秀法院对谢吟珠就上述执行行为提出的执行异议，不予支持。2014年8月19日，原审法院作出（2014）穗越法执异字第574-1号执行裁定：驳回异议人谢吟珠的异议。

申请复议人谢吟珠向广州市中级人民法院（以下简称广州中院）申请复议称：

1. 因被执行人早已停业并已被工商部门吊销营业执照，潮安区法院对被执行人原开户银行及结算银行账户进行查询是恰当的。2. 关于被执行人未经清算及申请破产问题，不应该是参与分配的必要条件。3. 原审法院执行第三人的 98 万元财产是否为被执行人唯一财产问题。从目前执行程序及司法解释有关规定来看，应是唯一财产。4. 98 万元是被执行人的财产，执行案件就是要将被执行人的财产（包括动产、不动产、无形资产等）及债权等在通常情况下变现为被执行人的金钱财产。只要是被执行人的财产便可供执行，不应存在以何种执行形式、执行措施取得的问题。故请求：撤销（2014）穗越法执异字第 574 - 1 号执行裁定。

广州中院经审理查明：洪泽铭与博世堂公司、李培宏、李莲君民间借贷纠纷一案，经审理后，原审法院于 2013 年 1 月 15 日作出（2012）穗越法民四初字第 65 号《民事判决书》，判决洪泽铭与博世堂公司借贷关系成立、博世堂公司清偿借款 926180 元给洪泽铭；博世堂公司支付逾期付款违约金给洪泽铭。判后，博世堂公司提出上诉。案经广州中院二审后，以（2013）穗中法民四终字第 33 号《民事判决书》判决驳回上诉，维持原判。该判决于 2013 年 11 月 11 日发生法律效力。因博世堂公司未履行生效判决，洪泽铭向原审法院申请执行，原审法院于 2013 年 12 月 9 日以（2014）穗越法执字第 574 号案立案执行。本案在执行过程中，洪泽铭提供财产线索称，博世堂公司对广州屈臣氏公司有到期债权。原审法院于 2014 年 2 月 13 日向广州屈臣氏公司发出《履行到期债务通知书》，要求其收到通知后直接向申请执行人洪泽铭履行其对博世堂公司所负的到期债务 980000 元。2014 年 2 月 28 日，广州屈臣氏公司函复原审法院，称其对博世堂的到期债务仅为 300697.87 元，另有 679302.13 元为武汉屈臣氏公司所负的债务。此后，原审法院于 2014 年 3 月 27 日向武汉屈臣氏公司发出《履行到期债务通知书》，要求其收到通知后直接向申请执行人洪泽铭履行其对博世堂公司所负的到期债务 679302.13 元。2014 年 5 月 9 日，原审法院代管款账户分别收到广州屈臣氏公司汇入的 300697.87 元和武汉屈臣氏公司汇入的 679302.13 元，款项合计 980000 元。

另查明，2014 年 4 月 17 日，潮州市潮安区人民法院向原审法院发来《谢吟珠与广东博世堂化妆品科技有限公司民间借贷纠纷一案请求参与分配的函》，其中函件内容反映该法院曾于 2012 年 6 月 12 日向广州屈臣氏公司发出履行到期债务通知书，广州屈臣氏公司向该院汇去款项 1278233.52 元。潮州市潮安区人民法院称被执行人博世堂公司在其辖区内没有可供执行的财产，申请执行人谢吟珠提出要求参与洪泽铭与博世堂公司借款纠纷案 980000 元执行款分配的申请，故该院向原审法院发来请求参与分配的函。参与分配函附有谢吟珠于 2012 年 6 月 29 日领取执行款1278233.52 元的收款收据复印件、潮安县人民法院（2012）安民一初字第 106 号《民事调解书》、博世堂公司的工商资料、查询博世堂公司名下房产和车辆的材料、向中国光大银行广州黄埔大道支行和中国农业银行股份有限公司广州五羊新城支行查询银行存款的通知书。上述调解书协议内容为：博世堂公司欠谢吟珠借款本金2100000 元及利息 95000 元，该款定于 2012 年 4 月 15 日前付清；若未能按时付款，谢吟珠有权就本息合计 2195000 元自 2012 年 4 月 1 日起至实际还款之日止按日万分之五计利息一并申请强制执行。

2014 年 6 月 13 日，原审法院召开执行听证，答复谢吟珠："经合议庭合议，案外人参与分配不符合最高院执行若干规定，被执行人是有限责任公司，该法人尚未清算或申请破产"。

本案复议审查过程中，潮州市潮安区人民法院执行局向广州中院寄来从广东省高级人民法院执行指挥中心查询的关于博世堂公司的相关资料，资料显示博世堂公司无车辆登记信息，无博世堂公司银行结算账户开户银行信息。

【案件焦点】

被执行人为企业法人，其财产不足清偿全部债务的，对该被执行人已经取得金钱债权执行依据的其他债权人是否可申请对被执行人的财产参与分配？

【法院裁判要旨】

广州市中级人民法院经审查认为：《最高人民法院关于人民法院执行工作若干问题的规定（试行）》第八十九条规定："被执行人为企业法人，其财产不足清偿全部债务的，可告知当事人依法申请被执行人破产。"谢吟珠认为原审法院执行第三人的 98 万元财产是博世堂公司的唯一财产，而本案的执行依据要求博世堂公司偿还借款 926180 元及支付逾期付款违约金给洪泽铭，因此博世堂公司的财产除了清偿本案债务之外，不足以清偿谢吟珠的债务。根据上述法律规定，谢吟珠应依法申请博世堂公司破产而非通过参与分配的途径实现债权。因博世堂公司为企业法人，原审法院适用《最高人民法院关于人民法院执行工作若干问题的规定（试行）》第90条关于被执行人为公民或其他组织的规定不当，但谢吟珠要求参与本案债权分配的理由不能成立，原审法院驳回其异议请求的处理正确，本院予以维持。

综上所述，谢吟珠的复议理由不能成立，本院不予采纳。依照《中华人民共和国民事诉讼法》第二百二十五条的规定，裁定如下：

驳回申请复议人谢吟珠的复议请求，维持广东省广州市越秀区人民法院作出的（2014）穗越执异字第574－1号执行裁定。该裁定已生效。

【法官后语】

该案例涉及执行程序中的参与分配制度与企业法人破产制度之间的关系。参与分配制度是指经申请执行人申请，对被执行人为公民或其他组织的财产开始执行程序以后，该被执行人的其他已经取得执行依据的或者已经向人民法院起诉的债权人发现被执行人的财产不足清偿所有债权的，向执行法院申请，使债权平均受偿的制度。参与分配是最高人民法院以一系列司法解释建立的制度，体现了执行中的多数债权平等而不是个别债权优先原则。破产是在债务人丧失清偿能力时，法院强制对其全部财产清算分配、公平清偿债权人，或由债务人与债权人会议达成和解协议，或通过企业重整，避免债务人倒闭的法律制度。破产是对全体债权人的集体公平、有序清偿程序。本案中，异议人谢吟珠根据《最高人民法院关于人民法院执行工作若干问题的规定（试行）》（以下简称《执行规定》）第九十条向原审法院提出参与对被执行人执行所得款的分配申请并对原审法院不同意其参与分配的执行行为提出执行异议。原审法院在异议审查中驳回了谢吟珠的异议申请。其后，广州中院在异议复议审查中，依据《执行规定》第八十九条驳回谢吟珠的复议请求，维持了原审法院的异议审查裁定，准确地指出执行分配与企业破产两项相似制度的区别之处，属《企业破产法》适用对象的债务人发生破产原因，其债务清偿应以破产程序解决，体现了法治的基本精神。

一、我国当前的参与分配制度的根据是《执行规定》第九十条，根据该条规定："被执行人为公民或其他组织，其全部或主要财产已被一个人民法院因执行确定金钱给付的生效法律文书而查封、扣押或冻结，无其他财产可供执行或其他财产不足清偿全部债务的，在被执行的财产被执行完毕前，对该被执行人已经取得金钱债权执行依据的其他债权人可以申请对被执行人的财产参与分配。"上述规定中的其他组织的外延到底是否应包括企业法人，对于该问题可运用整体解释的方法获得答案。《执行规定》第八十九条："被执行人为企业法人，其财产不足清偿全部债务的，可告知当事人依法申请被执行人破产。"第九十六条规定："被执行人为企业法人，未经清理或清算而撤销、注销或歇业，其财产不足清偿全部债务的，应当参照本规定90条至95条的规定，对各债权人的债权按比例清偿。"按照整体解释的法律方法，在同一部规定内，针对被执行人为企业法人的情况作出另外规定，可见立法本意中第九十条规定内的其他组织的外延并不包含企业法人。

二、关于《执行规定》第九十六条的适用问题，应该注意到，《执行规定》是最高人民法院于1998年7月8日颁布并施行的①。《公司法》由全国人大常委会于2013年12月28日修订通过并于2014年3月1日起施行。根据《公司法》第一百八十四条、第一百八十五条、第一百八十六条、第一百八十七条、第一百八十八条、第一百八十九条规定，注销公司依法组织清算后，方能办理注销登记，公告终止公司。故依照目前的规定，并不会存在企业法人未经清算而注销的情况。而关于企业撤销、歇业，最新的《公司法》已无相关规定，现存关于企业撤销、歇业的规定主要在《中华人民共和国企业法人登记管理条例》。根据该条例第二十条规定："企业法人歇业、被撤销、宣告破产或者因其他原因终止营业，应当向登记主管机关办理注销登记。"由该规定可以看出，即使还存在企业撤销、歇业的情况，该企业也需要办理注销登记，而根据上述《公司法》的规定，注销登记的前置条件为企业经过清算程序。由此可知，根据目前的法条规定，已不存在《执行规定》第九十六条规定所述的企业法人，未经清理或清算而撤销、注销或歇业的情形。因此，对企业法人作为被执行人的案件适用参与分配的条件已不存在。

三、根据《最高人民法院关于适用〈中华人民共和国民事诉讼法〉的解释》第五百一十三条的规定："在执行中，作为被执行人的企业法人符合企业破产法第二条第一款规定情形的，执行法院经申请执行人之一或者被执行人同意，应当裁定中止对该被执行人的执行，将执行案件相关材料移送被执行人住所地人民法院。"该规定亦是《执行规定》第八十九条的延伸，进一步体现了企业法人资不抵债时应

---

① 其中若干条文已被2008年发布的《最高人民法院关于调整司法解释等文件中引用〈中华人民共和国民事诉讼法〉条文序号的决定》调整。

由破产程序予以处理的精神。若执行案件的申请执行人或被执行人均未表达意见，则执行法院不应径行将案件移送被执行人住所地人民法院。若其他债权人仍然怠于行使其权利，不向有管辖权法院提出破产申请，则其权利当然不应由其它执行案件予以保障。

编写人：广东省广州市越秀区人民法院　梁嘉俊

23

夫妻离婚时对登记在男方的不动产达成归属女方的协议，在尚未办理过户登记的情形下，法院能否因男方所负个人债务对该不动产采取执行措施

——刘相某诉吴世某、李春毅案外人执行异议之诉案

【案件基本信息】

1. 裁判书字号

四川省成都市郫县人民法院（2013）成郫民初字第 1138 号民事判决书

2. 案由：案外人执行异议之诉

3. 当事人

原告：刘相某

被告：吴世某、李春毅

【基本案情】

原告刘相某与被告吴世某于 1969 年 9 月 7 日登记结婚。2003 年 7 月，被告吴世某与三亚卓达房地产开发有限公司签订《商品房买卖合同》，购买了涉案房屋。2004 年 9 月 7 日，被告吴世某以自己名义在三亚市国土资源局办理了《土地房屋权证》，该证载明权利人为吴世某。2009 年 11 月 30 日，原告刘相某与被告吴世某在武侯区民政局办理离婚手续，并在《离婚协议书》中约定涉案房屋归原告刘相某

所有。

另，法院于 2011 年 8 月 12 日受理李春毅与吴世某、张秀华等民间借贷纠纷一案。经审理后于 2011 年 9 月 30 日作出（2011）成郫民初字第 1524 号民事判决，判令张秀华于判决生效后十日内向李春毅清偿借款 800000 元，并支付违约金 120000 元；吴世某等对上述债务承担连带清偿责任。被告吴世某、程基义承担保证责任后，有权向张秀华追偿等内容。该判决生效后，因判决确定的义务人未按期履行给付义务。李春毅遂于 2011 年 12 月 12 日向法院申请执行。在执行过程中，法院于 2011 年 12 月 14 日作出（2012）成郫执字第 6 号民事裁定书，并据此于同月 16 日查封了登记在被告吴世某名下的该涉案房屋。案外人刘相某以该房屋是其所有、法院查封错误为由，于 2013 年 2 月 22 日向法院提出执行异议。法院于 2013 年 3 月 29 日作出（2013）成郫执裁字第 2 号民事裁定，驳回了刘相某的异议。原告刘相某不服，遂提起案外人执行异议之诉，要求停止（2012）成郫执字第 6 号案件的执行，并确认涉案房屋为原告所有。

【案件焦点】

刘相某与吴世某在婚姻关系存续期间购买并取得涉案房屋的产权，双方离婚时就涉案房屋达成房屋归刘相某所有的协议，法院在对吴世某离婚后的个人债务进行执行时能否对该涉案房屋采取执行措施。

【法院裁判要旨】

四川省成都市郫县人民法院经审理认为：根据《中华人民共和国物权法》第九条关于"不动产物权的设立、变更、转让和消灭，经依法登记，发生效力；未经登记，不发生效力，但法律另有规定的除外"的规定，房屋的所有权变动应当经依法登记等行为而发生效力。本案涉案房屋系被告吴世某在与原告刘相某婚姻关系存续期间购买，虽登记在被告吴世某一人名下，但应当认定为夫妻共同财产。原告刘相某与被告吴世某在离婚协议中虽对该涉案房屋归原告刘相某所有形成合意，但至该房屋被查封时，双方亦未对该房进行权属变更登记，故房屋的所有权并未由共同所有依法转移归原告刘相某单独所有。原告刘相某在本院执行判决过程中，提出涉案房屋归其所有的事实和理由不能成立。

虽二被告之间的债务产生于原告刘相某与被告吴世某离婚以后，被告吴世某应当以自己的财产予以清偿，但根据《最高人民法院关于人民法院民事执行中查封、扣押、冻结财产的规定》第二条关于"人民法院可以查封、扣押、冻结被执行人占有的动产、登记在被执行人名下的不动产、特定财产及其他财产权"的规定，因涉案房屋登记在被告吴世某名下，人民法院对该共有房产采取执行措施具有法律依据。原告刘相某认为法院查封错误的主张不能成立，本院不予支持，但其可依法通过其他途径维护其合法权益。

四川省成都市郫县人民法院依照《中华人民共和国物权法》第九条，《中华人民共和国民事诉讼法》第二百二十七条、《最高人民法院关于人民法院民事执行中查封、扣押、冻结财产的规定》第二条的规定，判决如下：

驳回原告刘相某的诉讼请求。

【法官后语】

本案处理重点主要涉及在执行个人债务中，对夫妻共有的不动产的权属判定和对不动产采取执行措施的认定与把握。我国《物权法》第九条规定，不动产物权的设立、变更、转让和消灭，经依法登记，发生效力；未经登记，不发生效力，但法律另有规定的除外。

具体到本案中，涉案房屋属于刘相某与吴世某在夫妻关系存续期间购买，因双方没有特别约定，故该房屋虽然登记在吴世某名下，但依然应当认定为夫妻共同所有财产。双方在离婚时就该房屋进行处分，并达成归刘相某所有的合意，但因双方未及时进行房屋产权变更登记，故该房屋的所有权的性质尚未依法实现由夫妻共同所有到刘相某个人单独所有地转变，故不能因为双方达成协议就确认涉案房产权属已归刘相某个人所有。吴世某在离婚后因个人行为产生个人债务，其应当对债务承担清偿责任。因其未履行清偿义务，法院在执行过程中，根据《最高人民法院关于人民法院民事执行中查封、扣押、冻结财产的规定》第二条关于"人民法院可以查封、扣押、冻结被执行人占有的动产、登记在被执行人名下的不动产、特定财产及其他财产权"的规定，可以查封并执行登记在吴世某名下的该涉案房产。

但同时应当注意的是，法院在执行过程中，因债务系吴世某个人债务，故应当仅对被执行人吴世某在涉案房产中享有的部分进行执行，而不能对刘相某享有的部分进行执行。鉴于存在不动产不易分割的情形，《最高人民法院关于人民法院民事执行中查封、扣押、冻结财产的规定》第十四条给出了解决的三条途径。根据该条的规定，刘相某与吴世某可以协议分割该涉案房产，并经李春毅认可；协议分割不成时，也可以由共有人对涉案房产提起析产诉讼；为保障债权人合法权益的实现，防止双方恶意串通，也可以由申请执行人李春毅代位提起析产诉讼。

编写人：四川省成都市郫县人民法院　范华良

二、保 证

24

一人有限责任公司未经股东会决议
为股东提供担保是否有效

——袁颖诉刘卜齐等借款合同案

【案件基本信息】

1. 裁判书字号

广东省珠海市香洲区人民法院（2014）珠香法民二初字第 1162 号民事判决书

2. 案由：借款合同纠纷

3. 当事人

原告：袁颖

被告：刘卜齐、惠州市东江物业开发有限公司（以下简称东江公司）、惠州市盛和物业管理有限公司（以下简称盛和公司）、常桂欣

【基本案情】

2014 年 3 月，原告作为贷款人、被告刘卜齐作为借款人，被告东江公司、被告盛和公司、被告常桂欣作为保证人，案外人雷劲雯作为居间人签订《借款合同》，各方约定原告借给被告刘卜齐人民币 2000000 元，借款期限两天（自贷款人将款项汇入借款人账户起算），借款年利率 22.4%。如因逾期造成实际期限超过两天的，则至少每两天支付一次利息。借款人未按期足额偿还本金的，须一次性向贷款人支付违约金人民币 5 万元，并须从借款到期日起三天内付清。逾期足额未付的，未付

部分须参照本合同约定的利率支付利息。借款由贷款人以转账方式汇入户名为"惠州市盛和物业管理有限公司",账号为"19610×××",开户行为"上海浦东发展银行珠海分行"的账号。借款用途用于惠州市盛和物业管理有限公司偿还浦东发展银行珠海分行的贷款。由借款人名下所有财产作为担保,包括而不限于存款、汽车、房产等。另由保证人提供连带责任担保。担保的范围包括但不限于借款本金、利息、违约金、逾期利息、催收费、律师费、诉讼费、保全费以及一切实现债权的合理费用。各方还约定了其他事项。合同签订后,原告于2014年3月27日委托案外人欧民勇向合同约定的账号汇入人民币200万元,相应的《业务凭证/回单》上注明"往来(代袁颖汇)"。2014年3月27日开具相应的收据给原告,确认收到借款人民币200万元,且该款系原告委托欧民勇以转账形式汇入指定的账户。保证人亦同时在收据上签字盖章确认。

上述借款到期后,四被告均未向原告偿还任何款项。原告遂诉至法院。

另查明,被告东江公司系一人有限责任公司,其股东为另一被告刘卜齐。

【案件焦点】

在未经股东会决议的情况下,一人有限责任公司为股东提供担保是否有效。

【法院裁判要旨】

广东省珠海市香洲区人民法院经审理认为:原告与四被告签订的《借款合同》,内容合法有效,各方均应全面履行。

原告按《借款协议》的约定支付了借款,原告主张四被告未按《借款协议》的约定还款,四被告对此未提出抗辩,本院对原告主张的该事实予以确认。被告刘卜齐未按约定还款的行为构成违约,原告要求借款人被告刘卜齐偿还借款本金人民币200万元以及按银行同期同类贷款利率的4倍计算利息依据充分,本院予以支持。民间借贷的贷款利率最高不超过中国人民银行同期同类贷款利率的4倍①,而本院已支持由被告刘卜齐按中国人民银行同期同类贷款利率的4倍计付利息给原

---

① 2015年公布的《最高人民法院关于审理民间借贷案件适用法律若干问题的规定》第二十六条规定:"借贷双方约定的利率未超过年利率24%,出借人请求借款人按照约定的利率支付利息的,人民法院应予支持。借贷双方约定的利率超过年利率36%,超过部分的利息约定无效。借款人请求出借人返还已支付的超过年利率36%部分的利息的,人民法院应予支持。"

告，因此，原告无权再要求被告计付违约金及相应的逾期利息，原告相应的诉讼请求依据不足，本院不予支持①。

被告盛和公司和被告常桂欣系保证人，且提供的保证方式为连带保证，因此，原告要求被告盛和公司和被告常桂欣对被告刘卜齐的上述债务承担连带责任依据充分，本院予以支持。

虽然被告刘卜齐系被告东江公司的股东，但被告东江公司系一人有限责任公司，并未设立股东会，被告东江公司已无法召开股东会，因此被告东江公司为被告刘卜齐提供连带保证应被确定为有效，原告主张被告东江公司对刘卜齐的上述债务承担连带责任依据充分，本院予以支持。

依照《中华人民共和国合同法》第八条、第五十二条、第六十条、第一百零七条、《最高人民法院关于人民法院审理借贷案件的若干意见》第六条②、《中华人民共和国民事诉讼法》第一百四十四条之规定，判决如下：

一、被告刘卜齐于本判决生效之日起十日内向原告袁颖偿还借款人民币 200 万元及按中国人民银行同期同类贷款利率的 4 倍计付自 2014 年 3 月 27 日至 2014 年 5 月 26 日止的利息；

二、被告惠州市盛和物业管理有限公司、被告常桂欣、被告惠州市东江物业开发有限公司对被告刘卜齐的上述债务承担连带偿还责任。被告惠州市盛和物业管理有限公司、被告常桂欣、被告惠州市东江物业开发有限公司承担保证责任之后，有权向被告刘卜齐追偿；

三、驳回原告袁颖的其他诉讼请求。

一审判决后，各方均未上诉。上述判决已经发生法律效力。

---

① 2015 年公布的《最高人民法院关于审理民间借贷案件适用法律若干问题的规定》第三十条规定："出借人与借款人既约定了逾期利率，又约定了违约金或者其他费用，出借人可以选择主张逾期利息、违约金或者其他费用，也可以一并主张，但总计超过年利率24%的部分，人民法院不予支持。"

② 已失效，对应 2015 年公布的《最高人民法院关于审理民间借贷案件适用法律若干问题的规定》第二十六条规定："借贷双方约定的利率未超过年利率24%，出借人请求借款人按照约定的利率支付利息的，人民法院应予支持。借贷双方约定的利率超过年利率36%，超过部分的利息约定无效。借款人请求出借人返还已支付的超过年利率36%部分的利息的，人民法院应予支持。"

【法官后语】

对于未经股东会决议，一人有限责任公司为股东提供担保的效力问题，笔者认为：

一、《公司法》第十六条第二款中的"公司"应作限制解释，即指除一人有限责任公司以外的其他公司，一人有限责任公司为股东提供担保无须召开股东会，该担保应被确认为有效。

《公司法》第十六条第二款规定："公司为公司股东或者实际控制人提供担保的，必须经股东会或者股东大会决议。"第六十一条规定，一人有限责任公司不设股东会。从逻辑上分析，《公司法》规定了一人有限责任公司不设股东会，一人有限责任公司自然无法召开股东会进行决议，而法律不能要求义务主体履行其无法履行的义务。为符合立法的原意，《公司法》第十六条第二款所列公司应当作限制解释，是除一人有限责任公司之外的其他公司（当然，该公司必须是《公司法》所规定的公司）。因此，一人有限责任公司为股东提供担保无须经股东会决议，据此，不能因一人有限责任公司未召开股东会进行决议而认定担保无效。

二、最高人民法院 2015 年公报案例显示，其倾向于认为除一人有限责任公司之外的其他有限责任公司为股东提供担保的，未经股东会决议，并不影响效力。同理，一人有限责任公司为股东提供担保未经股东会决议，更不应影响担保的效力。

之前司法实践中对于除一人有限责任公司之外的其他有限责任公司为股东提供担保未经股东会决议的效力问题看法不一。但随着最高人民法院的（2012）民提字第 156 号民事判决的宣判并在 2015 年作为公报案例予以公布，该状况有望终结。最高人民法院在上述判决中认为，《公司法》第一条、第十六条第二款规定的立法本意在于限制公司主体行为，防止公司的实际控制人或者高级管理人员损害公司、小股东或其他债权人的利益，故其实质是内部控制程序，不能以此约束交易相对人。故此上述规定宜理解为管理性强制性规范。对违反该规范的，原则上不宜认定合同无效。另外，如作为效力性规范认定将会降低交易效率和损害交易安全。譬如股东会何时召开、以什么样的形式召开、谁能够代表股东表达真实的意志，均超出交易相对人的判断和控制能力范围，如以违反股东决议程序而判令合同无效，必将降低交易效率，同时也给公司动辄以违反股东决议主张合同无效的不诚信行为留下了制度缺口，最终危害交易安全，不仅有违商事行为的诚信规则，更有违公平正义。①

编写人：广东省珠海市香洲区人民法院　聂斌华　黄蕴磊

25

以出具借条的形式提供保证担保的效力

——姜小军诉刘康年保证合同案

【案件基本信息】

1. 裁判书字号

浙江省衢州市中级人民法院（2013）浙衢商终字第 1 号民事判决书

2. 案由：保证合同纠纷

3. 当事人

原告（上诉人）：姜小军

被告（被上诉人）：刘康年

【基本案情】

2011 年 8 月 30 日，刘景向江山农合行贺村支行借款 80 万元并由姜小军及汪燕以房屋抵押担保，借款期限从 2011 年 8 月 31 日起至 2012 年 8 月 29 日止。因刘景未按约支付借款利息，江山农合行贺村支行决定提前收回借款本息，并先后向姜小军及汪燕发出提前收回贷款及催收通知书。2012 年 7 月 18 日，姜小军代刘景归还上述借款本金 80 万元及利息。

2011 年 8 月 30 日，刘康年向姜小军出具了一份借条，载明"今借到姜小军现金捌拾万元正，借款壹年，月利息壹分，按季付清，月利息捌仟元正。俱借人：刘

① 详见最高人民法院（2012）民提字第 156 号民事判决，该终审判决于 2014 年 4 月 22日宣判。

康年 2011 年 8 月 30 日"。

姜小军以自己的房产为刘景提供担保，是为了从介绍人刘康年那里赚取每月 8000 元利息。刘康年作为介绍人，向姜小军以借条的形式提供反担保，目的在于从借款人刘景处获取更高的利息，从而从中赚取利差。

在借款人刘景未能按约还款的情况下，姜小军作为抵押人，主动替刘景还掉银行本息。现姜小军以刘康年为保证人，要求其承担反担保责任。

刘康年认为，保证须以书面形式作出，本案借条本身，没有任何保证意思，借条本身反映出来的是民间借贷；而其出具借条，但姜小军并未交付借条项下款项，民间借贷尚未生效。故其不承担任何责任。

【案件焦点】

刘康年向姜小军以出具借条的形式提供反担保是否发生担保的效力。

【法院裁判要旨】

浙江省江山市人民法院经审理认为：所谓保证是指保证人和债权人约定，当债务人不履行债务时，保证人按照约定履行债务或者承担责任的行为。第三人为债务人向债权人提供担保时，可以要求债务人提供反担保。根据规定，保证人与债权人应当以书面形式订立保证合同；第三人单方以书面形式向债权人出具担保书，债权人接受且未提出异议的，保证合同成立。本案关键在于刘康年向姜小军出具借条的行为能否认定为刘康年为涉案刘景的 80 万元借款向姜小军提供反担保。鉴于涉案借条内容并不能反映刘康年单方以书面形式向姜小军出具担保书，确定为涉案刘景的 80 万元借款向姜小军提供反担保，且姜小军未能提供其他证据证明刘康年以其他书面方式向姜小军提供反担保，故即使刘康年曾口头向姜小军表示同意为姜小军提供反担保，亦无法据此认定反担保成立。

浙江省江山市人民法院依据《中华人民共和国担保法》第十三条、《中华人民共和国民事诉讼法》第六十四条第一款、《最高人民法院关于适用〈中华人民共和国担保法〉若干问题的解释》第二十二条第一款之规定，作出如下判决：驳回姜小军的诉讼请求。

姜小军持原审起诉意见提起上诉。浙江省衢州市中级人民法院经审理认为：民事法律行为不得违反法律的强制性规定。姜小军起诉的是保证合同纠纷，而《中华人民共和国担保法》第十三条和《最高人民法院关于适用〈中华人民共和国担保法〉若干问题的解释》第二十二条对于担保的形式作出了明确的规定，借条并非上述法定形式之一，因此，刘康年虽出具借条但保证合同并未生效；刘康年虽向姜小军出具了借条，但刘康年并未收到借条项下的借款，民间借贷关系也不能成立，故而应驳回姜小军的诉讼请求。至于姜小军因此所受到的损失，可根据缔约过失等其他程序另行救济。

浙江省衢州市中级人民法院依照《中华人民共和国民事诉讼法》第一百七十条第一款第（一）项之规定，作出如下判决：驳回上诉，维持原判。

【法官后语】

本案处理重点主要在于对"保证合同应当以书面形式订立"中"书面形式"的理解。我国《担保法》第十三条规定，"保证人与债权人应当以书面形式订立保证合同。"《最高人民法院关于适用〈中华人民共和国担保法〉若干问题的解释》第二十二条规定，"第三人单方以书面形式向债权人出具担保书，债权人接受且未提出异议的，保证合同成立。主合同中虽然没有保证条款，但是，保证人在主合同上以保证人的身份签字或者盖章的，保证合同成立。"

具体到本案中，刘康年与姜小军之间确实有"书面"借条，但从借条本身来看，不能得出任何与保证有关的意思表示，刘康年本人也否认该张借条就是为了提供反担保，只是认为口头上确实是提供了反担保，那么从借条上看，怎么也得不出担保的意思表示。

本案争议很大的原因在于本案结果看上去不够公平。1. 刘康年在整个事件过程中确实表示口头提供过担保，该表述易让人当然的以为该张借条就是刘康年提供反担保的依据，进而造成刘康年不诚信的"主观印象"；2. 刘康年从中赚取"利差"，从公平的角度亦应承担相应的责任；3. 出具借条表明其原意以债务人身份加入到姜小军与刘景的法律关系中来，而担保的责任要低于债务人的责任，所以从"举重以明轻"角度看，刘康年也应承担相应的担保责任。

但，法官追求的亦是法律效果、社会效果的高度统一。对于法律有明确规定的条款，必须严格把握执行，法律解释也应以字面解释为主，避免造成法律的不确定性和司法的随意性，督促社会成员严格依法从事民事行为，司法人员严格司法。本案，刘康年认可口头提供了保证，但不认可该借条就是为了保证。即使其认可该借条就是为了提供反担保，法院亦应根据法律规定来明确保证合同的形式。

至于本案实质公平的问题，刘康年本身认可提供口头担保，该意思表示为姜小军对刘景提供抵押担保产生了重大的影响，姜小军完全可以依照法律规定规定向刘康年主张缔约过失责任，且姜小军在履行了对银行的担保责任之后，依法享有对刘景的追偿权。所以其救济途径也是广泛的。至于不能直接向刘康年主张担保责任，因其自己抵押担保赚利息的动机本身不值得提倡，且未严格按照法律规定订立保证合同，本身有一定的过失，应承担相应的风险和责任。

编写人：浙江省衢州市中级人民法院　夏云伟

26

自书"负责"内容是否具有限制一般交易用语"担保人"的意思

——刘小锋诉董建春保证合同案

【案件基本信息】

1. 裁判书字号

江苏省大丰市人民法院（2014）大三商初字第 0026 号民事判决书

2. 案由：保证合同纠纷

3. 当事人

原告：刘小锋

被告：董建春

【基本案情】

2013 年下半年，借款人杨正龙在被告董建春所有的鸡棚处从事家禽养殖。2013 年 9 月 18 日，借款人杨正龙向原告刘小锋借款人民币 4 万元，并出具借条一份，该借条载明："今借到刘小锋人民币肆万元正（40000 元正）11 月 30 日前还清，如遇期不还每天违约金 100 元（壹佰元）等鸡子卖第一批给钱。今借人杨正龙，2013 年 9 月 18 日"。被告董建春在该借条下方自书："鸡出售日期负责电话通知刘小锋，并负责由鸡款归还。担保人董建春，2013.9.18"。借款到期后，借款人杨正龙未偿还借款本金。2013 年 11 月后，借款人杨正龙陆续出售养殖的家禽，其于 2013 年 12 月离开该鸡棚后仍留有部分家禽，其后由原告刘小锋提供饲料，被告董建春负责饲养，并陆续出售留存的家禽得款 24725 元，扣减原告刘小锋提供的饲料款后余款 16000 元，原告刘小锋、被告董建春为此分别在借条下方处自书"此款本人以收 16000 元。2014.3.22"，及"此款已给壹万陆仟元整。董建春（￥16000 元）2014.3.22"。原告刘小锋追索余款未果，遂诉至法院。

【案件焦点】

1. 借款是否实际交付；2. 被告董建春自书"负责"的内容是否具有限制一般用语"担保人"签名担保的意思；3. 已还款数额及欠款数额。

【法院裁判要旨】

江苏省大丰市人民法院认为，关于借款是否实际交付，原告刘小锋的举证充分，被告董建春虽提出未见到借款交付的辩称意见，但未能提供充分理由和证据反驳案涉借条的证明力，故对被告董建春该辩称意见，本院不予采信，对原告刘小锋主张借款 4 万元的事实，本院予以认定。

关于被告董建春自书"负责"的内容是否具有限制一般用语"担保人"签名担保的意思。当事人对合同条款的理解有争议的，应当按照合同所使用的词句、合同的有关条款、合同的目的、交易习惯以及诚实信用原则，确定该条款的真实意思。当事人对一方当事人自书合同内容的解释不一致的，自书合同内容的当事人主张其真实意思为限制一般行业、习惯用语所表达的客观文义的，应就自书内容的真实意思向另一方当事人作详细解释，否则如自书文字与一般行业、习惯用语所具有的客观文义并不冲突，应以一般行业、习惯用语所具有的客观文义为准。本案中，被告董建春自书"鸡出售日期负责电话通知刘小锋，并负责由鸡款归还"和"担保人董建春"，其主张意思为承担电话通知售鸡时间和监督还款的义务，并非担保义务，但其未向原告刘小锋清楚地解释其真实意思，从文字记录上来看自书内容与"担保人"内容的文字并存，被告主张的两个"负责"限定的通知义务和监督义务与保证合同主义务即担保义务并存亦不违反意思自治的合同原则和担保法的相关规定，故被告董建春主张自书内容限制"担保人"所具有的担保效力的抗辩理由不成立，被告董建春签名担保的意思表示成立。另，原告刘小锋与被告董建春未明确约定保证方式，故被告董建春应按照连带责任保证承担保证责任。

关于已还款数额及欠款数额。大丰市人民法院认为，债务人杨正龙留存家禽的实售款24725元，扣减原告刘小锋提供的饲料款后得款16000元，已为原、被告双方签字认可，故被告董建春提出的以实售款24725元为还款额的抗辩理由不成立，且家禽系鲜活产品，原、被告双方及时处置亦有利于债务人杨正龙之利益，据此本院认定案涉借款已偿还16000元，尚欠24000元。

综上，借款到期后，被告董建春未能按约履行保证义务，原告刘小锋要求其偿还本金、支付利息的诉讼请求成立，应依法予以支持。

江苏省大丰市人民法院依照《中华人民共和国民法通则》第九十条，《中华人民共和国合同法》第二百零六条、第二百零七条，《中华人民共和国担保法》第十九条、第二十一条的规定，判决如下：

被告董建春于本判决生效之日起10日内偿还原告刘小锋借款本金人民币24000元，并承付此款自2013年12月1日起至本判决确定的履行之日止按中国人民银行同期同类贷款基准利率四倍计算的利息。①

【法官后语】

本案处理重点主要在于对当事人自书内容的解释。我国《合同法》第一百二十五条第一款规定："当事人对合同条款的理解有争议的，应当按照合同所使用的词句、合同的有关条款、合同的目的、交易习惯以及诚实信用原则，确定该条款的真实意思"。具体到个案合同解释，首先应依要约与承诺的合同成立生效原则评价双方意思表示合意是否达成，而后遵循文义、交易习惯、惯例等原则予以解释。本案中，被告董建春主张其自书"鸡出售日期负责电话通知刘小锋，并负责由鸡款归

---

① 2015年公布的《最高人民法院关于审理民间借贷案件适用法律若干问题的规定》第二十六条规定："借贷双方约定的利率未超过年利率24%，出借人请求借款人按照约定的利率支付利息的，人民法院应予支持。借贷双方约定的利率超过年利率36%，超过部分的利息约定无效。借款人请求出借人返还已支付的超过年利率36%部分的利息的，人民法院应予支持。"

还"表达的意思为通知和监督还款意思并限制了"担保人"所表达的担保意思。首先，被告未向原告解释、披露其自书内容的真实意思为承担两个"负责"所表达的通知和监督意思并限制"担保人"担保意思，此系典型的真实保留，原告刘小锋亦未作出认可被告此主张的承诺，故被告提出的通知和监督意思具有限制担保意思的要约，未取得原告的承诺，被告主张的合同内容未成立生效。其次，依自书内容的客观文义，两个"负责"所表达的通知和监督意思与"担保人"所表达的担保意思就客观文义和义务内容而言并不冲突，与担保交易习惯亦不显著冲突，故被告董建春主张的合同意思不符合客观文义和交易习惯，应不予采信。

值得注意的是，就"鸡出售日期负责电话通知刘小锋，并负责由鸡款归还"的客观文义而言，本案中承办人采取以自书人主张的意思为真实意思的原则，即探求当事人内心真意而非以文字的客观文义为原则，此系意思主义的解释原则，而非表示主义的解释原则。对民间交易而言，因当事人文化水平、地区风俗、交易习惯等差异，所用文字不一定是正式商业交往中的定例定型的商业合同用语，故对民间小额交易应考虑到当事人的文化水平、交易能力的限制，就本案而言对小额民间交易中的自书合同文字采取意思主义的解释原则无疑是正确的，亦是符合交易习惯的。

编写人：江苏省大丰市人民法院　唐鑫邦

公司违反章程规定对外担保的效力认定兼评
公司法第十六条第一款的法律适用规则

——王永高诉浙江正裕液压机械有限公司等民间借贷案

【案件基本信息】

1. 裁判书字号

浙江省宁波市中级人民法院（2014）浙甬商外终字第 39 号民事判决书

2. 案由：民间借贷纠纷

3. 当事人

原告：王永高

被告：任重远、沃晓进、浙江正裕液压机械有限公司、宁波市镇海区南洪机械五金厂、沃正琦、任海祥

【基本案情】

原告与被告任重远、沃晓进、浙江正裕液压机械有限公司、宁波市镇海区南洪机械五金厂、沃正琦、任海祥分别于 2013 年 3 月 7 日、2013 年 3 月 27 日签订《借款保证合同》三份，约定由被告任重远、沃晓进分别向原告借款 330000 元、1000000 元、630000 元，其中 330000 元借款的借款期限为自 2013 年 3 月 8 日起至 2013 年 9 月 7 日止，1000000 元借款的借款期限为自 2013 年 3 月 8 日起至 2013 年 4 月 7 日止，630000 元借款的借款期限为自 2013 年 3 月 29 日起至 2013 年 9 月 7 日止，借款利率均为月利率 1%。被告浙江正裕液压机械有限公司、宁波市镇海区南洪机械五金厂、沃正琦、任海祥以担保人身份在《借款保证合同》中签字，约定提供连带责任保证，保证期限为自借款生效之日起至借款人清偿本合同规定的所有款项后止。原告分别于 2013 年 3 月 8 日、2013 年 3 月 29 日按《借款保证合同》约定方式分三次汇入至宁波市镇海任重晖机械轴承有限公司银行账户合计 1960000 元，被告任重远、沃晓进分别于汇款同日向原告出具了相应金额的收条。2014 年 1 月 8 日，原告与被告任重远、沃晓进、浙江正裕液压机械有限公司、宁波市镇海区南洪机械五金厂、沃正琦、任海祥签订《〈借款保证合同〉补充合同》一份，双方在合同中对借款事实重新进行了确认，并约定还款期限延至 2014 年 2 月 28 日，保证期限为履行期届满后两年。然而，还款期限届满后，被告任重远、沃晓进并未按约返还借款，被告浙江正裕液压机械有限公司、宁波市镇海区南洪机械五金厂、沃正琦、任海祥亦未承担保证责任，为此原告诉至法院。

【案件焦点】

浙江正裕液压机械有限公司是否应承担连带保证责任。

【法院裁判要旨】

浙江省宁波市镇海区人民法院经审理认为：本案的主要争议焦点在于被告浙江

正裕液压机械有限公司（以下简称正裕公司）是否应承担连带保证责任。被告正裕公司认可其公章的真实性，合同抬头担保人一栏中明确注明被告正裕公司为担保人，且被告正裕公司的法定代表人沃正琦亦作为担保人在合同中签字，故本院对被告正裕公司的该答辩意见不予采信。被告正裕公司同时认为其公司章程规定对外提供担保需经过股东会决议通过，本案担保并未经公司股东会决议，对外提供担保违反了法律的规定，应属无效。本院认为，被告正裕公司并未举证证明其公司章程约定对外担保需经过股东会决议，即使被告正裕公司章程有相关约定，该章程亦不具有对世效力，其仅作为公司内部决议的书面载体，强加给原告对公司章程的审查义务不具有可操作性和合理性，原告对公司章程不负有审查义务，故在被告正裕公司未举证证明原告存在恶意的情形下，被告正裕公司以担保违反公司章程的规定为由主张担保关系无效，本院不予支持。本院认定被告正裕公司系本案借款的连带责任保证人，其应依法承担相应连带保证责任。

综上，原告与被告任重远、沃晓进之间存在借款合同关系，被告任重远、沃晓进借款后应当按照约定的期限返还借款，现被告任重远、沃晓进未返还借款的行为显属违约。双方借款保证合同中约定借款月利率为1%，该约定并不违反法律、法规强制性规定，约定合法、有效。故原告要求被告任重远、沃晓进立即返还借款并支付利息及逾期利息的诉讼请求，于法有据，本院依法予以支持。被告正裕公司、南洪五金厂、沃正琦、任海祥系被告任重远、沃晓进与原告之间借款关系的连带责任担保人，故被告正裕公司、南洪五金厂、沃正琦、任海祥应为该借款承担连带保证责任。保证人承担保证责任后，有权向债务人追偿。据此，依照《中华人民共和国合同法》第二百零五条、第二百零六条、第二百零七条，《中华人民共和国担保法》第十九条、第二十一条、第三十一条之规定，判决如下：

一、被告任重远、沃晓进返还原告王永高借款本金1960000元，支付至2014年3月28日止的利息235200元，并支付自2014年3月29日起至本判决确定的履行期内实际支付日止按月利率1%计算的逾期利息，于本判决生效之日起十日内履行完毕；

二、被告浙江正裕液压机械有限公司、宁波市镇海区南洪机械五金厂、沃正琦、任海祥对上述第一项被告任重远、沃晓进应履行之义务承担连带保证责任；被告浙江正裕液压机械有限公司、宁波市镇海区南洪机械五金厂、沃正琦、任海祥承担保证责任后，有权向被告任重远、沃晓进追偿。

一审宣判后，被告浙江正裕液压机械有限公司不服，向浙江省宁波市中级人民法院提出上诉，在审理过程中，浙江正裕液压机械有限公司申请撤回上诉，浙江省宁波市中级人民法院裁定准许撤回上诉。一审判决已生效。

【法官后语】

公司章程是公司法之外公司自我管理、自我经营的重要法律文件，公司章程可以在法律不禁止的领域自主制定公司组织及活动的基本规则。根据《公司法》第十六条第一款规定，公司章程有权对公司对外担保的决议机构、担保数额限额作出规定。审判实务中各级法院对于违反《公司法》第十六条第一款而作出担保的案件却倾向于判处担保有效。但笔者在审理公司对外担保的相关案件时，检索的 18 个援引《公司法》第十六条第一款的案例中，判决担保有效的有 12 个，而判决担保无效的仍然有 6 个，这表明对于《公司法》第十六条第一款，法官的理解尚存有一定的分歧。

1. 从《公司法》第十六条第一款的规范性质看公司违反章程规定对外担保的效力

我国《合同法》第五十二条规定，合同生效的前提之一是"不违反法律、行政法规的强制性规定"。违反这种强制性规定的行为是否一定无效？根据《最高人民法院关于适用〈中华人民共和国合同法〉若干问题的解释（二）》第十四条的规定，这取决于这种强制性规定是不是效力性强制性规定。根据通说，强制性规范可分为两种，一种为效力性规范（或称禁止性规定），另一种为管理性规范（或称取缔性规范）。① 只有违背效力性规范才会导致合同无效。笔者认为，由于《公司法》第十六条第一款并没有规定公司违反章程规定对外担保的效力，而且效力性规范一般是为维护国家利益、社会公共利益而设定的强制性规范。"法律法规虽没有明确规定违反禁止性规定将导致合同无效或不成立的，但违反该规定以后若使合同继续有效将损害国家利益和社会公共利益，应当认为该规范属于效力规范。法律法规虽

---

① 史尚宽教授认为，强制性规定有取缔规定和效力规定之别，其中，效力规定着重违反行为的法律行为价值，以否认其法律效力为目的；取缔规定则着重违反行为的事实行为价值，以禁止其行为为目的。参见史尚宽：《民法总论》，中国政法大学出版社 2000 年版，第 330 页。

没有明确规定违反禁止性规定将导致合同无效或不成立的，违反该规定以后若使合同继续有效并不损害国家利益和社会公共利益，而只是损害当事人的利益，在此情况下该规范就不应属于效力规范，而是取缔规范。"① 可见，《公司法》第十六条第一款属于管理性（取缔）规范。从公司法规范性质来考量，违反《公司法》第十六条第一款的规定，并不导致对外担保行为无效。

2. 从公司章程的公示力看公司违反章程规定对外担保的效力

有人认为，公司章程经过登记而具有公示力和对世效力，第三人在交易时应视为已审查知晓公司章程。但现代各国的立法趋势是废除章程推定通知理论和对第三人在交易前负有审查公司章程义务的要求。依据《最高人民法院关于适用〈中华人民共和国合同法〉若干问题的解释（一）》第十条的规定，可知我国的司法解释也废除了越权理论。实务中第三人也难以便捷地在工商登记机关了解公司章程内容，在这种情况下，承认公司章程能够对抗第三人，不符合我国国情。我国《合同法》第五十条规定"法人或者其他组织的法定代表人、负责人超越权限订立的合同，除相对人知道或者应当知道其超越权限的以外，该代表行为有效"。同理，公司章程对公司对外担保的限制和约束，除相对人知道或者应当知道的以外，不能对抗相对人。即与表见代表制度保护交易相对人的法律取向相同，公司章程的规定也不能对第三人造成不利影响。

3. 从交易相对人的审查义务看公司违反章程规定对外担保的效力

有观点认为，《公司法》条文明确指出公司对外担保应"按照公司章程的规定"。因此交易相对人在订立担保合同时，就应审查公司章程对担保问题的规定，这是法律为当事人设定的义务。也有观点认为，根据公司形态不同，交易相对人的义务标准亦不同。上市公司的公司章程不仅备案于公司登记机关，而且还需根据法律规定备置于公司住所，具有比较明显的公示性，交易相对人理应知道公司章程中对公司担保的记载；但非上市公司的公司章程查询不易，而在交易实践中亦不宜苛求任何人在交易之前均去查询相对人的公司章程。

笔者认为，公司章程不仅不具有对世效力，其作为公司内部决议的书面载体，

① 宋宗宇、刘娜："法人代表越权行为与表见代表制度"，载《社会科学家》2007 年第 5 期。

它的公开行为不构成交易相对人应当知道的证据。《公司法》第二十五条第一款第（四）项规定股东的姓名或者名称是有限责任公司章程应当记载的事项。但是《公司法》第三十二条第三款却明文规定："公司应当将股东的姓名或者名称及其出资额向公司登记机关登记；登记事项发生变更的，未经登记或者变更登记的，不得对抗第三人"。可见，章程中的记载不具有对外的法律效力，交易相对人无需审查章程中记载的股东名称。试想，公司章程中的绝对必要记载事项尚且对交易相对人无对抗力，作为任意记载事项的担保自然毋需赘言。

否定交易相对人对公司章程负有审查义务的合理性还在于交易成本方面。从交易经济的角度分析，如果规定交易相对人有查阅章程的义务，为了避免交易风险的发生，他将不得不在每次交易前到有关部门查询公司章程，久而久之，就会打击交易相对人交易的积极性，束缚社会整体的经济发展。相反，如果我们把这种成本转由制定章程的公司自身通过加强内部控制的方式承担，会更加合理。一方面，公司通过加强对董事、经理的监督更容易防范风险的发生；另一方面，单数主体的公司较复数主体的不特定交易相对人而言，通常支付的成本也更小。

综上所述，《公司法》第十六条第一款属于管理性（取缔）规范，公司章程作为作为公司内部决议的书面载体，其不具有对世效力，公司不能依据公司章程规定对抗交易相对人，且交易相对人对公司章程不负有审查义务。

编写人：浙江省宁波市镇海区人民法院　谢国斌

28

夫妻单方为担保人时处置共有财产的行为效力

——杨某诉潍坊农村商业银行股份有限公司寒亭支行储蓄存款合同案

【案件基本信息】

1. 裁判书字号

山东省潍坊市寒亭区人民法院（2014）寒商初字第 163 号民事判决书

2. 案由：储蓄存款合同纠纷

3. 当事人

原告：杨某

被告：潍坊农村商业银行股份有限公司寒亭支行（以下简称农商行寒亭支行）

【基本案情】

2006 年 12 月 21 日，案外人张明欣与被告农商行寒亭支行签订借款合同一份，案外人朱爱莲、张某与被告签订最高额保证合同一份，约定张明欣向被告借款 5 万元，朱爱莲、张某为张明欣上述借款提供最高额担保，并约定，保证人不按合同约定履行保证责任的，被告可直接从保证人在被告处开立的任何账户中扣收。后因该笔借款未按时偿还，被告于 2007 年将借款人张明欣及担保人朱爱莲、张某诉至法院，经调解确认，由张某对张明欣在被告处的借款 5 万元及利息承担连带清偿责任。后张明欣及张某均未按民事调解书确定的内容履行还款义务。

2013 年 5 月 2 日，原告杨某在被告处存款 5 万元，存款形式为定活两便。因原告与张某系夫妻关系，2013 年 6 月 18 日，被告依据与张某签订的最高额保证合同的约定，自行将杨某该账号下的存款 5 万元及利息 24.60 元扣划用于偿还张明欣的借款本金及利息。杨某认为自己不知晓张某为张明欣借款担保的事实，该 5 万元存款被农商行寒亭支行扣划时自己并不知情。

【案件焦点】

银行是否有权直接从担保人配偶的账户中扣划存款用以偿还借款。

【法院裁判要旨】

山东省潍坊市寒亭区人民法院经审理认为：杨某在被告处存款时处于与张某婚姻关系存续期间，在二人没有特别约定的情况下，该 5 万元存款应认定为双方共同共有的财产。该 5 万元以存单和账户的形式特定化后，即具有了物的性质，杨某和张某对该 5 万元共同具有支配权。而被告对张某的保证债权属于请求权，除非权利人杨某和张某同意，被告不能直接扣划该 5 万元存款。从查明的事实看，张某未取得杨某的同意，即同意被告扣划二人共同共有的银行存款，该意思表示无效，被告据此扣划涉案 5 万元存款不具有合法性，应当返还原告存款本金 5 万元并自钱款存入之日起按照存款方式约定支付利息。另，根据物权法的规定，本案的 5 万元存款不存在分割的问题，法院也没有法律依据进行分割。因此，即使张某同意被告扣划银行存款，本院也不能仅判决被告返还一半的存款。

依照《中华人民共和国婚姻法》第十七条，《最高人民法院关于适用〈中华人民共和国婚姻法〉若干问题的解释（一）》第十七条，《中华人民共和国物权法》第九十七条、第九十九条之规定，判决如下：

被告潍坊农村商业银行股份有限公司寒亭支行支付原告杨某存款本金 5 万元及利息（利息自 2013 年 5 月 2 日起按原告在被告处存款时双方约定的利率计算至付清之日），限于本判决生效后十日内付清。

【法官后语】

本案的重点在于夫妻单方为担保人时对共有财产的处置及单方处置的后果。《婚姻法》第十七条第二款规定："夫妻对共同所有的财产，有平等的处理权。"《最高人民法院关于适用〈中华人民共和国婚姻法〉若干问题的解释（一）》第十七条第一款第（二）项规定，夫或妻非因日常生活需要对夫妻共同财产做重要处理决定，夫妻双方应当平等协商，取得一致意见。《物权法》第九十七条规定："处分共有的不动产或者动产以及对共有的不动产或者动产作重大修缮的，应当经占份额三分之二以上的按份共有人或者全体共同共有人同意，但共有人之间另有约定的除外。"

在本案中，5 万元存款发生于婚姻关系存续期间，在二人没有特别约定的情况下，系夫妻双方共同财产，双方对该 5 万元共同具有支配权，而被告对张某的保证债权属于请求权，只有在权利人同意的情况下，被告才能直接扣划该 5 万元存款，张某单方同意被告扣划的存款意思表示是无效的。

编写人：山东省潍坊市寒亭区人民法院 吴晓芳

29

成立未生效合同的认定及责任问题

——华泰股份有限公司诉周剑峰保证合同案

【案件基本信息】

1. 裁判书字号

北京市第一中级人民法院（2014）一中民（商）终字第 9789 号民事判决书

2. 案由：保证合同纠纷

3. 当事人

原告（反诉被告、上诉人）：华泰股份有限公司（以下简称华泰公司）

被告（反诉原告、被上诉人）：周剑峰

【基本案情】

华泰公司 1999 年在香港特别行政区成立。华泰贝通网络科技有限公司（该公司现已更名为华泰贝通软件科技有限公司，以下简称为软件科技公司）2000 年 4 月在北京市工商部门登记成立，股东为华泰公司（持股 55%）及北京华泰贝通科技贸易有限责任公司（以下简称科技贸易公司）（持股 45%）。中国伟业发展有限公司（以下简称伟业公司）2006 年在香港特别行政区成立，股东为侯小慧、周剑峰、龙建冬（三人为软件科技公司高管）。

2006 年 9 月 9 日，华泰公司与伟业公司签订《股权转让合同》，合同约定：华泰公司将其所持有的软件科技公司 55% 的股权以 550 万元的价格转让给伟业公司。本合同签订后 30 日内，伟业公司向华泰公司预付 50 万元，伟业公司在合同签订后合理的 90 日内完成股权工商变更登记手续；2006 年 12 月 31 日前伟业公司向华泰公司支付 200 万元，2007 年 12 月 31 日前伟业公司向华泰公司支付 300 万元。同日，华泰公司分别与侯小慧、周剑峰、龙建冬签订了《保证付款合同书》，约定了股东对伟业公司的付款义务承担连带责任保证。合同签订后，伟业公司向华泰公司支付 50 万元。此后，周剑峰任软件科技公司董事长、法定代表人。《股权转让合同》签订后，华泰公司、伟业公司均未向外商投资企业审批机关提交相关文件与材料办理批准手续，而由软件科技公司向审批机关提交包括《股权转让合同》及附件在内的股权转让的相关文件。经审批机关审查，《股权转让合同》约定的股权转让行为在程序上不符合法律、行政法规的要求，未获批准。

2008 年 6 月 19 日，华泰公司依据《股权转让合同》向北京仲裁委员会申请仲裁，要求伟业公司依约履行股权变更登记义务；伟业公司支付股权转让款 500 万元及相应违约金。北京仲裁委员会认为《股权转让合同》属于应当向审批机关办理批准手续才能生效的合同，由于《股权转让合同》未能向审批机关办理批准手续，故认定华泰公司与伟业公司签订的《股权转让合同》尚未生效。北京仲裁委员会作出 (2009) 京仲裁字第 0225 号裁决书，驳回华泰公司的全部仲裁请求。

后华泰公司、伟业公司及科技贸易公司三方就股权转让事项签订《股权转让协议》，其内容亦约定了将华泰公司所持有的软件科技公司 55% 股权转让给伟业公司。该《股权转让协议》写明签署日期为 2006 年 9 月 9 日。庭审中，双方当事人均认可为倒签日期，但对具体的签署日期各执一词。《股权转让协议》签订过程中以及协议签订后，华泰公司未再和包括周剑峰在内的个人签订保证合同。该份《股权转让协议》经软件科技公司提交审批机关，获得批准通过。

【案件焦点】

主合同未生效时从合同的效力，周剑锋对保证付款合同书的成立未生效是否应当承担责任。

【法院裁判要旨】

北京市海淀区人民法院经审理认为：关于本案保证合同的效力问题，根据《中华人民共和国担保法》第五条第一款之规定，即"担保合同是主合同的从合同，主合同无效，担保合同无效。担保合同另有约定的，按照约定"，因《股权转让合同》效力已经过有效仲裁裁决确认为未生效。周剑锋为《股权转让合同》顺利履行而签订《保证付款合同书》，在订立合同过程中，并无证据显示周剑锋存有恶意磋商或是其他违背诚实信用原则的情形，周剑锋并非《股权转让合同》的合同一方，也非被转让股权所在的目标公司，并不负有法律层面的报批义务，故周剑锋对

《保证付款合同书》未生效并不负有严格意义上的法律义务，《最高人民法院关于适用〈中华人民共和国担保法〉若干问题的解释》第八条规定所确立的法律规则，其适用范围为主合同无效而导致担保合同无效的后果负担，而本案中合同系未生效，未生效的合同尚未产生合同约定的效力，不能直接参照或推定适用该条款，来确定当事方的责任。

北京市海淀区人民法院依照《中华人民共和国担保法》第五条第一款，《中华人民共和国民事诉讼法》第二百五十九条，《最高人民法院关于涉外民商事案件诉讼管辖若干问题的规定》第五条，《最高人民法院关于民事诉讼证据的若干规定》第二条之规定，作出如下判决：

一、驳回华泰公司的诉讼请求；二、驳回周剑锋的反诉诉讼请求。

华泰公司持原审起诉意见提起上诉。北京市第一中级人民法院经审理认为：华泰公司上诉称，周剑锋对《保证付款合同书》的成立未生效具有过错，故应当向华泰公司承担赔偿责任。对此法院认为，《保证付款合同书》成立未生效的原因在于其主合同《股权转让合同》未生效，《股权转让合同》未生效的原因为未通过审批机关的审批。《股权转让合同》系华泰公司与伟业公司签订，目标公司为软件科技公司，《股权转让合同》签订时，周剑锋虽具有伟业公司的股东及软件科技公司的高级管理人员的双重身份，但其个人对《股权转让合同》的报批并无法定义务，亦无合同约定义务，故《股权转让合同》未生效的责任不应由周剑锋承担。

北京市第一中级人民法院依照《中华人民共和国民事诉讼法》第一百七十条第一款第（一）项之规定，作出如下判决：

驳回上诉，维持原判。

【法官后语】

双方诉辩意见和案件事实中涉及多个法律问题，笔者分别论述如下：

第一，关于合同成立未生效的认定问题。

《最高人民法院关于适用〈中华人民共和国合同法〉若干问题的解释（一）》第九条规定："依照合同法第四十四条第二款的规定，法律、行政法规规定合同应当办理批准手续，或者办理批准、登记等手续才生效，在一审法庭辩论终结前当事人仍未办理批准手续的，或者仍未办理批准、登记等手续的，人民法院应当认定该合同未生效……"《最高人民法院关于审理外商投资企业纠纷案件若干问题的规定（一）》第一条规定："当事人在外商投资企业设立、变更等过程中订立的合同，依法律、行政法规的规定应当经外商投资企业审批机关批准后才生效的，自批准之日起生效；未经批准的，人民法院应当认定该合同未生效。当事人请求确认该合同无效的，人民法院不予支持。前款所述合同因未经批准而被认定未生效的，不影响合同中当事人履行报批义务条款及因该报批义务而设定的相关条款的效力。"从上述法律规定中不难看出，对于法律明确规定需经过办理批准登记手续方能生效的合同，应严格把握合同生效的要件。根据查明的事实，经审批机关审查，《股权转让合同》约定的股权转让行为在程序上不符合法律、行政法规的要求，未获批准。即本案中，《股权转让合同》并非没有报批，而属于报批未获通过，该合同的状态已经停留在了成立未生效阶段，事后合同双方另行签订的《股权转让协议》虽与《股权转让合同》约定了同一基本事实，但因《股权转让协议》报批通过，故双方之间实际生效的合同系《股权转让协议》，而《股权转让合同》本身已经不具有意义，它永远处于未生效状态，永远不能对当事人产生生效合同的强制约束力。

　　第二，主从合同效力之间的影响问题。本案的被告周剑峰出具的《保证付款合同书》系针对《股权转让合同》出具，周剑锋承诺对《股权转让合同》中伟业公司的支付义务承担连带保证责任。《股权转让合同》被认定成立未生效，此时作为担保合同的从合同效力的认定可参照《中华人民共和国担保法》第五条的规定。该法条规定了主合同无效情况下，从合同亦无效，由此不难得出作为从合同的《保证付款合同书》的状态和效力应与主合同一致的结论。因《保证付款合同书》亦属于成立未生效，故周剑峰承担保证责任的合同依据不足，华泰公司只能从合同成立未生效后的赔偿责任角度向周剑锋追偿。《最高人民法院关于适用〈中华人民共和国担保法〉若干问题的解释》第八条规定了主合同无效情况下，担保人承担责任的问题，一审判决认为该法条规定的法律规则适用范围限定为合同无效的情况，在本案合同未生效的情况下不能直接参照活动推定适用。就此笔者有不同意见，首先，该条款虽明确适用于合同无效的情形，但合同成立未生效同样使得合同无法履行，双方的合同目的落空，此时法条中规定的主从合同中的各方责任的基本规则，法院可以按此规则予以裁判衡量。其次，在一审判决依照了《中华人民共和国担保法》第五条第一款规定的情况下，显然也应当确定《最高人民法院关于适用〈中华人民共和国担保法〉若干问题的解释》第八条的基本法律规则在本案中的适用，不应出现同理不同判的情况。因华泰公司就一审此点法律适用问题未提出上诉，故二审判决中未予提及。

第三，合同成立未生效的责任问题。该问题涉及两个方面，一是合同成立未生效时，责任方承担的责任性质问题。华泰公司起诉适用了《中华人民共和国合同法》第四十二条规定的缔约过失责任。缔约过失责任发生于合同订立过程中，内容可限定为所有违反诚实信用原则的行为。而本案中《股权转让合同》订立的过程是否包括报批手续，此点存在争议。笔者倾向于认为，合同成立之时合同已然订立完成，未履行报批义务的责任方应当承担违约责任而非缔约过失责任。二是本案中，被告周剑峰、伟业公司及软件科技公司是否应当就合同成立未生效承担相应责任的问题。首先，报批义务人的确定问题，此时如果合同有约定，应当从约定，无约定之时，报批义务应类似于股权转让中的工商变更登记义务，由目标公司软件科技公司承担，华泰公司及伟业公司有予以配合的义务。本案中，两次合同实际均由软件科技公司报批，根据现有查明事实及双方举证，本案中不存在任何一方怠于报批导致《股权转让合同》未能获得批准的事实，只是由相关审批部门认定《股权转让合同》不能获得批准，其具体原因原告方未能举证予以证明，在此情况下，《股权转让合同》未能通过审批的责任自然无法归结为伟业公司或周剑峰，华泰公司关于担保人周剑峰就合同成立未生效存在过错的主张缺乏事实依据，故其诉讼请求无法得到支持。

第四，法人人格否认在本案中能否适用的问题。本案纠纷产生的根源在于伟业公司作为独立法人，其资产不足以清偿尚欠的股权转让款 500 万元，而《股权转让合同》的保证人周剑峰后续未就《股权转让协议》另行承诺承担保证责任，华泰公司希望通过诉讼让伟业公司的三名股东予以清偿。华泰公司上诉中着重提出，周剑峰作为伟业公司的股东及软件科技公司的法定代表人，应当就合同未能获得批准承担责任，该问题的本质涉及公司法人人格否认的问题。根据《中华人民共和国公司法》第二十条的规定，公司股东不得滥用公司法人独立地位和股东有限责任损害公司债权人的利益。但本案中显然不能适用法人人格否认制度，原因如下：首先，法人人格独立是公司法的基本原则，人格否认是公司制度的例外，因从严掌握法人人格否认制度的适用条件。其次，从现有证据来看，周剑峰与伟业公司并无存在财产混同的现象，若周剑峰出资到位，其应就其出资为限对伟业公司的债务承担清偿责任。再次，华泰公司在另行签订《股权转让协议》后，未能采取要求伟业公司三股东继续履行《保证付款合同书》的方式保护自己的权益。华泰公司并无证据证明周剑峰存在滥用法人独立地位和股东有限责任的情况，500 万元股权转让款的债务人应限定于伟业公司自身。

编写人：北京市第一中级人民法院　王晴

30

分期履行债务中保证人追偿权诉讼时效起算点的确定

——温州高银汽车服务有限公司诉林秋云等追偿权案

【案件基本信息】

1. 裁判书字号

浙江省温州市中级人民法院（2014）浙温商终字第 1812 号民事判决书

2. 案由：追偿权纠纷

3. 当事人

原告（上诉人）：温州高银汽车服务有限公司（以下简称高银公司）

被告（被上诉人）：林秋云、张裕存、杨光进

【基本案情】

2009 年 5 月 14 日，林秋云与中国银行股份有限公司温州市南城支行（以下简称中行南城支行）订立了编号为 2009 年消字 7419 号《购车借款合同》，约定的主要内容有：借款金额为 148000 元，借款期限为 36 个月，自 2009 年 5 月 14 日起至 2012 年 5 月 14 日止；还款方式为自贷款发放次月起，借款人按月归还贷款本息。高银公司为该笔借款提供连带责任保证担保。同日，张裕存、杨光进各自向中行南城支行出具了《共同还款承诺书》，承诺自愿作为"连带共同债务人"对上述《购车借款合同》项下的债务承担连带共同偿还责任。嗣后，林秋云、张裕存、杨光进均未依据相应合同履行还款义务。高银公司作为连带责任保证人，分别于 2011 年 7

月 28 日、2011 年 11 月 27 日、2012 年 3 月 29 日和 2013 年 6 月 27 日代被告林秋云偿付借款本息 20136.68 元、17507.40 元、17150.22 元和 9274.53 元，共计 64068.83 元。高银公司主张其履行保证责任代偿应由林秋云偿付的借款后，有权向林秋云、张裕存、杨光进追偿。林秋云、张裕存、杨光进认为 2011 年 7 月 28 日和 2011 年 11 月 27 日代偿的两笔债务的追偿已经超出两年诉讼时效期间。

【案件焦点】

高银公司依约承担分期履行债务中的保证责任后，对债务人林秋云等人追偿权的诉讼时效起算点如何认定。

【法院裁判要旨】

浙江省瑞安市人民法院认为：主债务履行期限届满时间与温州高银汽车服务有限公司行使追偿权的诉讼时效起算时间无关。高银公司应当知道自己的银行账户被中行南城支行扣划用于履行担保义务，其对主债务人林秋云的追偿权从银行账户被主债权人扣划之时立即产生，追偿权的诉讼时效也从该日开始计算。综上，瑞安市人民法院确认高银公司于 2011 年 7 月 28 日、同年 11 月 27 日代偿的两笔贷款因超出两年诉讼时效而丧失胜诉权，并依照《中华人民共和国民法通则》第一百三十五条判决驳回高银公司对上述代偿的两笔债务的追偿诉请。

高银公司持原审起诉意见提起上诉。浙江省温州市中级人民法院经审理认为：林秋云与中行南城支行签订的购车借款合同属于分期履行合同，依照《最高人民法院关于审理民事案件适用诉讼时效制度若干问题的规定》第五条规定，当事人约定同一债务分期履行的，诉讼时效期间从最后一期履行期限届满之日起计算。因此，作为保证人的高银公司分期代偿并行使追偿权的诉讼时效亦应自最后一期代偿发生之日起计算；且保证人未在每一期代偿后即主张权利，并非其怠于行使权力，而是基于其对债务人能按约履行后续债务的合理信赖，这也有利于减少诉累，实现诉讼效率。因此，原审法院认定高银公司对债务人的追偿权诉讼时效应自中行南城支行扣划担保人银行账户款项之日开始计算，并进而认定部分代偿借款已超出两年诉讼时效而丧失胜诉权不当，应予以纠正。综上，依法撤销原审判决，改判林秋云、张裕存、杨光共同偿还高银公司全部垫付款 64068.83 元并赔偿利息损失。

【法官后语】

本案处理关键在于对分期履行之债中保证人追偿权诉讼时效起算点如何确定。笔者持应自最后一期债务履行期限届满之日起算追偿权诉讼时效的观点。理由如下：

首先，当事人约定同一笔债务分期履行的，其订立合同的目的是对同一笔债务分期履行，每期还款款项均为债权的组成部分，债务仍为一个整体。因此担保人在履行整体债务的担保责任后取得的追偿权利所对应的债权自也应当保持原有整体属性，不因担保责任的分期履行而割裂追偿债权整体性的根本特征。

其次，从稳定交易秩序而言，如果从每一期承担保证责任之日分别计算追偿权诉讼时效，将导致担保人担心其诉讼时效过期而频繁主张权利，动摇交易的信心。而且，保证人未在每一期代偿后即主张权利，并非其怠于行使权力，而是基于其对债务人能按约履行后续债务的合理信赖。

最后，从实现诉讼效率角度而言，从最后一期履行期限届满起算追偿权诉讼时效，有利于避免当事人仅由于部分权利受到侵害而频繁起诉，节约司法资源，减少诉累。

具体到本案，高银公司履行《购车借款合同》项下贷款的担保责任后取得的追偿权，不因债务的分期履行而割裂其整体性，高银公司基于维护双方的友好合作关系，不愿在部分权利受到侵害后就立刻主张权利，正当合法。因此，二审法院认定本案追偿权的诉讼时效期间应自最后一期债务履行期限届满之日起算，而非从担保人履行每一期债务之日起算。

编写人：浙江省温州市中级人民法院　曾庆建

31

保证期间经过不需要当事人援引

——葛登锋诉王胜利、黄秀芬民间借贷案

【案件基本信息】

1. 裁判书字号

北京市第三中级人民法院（2014）三中民申字第 06552 号民事裁定书

2. 案由：民间借贷纠纷

3. 当事人

原告（再审申请人）：葛登锋

被告（被申请人）：王胜利、黄秀芬

【基本案情】

2012 年 7 月 3 日，葛登锋与王胜利签订《借款合同》，约定：王胜利要从事个体经营，急需一笔资金周转。王胜利向葛登锋借款 6 万元，于 2012 年 10 月 2 日前还清，借款期限 3 个月，自 2012 年 7 月 3 日起至 2012 年 10 月 2 日止。自支出贷款之日起，按实际支出书计算利息。在合同规定的借期内，月利为 2.5%。借款方如果不按期还款，逾期部分加收利率 0.5%。黄秀芬作为连带保证人在《借款合同》上签字。

同日，王胜利向葛登锋出具借据，载明：因王胜利做生意急需用钱做周转，特向葛登锋借款 6 万元，承诺于 2012 年 10 月 2 日前将该笔借款的本金及利息如数归还给葛登锋。后，葛登锋通过银行向王胜利账户汇款 6 万元。

2012 年 8 月 14 日，王胜利通过银行向葛登锋还款 4000 元。2012 年 8 月 15 日，王胜利通过银行向葛登锋还款 3000 元。2012 年 9 月 3 日，王胜利通过银行向葛登锋还款 4500 元。2012 年 9 月 11 日，王胜利通过银行向葛登锋还款 2000 元。

诉讼中，双方表示《借款合同》与借据指向的是同一笔借款。双方均认可王胜

利通过银行归还给葛登锋的 13500 元归还的是本金，故葛登锋对诉讼请求予以调整，要求王胜利归还借款本金 46500 元，支付利息（以 46500 元为本金，从 2012 年 10 月 2 日起至实际支付之日止，按照月利率 2.5% 计算）。王胜利表示还以现金方式向葛登锋还过部分款项，但是葛登锋对王胜利曾经以现金方式还款的说法不予认可。

【案件焦点】

保证期间经过是否需要当事人援引。

【法院裁判要旨】

北京市朝阳区人民法院经审理认为，合法的民间借贷关系受法律保护。从葛登锋提供的证据及当庭陈述看，葛登锋与王胜利之间已经形成了民间借贷关系，该借贷关系不违反法律、行政法规的强制性规定，受法律保护。葛登锋履行了出借款项的义务后，王胜利应当在约定的期限内归还借款。因葛登锋与王胜利均认可王胜利通过银行归还的 13500 元款项归还的是本金，故葛登锋要求王胜利归还借款 46500 元的诉讼请求，符合法律规定，本院予以支持。王胜利未按照约定的期限返还借款的，应当按照约定或者国家有关规定支付逾期利息。因《借款合同》中约定的月利率 2.5% 标准过高，本院将依法予以调整①。连带责任保证的保证人与债权人未约定保证期间的，债权人有权自主债务履行期届满之日起六个月内要求保证人承担保证责任。在合同约定的保证期间和前款规定的保证期间，债权人未要求保证人承担保证责任的，保证人免除保证责任。故本案中，黄秀芬的保证期间已经届满，葛登锋要求黄秀芬承担连带保证责任的诉讼请求，本院不予支持。关于王胜利主张曾经以现金方式归还部分借款的答辩意见，因王胜利并未举证予以证明，且葛登锋对此不予认可，故本院对于王胜利此项答辩意见不予采纳。综上，依照《中华人民共和国合同法》第二百零五条、第二百零六条、第二百零七条、第二百一十一条，《中

---

① 2015 年公布的《最高人民法院关于审理民间借贷案件适用法律若干问题的规定》第二十六条规定："借贷双方约定的利率未超过年利率 24%，出借人请求借款人按照约定的利率支付利息的，人民法院应予支持。借贷双方约定的利率超过年利率 36%，超过部分的利息约定无效。借款人请求出借人返还已支付的超过年利率 36% 部分的利息的，人民法院应予支持。"

华人民共和国担保法》第二十六条,《中华人民共和国民事诉讼法》第六十四条之规定,判决:一、被告王胜利于本判决生效之日起十日内返还原告葛登锋借款四万六千五百元及利息(以四万六千五百元为基数,从二〇一二年十月二日至实际付清之日止,按照中国人民银行同期贷款利率四倍的标准计付);二、驳回原告葛登锋的其他诉讼请求。

葛登峰申请再审称:在黄秀芬未提出诉讼时效抗辩的情况下,一审法院依职权以保证期间债权人未要求保证人承担保证责任为由,免除保证人之保证责任,属适用法律错误。

北京市第三中级人民法院经审理认为:关于保证期间是否需要当事人援引的问题。申请再审人认为保证期间系诉讼时效期间,因保证人未为抗辩,一审法院越权审查系属违法。就此问题,本院认为应首先厘定保证期间之性质。除斥期间是法律规定的权利存续的期间,当期间届满时该权利当然消灭,且该期间不发生中断、中止或延长,当事人纵不援用,法院亦应依职权加以调查。根据《中华人民共和国担保法》第二十五条第二款、第二十六条第二款之规定,保证期间是债权人行使对保证人保证债权的期间,在保证期间内债权人不行使权利,保证人即免除保证责任,其性质与诉讼时效有本质区别,而应属于除斥期间。《最高人民法院关于适用〈中华人民共和国担保法〉若干问题的解释》第三十一条规定:"保证期间不因任何事由发生中断、中止、延长的法律后果。",该规定更进一步肯定了保证责任期间系除斥期间。综上,保证期间系除斥期间,保证期间经过,连带责任保证人免除保证责任,连带责任保证人无援引时效抗辩之必要,法院可依职权迳行处理。一审法院认定黄秀芬的保证期间已经届满,故葛登锋无权要求黄秀芬承担连带保证责任正确。综上,葛登峰的再审申请不符合《中华人民共和国民事诉讼法》第二百条第(一)项、第(六)项规定的情形。依照《中华人民共和国民事诉讼法》第二百零四条第一款之规定,裁定:驳回葛登峰的再审申请。

【法官后语】

1. 关于本案的不同观点

第一种观点认为,保证期间系诉讼时效期间,因保证人未为抗辩,一审法院越权审查系属违法。

第二种观点认为，保证期间系除斥期间，保证期间经过，连带责任保证人免除保证责任，连带责任保证人无援引时效抗辩之必要，法院可依职权迳行处理。一审法院认定黄秀芬的保证期间已经届满，故葛登锋无权要求黄秀芬承担连带保证责任正确。

2. 作者观点

两种观点的分歧主要在于保证期间的性质如何界定。这里涉及对于保证期间这一概念的理解和适用。作者同意第二种观点，理由如下：除斥期间是法律规定的权利存续的期间，当期间届满时该权利当然消灭。除斥期间是法律规定的权利存续的期间，不因任何事由而中止、中断或者延长。根据《中华人民共和国担保法》第二十五条第二款、第二十六条第二款的规定，保证期间是债权人行使对保证人保证债权的期间，在保证期间内债权人不行使权利，保证人即免除保证责任，这与诉讼时效有本质区别。后者并不能消灭权利本人，仅能消灭胜诉权。对于担保法规定的保证期间适用诉讼时效中断的规定，其立法本意比较模糊，所追求的法律效果不清晰，在实践中造成法律适用上的混乱。从保证期间可以消灭保证债权的角度看，债权人行使权利的期间应当是固定的，不应当发生中断、中止或延长，否则保证人承担责任处于不确定状态。并且《最高人民法院关于适用〈中华人民共和国担保法〉若干问题的解释》第三十一条规定更进一步肯定了保证责任期间系除斥期间。综上，保证期间系除斥期间，保证期间经过，连带责任保证人免除保证责任，连带责任保证人无援引时效抗辩之必要，法院可依职权迳行处理。

编写人：北京市第三中级人民法院　李迎新

$$32$$

以主合同约定的合同签订地确定管辖法院

——中国投融资担保有限公司诉河南林豫建安
集团有限公司等追偿权案

【案件基本信息】

1. 裁判书字号

北京市第一中级人民法院（2014）一中民（商）终字第 09754 号民事裁定书

2. 案由：追偿权纠纷

3. 当事人

原告（被上诉人）：中国投融资担保有限公司（原中国投资担保有限公司；以下简称中投保公司）

被告（上诉人）：河南林豫建安集团有限公司（以下简称林豫建安集团）、李江锁

被告：马宾伸、赵计荣、商丘市梁园产业集聚区管理委员会

【基本案情】

中投保公司与林豫建安集团签订有《担保授信及追偿合同》，中投保公司因与林豫建安集团和招商银行股份有限公司郑州九如路支行（以下简称九如路支行）的约定，以保证人身份履行保证责任，代债务人林豫建安集团向债权人九如路支行偿还了贷款。中投保公司现向债务人林豫建安集团及其保证人马宾伸、李江锁等进行追偿并提起诉讼。一审法院向各被告送达起诉状后，林豫建安集团、李江锁在答辩期内向一审法院提出管辖权异议，林豫建安集团认为其住所地在河南省林州市，属于安阳市管辖，林豫建安集团与中投保公司签订的《担保授信及追偿合同》中，约定发生纠纷由合同签订地人民法院管辖，本合同实际上是在安阳市的东方卧龙大酒店签订的，并非在北京市海淀区签订，根据合同管辖的约定，案件应由河南省安

阳市中级人民法院管辖。李江锁提出其住所地在河南省林州市，属于安阳市管辖，应将案件移送至河南省安阳市中级人民法院审理。

【案件焦点】

1. 本案中存在约定管辖及数个合同，应当以哪个合同作为管辖依据；2. 书面约定的合同签订地与实际签订地不符时，该约定是否能够作为管辖依据。

【法院裁判要旨】

北京市海淀区人民法院经审理认为：中投保公司行使追偿权依据的《担保授信及追偿合同》系主合同，中投保公司接纳马宾伸、赵计荣、李江锁及徐心开四人出具的《无限连带责任担保函》，中投保公司与四人之间设立担保合同，为从合同；中投保公司与林豫建安集团之间的《质押反担保合同》亦为从合同。本案系主、从合同引发的合同纠纷，按照《最高人民法院关于适用〈中华人民共和国担保法〉若干问题的解释》第一百二十九条"主合同和担保合同发生纠纷提起诉讼的，应当根据主合同确定案件管辖"的规定，本案应根据《担保授信及追偿合同》确定管辖法院。

依据合同纠纷管辖原则，在确定合同纠纷管辖法院上，"协议管辖"或称"约定管辖"优先适用。合同纠纷的当事人依据民事诉讼法第三十四条的规定，可以书面协议选择被告住所地、合同履行地、合同签订地、原告住所地、标的物所在地等与争议有实际联系的地点的人民法院管辖，但不得违反本法对级别管辖和专属管辖的规定。在无"协议管辖"或"协议管辖"无效的情况下，按照民事诉讼法第二十三条的规定，由被告住所地或者合同履行地人民法院管辖。案中，中投保公司与林豫建安集团在《担保授信及追偿合同》中对纠纷管辖法院作出了约定，即"第十四条管辖：甲乙双方在履行本合同中发生的争议，由本合同签订地人民法院管辖"。因合同签订地点为北京市海淀区，且该合同约定的融资担保授信额度为2500万元，而该院可以管辖诉讼标的额在5000万元以下且当事人一方住所地不在本市辖区的第一审民商事案件，故约定的管辖法院为该院，该约定符合前述法律规定，属有效，故该院对本案享有管辖权。

被告林豫建安集团和李江锁均提出，本案应适用民事诉讼法第二十一条规定来确定管辖法院，该院对此认为该条规定是对地域管辖的一般性规定，并不适用于本案之合同纠纷。林豫建安集团还提出了《担保授信及追偿合同》实际在安阳市的东方卧龙大酒店签订，并非在北京市海淀区签订，故合同签订地人民法院为河南省安阳市中级人民法院的意见。对此，该院认为，按照《最高人民法院关于适用〈中华人民共和国合同法〉若干问题的解释（二）》第四条"采用书面形式订立合同，合同约定的签订地与实际签字或者盖章地点不符的，人民法院应当认定约定的签订地为合同签订地"的规定，北京市海淀区仍应认定为合同签订地，故该院对林豫建安集团的意见不予采信。

综上，北京市海淀区人民法院依据《中华人民共和国民事诉讼法》第十七条、第三十四条、第一百五十四条第一款第（二）项，《中华人民共和国担保法》第四条第二款，《最高人民法院关于适用〈中华人民共和国担保法〉若干问题的解释》第一百二十九条第一款之规定，裁定如下：

驳回被告河南林豫建安集团有限公司、李江锁对本案管辖权提出的异议。

林豫建安集团、李江锁持原审意见提起上诉。北京市第一中级人民法院认为：合同或者其他财产权益纠纷的当事人可以书面协议选择被告住所地、合同履行地、合同签订地、原告住所地、标的物所在地等与争议有实际联系的地点的人民法院管辖，但不得违反法律对级别管辖和专属管辖的规定。中投保公司在本案行使追偿权依据的《担保授信及追偿合同》系主合同，本案应根据该合同确定管辖法院。《担保授信及追偿合同》中对管辖法院作出了约定，即"第十四条管辖：甲乙双方在履行本合同中发生的争议，由本合同签订地人民法院管辖"。该合同文本上已明确注明签署地点是北京市海淀区。该合同对管辖的约定符合法律规定，应属有效。故一审法院依法对本案有管辖权。上诉人林豫建安集团、李江锁的上诉理由，缺乏事实与法律依据，本院不予采信。一审法院裁定正确，本院予以维持。

北京市第一中级人民法院依照《中华人民共和国民事诉讼法》第一百七十条第一款第（一）项、第一百七十一条、第一百七十五条之规定，裁定如下：

驳回上诉，维持原裁定。

【法官后语】

本案中，中投保公司行使追偿权依据的《担保授信及追偿合同》系主合同，中投保公司与马宾伸、赵计荣、李江锁及徐心开四人之间设立的担保合同为从合同；

中投保公司与林豫建安集团之间的《质押反担保合同》亦为从合同。本案系主、从合同引发的合同纠纷，按照《最高人民法院关于适用〈中华人民共和国担保法〉若干问题的解释》第一百二十九条"主合同和担保合同发生纠纷提起诉讼的，应当根据主合同确定案件管辖"的规定，本案应根据《担保授信及追偿合同》确定管辖法院。

依据合同纠纷管辖原则，在确定合同纠纷管辖法院上，"协议管辖"或称"约定管辖"优先适用。在不违反法律对级别管辖和专属管辖的规定的前提下，合同或者其他财产权益纠纷的当事人可以书面协议选择被告住所地、合同履行地、合同签订地、原告住所地、标的物所在地等与争议有实际联系的地点的人民法院管辖。最高人民法院《关于适用〈中华人民共和国合同法〉若干问题的解释（二）》第四条规定，"采用书面形式订立合同，合同约定的签订地与实际签字或者盖章地点不符的，人民法院应当认定约定的签订地为合同签订地"。说明确定合同签订地时仅以书面的约定为准。

根据上文可知，本案主合同《担保授信及追偿合同》中对管辖法院作出了约定，即"第十四条管辖：甲乙双方在履行本合同中发生的争议，由本合同签订地人民法院管辖"。该合同文本上已明确注明签署地点是北京市海淀区。该合同对管辖的约定符合法律规定，应属有效，故北京市海淀区人民法院即一审法院对本案有管辖权。

编写人：北京市海淀区人民法院　戴国　覃虹

33

违约金足以弥补实际损失时不再赔偿损失

——成都兴和信融资担保有限公司诉吴帅追偿权案

【案件基本信息】

1. 裁判书字号

四川省泸州市古蔺县人民法院（2014）古蔺民初字第 2316 号民事判决书

2. 案由：追偿权纠纷

3. 当事人

原告：成都兴和信融资担保有限公司（以下简称兴和信担保公司）

被告：吴帅

【基本案情】

2011 年 1 月 24 日，原告兴和信担保公司与被告吴帅签订《个人汽车消费贷款担保合同》，约定由原告为被告向银行借款购买汽车提供担保，被告支付原告担保服务费。《个人汽车消费贷款担保合同》第 8.3 条约定"乙方逾期还款的，乙方应在该确定的还款日后 5 日内，将该期本息、罚息足额付清，否则，按下列约定执行：（1）乙方第一次逾期还款的，向甲方支付本合同担保贷款总额 3% 的违约金；乙方第二次逾期还款的，向甲方支付本合同担保贷款总额 10% 的违约金；乙方第三次（含第三次）以上逾期还款的，每次向甲方支付本合同担保贷款总额 15% 的违约金……"，第 8.4 条约定"因乙方严重违约而导致甲方实际承担担保责任，甲方有权持银行签署的《债权转让通知》向乙方直接追偿。同时乙方除承担本合同 8.3款约定责任外，并向甲方支付本合同担保总金额 15% 的赔偿金。"同日，被告与招商银行红照壁支行、原告兴和信担保公司签订《个人购车借款及担保合同》，约定被告吴帅向招商银行红照壁支行借款 90000 元用于购车，以按揭形式分期偿还本息，原告为其向招商银行红照壁支行提供连带责任保证担保。2013 年 4 月 20 日至2013 年 12 月 20 日期间，被告吴帅连续 9 期逾期向招商银行红照壁支行偿还按揭款，原告依照合同约定以及招商银行红照壁支行发出的《汽车消费贷款承担履约责任通知书》分三次代被告向招商银行红照壁支行偿还了借款本金、利息、复利、罚息共计 18824.01 元，被告吴帅至今未向原告偿还该款项。2014 年 5 月，原告诉至法院，请求依法保护。

【案件焦点】

违约金与赔偿损失可否并用。

【法院裁判要旨】

四川省泸州市古蔺县人民法院经审理认为，原告兴和信担保公司与被告吴帅签订的《个人汽车消费贷款担保合同》以及原告兴和信担保公司、被告吴帅、招商银行红照壁支行签订的《个人购车借款及担保合同》均真实、有效，合同缔约人应当全面履行合同义务，依约定行使合同权利。原告兴和信担保公司作为保证人，依照合同的约定和招商银行红照壁支行的履约通知，代被告向招商银行红照壁支行偿还了借款本金、利息、复利、罚息，承担了保证责任。根据《中华人民共和国担保法》第三十一条"保证人承担保证责任后，有权向债务人追偿"的规定，被告吴帅应当偿还原告为其代为偿还的上述借款本金、利息、复利、罚息。故本院对原告要求被告偿还代偿款共计18824.01元的主张予以支持。原告主张以合同担保贷款总额的10%和15%向被告主张违约金和赔偿金，同时向被告主张资金占用利息、律师费、差旅费，对此，本院认为，原告主张以被告第二次逾期还款按合同担保贷款总额10%计算违约金9000元符合法律规定，本院予以支持。该违约金足以补偿因被告违约造成原告的资金占用利息及实现债权费用的实际损失，故原告另行请求赔偿资金占用利息、赔偿金、实现债权费用的损失本院不予支持。

四川省泸州市古蔺县人民法院依照《中华人民共和国担保法》第三十一条、《中华人民共和国合同法》第一百一十四条、《中华人民共和国民事诉讼法》第六十四条第一款，作出如下判决：

一、被告吴帅偿还原告成都兴和信融资担保有限公司代偿款18824.01元、违约金9000元，共计27824元，限于判决生效后10日内付清。

二、驳回原告成都兴和信融资担保有限公司的其他诉讼请求。

【法官后语】

关于违约金和定金，根据《合同法》第一百一十六条"当事人既约定违约金，又约定定金的，一方违约时，对方可以选择适用违约金或者定金条款"的规定只能选择适用；但对于违约金和赔偿损失可否并用的问题，合同法虽然没有明确规定，但从《合同法》第一百一十四条"当事人可以约定一方违约时应当根据违约情况向对方支付一定数额的违约金，也可以约定因违约产生的损失赔偿额的计算方法。约定的违约金低于造成的损失的，当事人可以请求人民法院或者仲裁机构予以增加；约定的违约金过分高于造成的损失的，当事人可以请求人民法院或者仲裁机构予以适当减少。当事人就迟延履行约定违约金的，违约方支付违约金后，还应当履行债务。"的规定可以看出，我国立法对违约金主要赋予填补损失的功能，即以补偿性为主，以惩罚性为辅；对于当事人约定的违约金过高或过低的，可以当事人的实际损失为基准依当事人的申请进行适当调整。根据最高人民法院《关于适用〈中华人民共和国合同法〉若干问题的解释（二）》第二十八条、二十九条的规定，当事人主张违约金过分高于造成的损失的，以当事人约定的违约金超过造成损失的百分之三十为标准；当事人主张违约金低于造成的损失的，请求人民法院增加违约金以不超过实际损失额为限；增加违约金以后，当事人又请求对方赔偿损失的，人民法院不予支持。故当事人同时主张违约金和赔偿损失的，可支持违约金，并对违约金低于实际损失的差额部分予以赔偿；当事人约定的违约金足以弥补当事人的实际损失的，对赔偿损失的诉讼请求不予支持。

本案中，原告主张违约金足以补偿因被告违约造成原告的资金占用利息及实现债权费用的实际损失，故原告另行请求赔偿资金占用利息、赔偿金、实现债权费用的损失不予支持。

编写人：四川省泸州市古蔺县人民法院　梅廷聪

34

连带责任保证中关于保证期间及诉讼时效中断的认定

——戴治国诉王成全、王研吉民间借贷案

【案件基本信息】

1. 裁判书字号

北京市门头沟区人民法院（2014）民初字第 254 号民事判决书

2. 案由：民间借贷纠纷

3. 当事人

原告：戴治国

被告：王研吉、王成全

【基本案情】

2012 年 12 月 18 日，王成全向戴治国借款 20 万元，戴治国（出借方、甲方）、王成全（借款方、乙方）、王研吉（担保方、丙方）于当日签订保证担保借款合同。合同载明以下主要内容：1. 甲方于 2012 年 12 月 18 日借给乙方人民币 20 万元；2. 乙方承诺于 2013 年 2 月 18 日前一次性将借款 20 万元归还；3. 乙方不按合同规定的时间、数额还款，乙方应从借款之日起，即自 2012 年 12 月 18 日起至实际归还全部借款之日止，按年息 20% 给付甲方利息；4. 本合同项下的担保方式为丙方承担连带责任的保证担保，范围包括借款本金、利息、实现债权的费用等。丙方为乙方提供连带责任保证担保完全出于自愿。出借方戴治国、借款方王成全、担保方王研吉，2012 年 12 月 18 日。戴治国与王成全、王研吉三人在合同上签字并按手印。签订合同后，戴治国向王成全支付现金 20 万元。王成全出具收条，载明"今收到戴治国现金二十万元整，收款人王成全，2012 年 12 月 18 日"。王成全签字并在其本人姓名和借款数额处按手印。戴治国诉请法院判令：1. 王成全偿还借款 20 万元并支付相应利息损失（以 20 万为本金，自 2012 年 12 月 18 日起计算按年息 20% 计算至实际付清之日止）；2. 王研吉对王成全的上述还款义务承担连带给付义务；3. 二被告承担本案诉讼费、公告费。另查，戴治国曾于 2013 年 7 月 12 日以民间借贷纠纷为由将王成全、王研吉诉至法院，案号为 2013 年门民初字第 02244 号。2013 年 7 月 22 日，案件承办人曾电话通知王研吉到法院领取起诉书，王研吉以此事与其无关为由未到法院领取起诉书。2013 年 9 月 24 日，戴治国以无法找到被告为由撤回起诉。

【案件焦点】

连带责任保证的保证期间及诉讼时效中断如何认定。

【法院裁判要旨】

北京市门头沟区人民法院经审理认为：王成全向戴治国出具了借条并承诺还款期限，双方之间形成借款合同关系，王成全应依承诺期限支付欠款。王成全未依约定日期还款，应赔偿此违约行为给戴治国造成的损失。根据《中华人民共和国合同法》第二百一十一条规定，自然人之间的借款合同约定支付利息的，借款的利率不得违反国家有关限制借款利率的规定，戴治国与王成全关于按照年息 20% 支付利息的约定，该约定未违反有关限制借款利率的规定，本院予以支持。根据合同载明的内容，王研吉应对王成全的借款承担连带还款责任，双方未约定保证期间。连带责任保证的保证人与债权人未约定保证期间的，债权人有权自主债务履行期届满之日起六个月内要求保证人承担保证责任。同时，《最高人民法院关于适用〈中华人民共和国担保法〉若干问题的解释》第三十四条规定，连带责任保证的债权人在保证期间届满前要求保证人承担保证责任的，从债权人要求保证人承担保证责任之日起，开始计算诉讼时效。本案中，保证期间届满之日应为 2013 年 8 月 17 日。戴治国在 2013 年 7 月 12 日将王研吉诉至法院要求王研吉承担保证责任，即自 2013 年 7 月 12 日开始计算诉讼时效。戴治国于 2013 年 12 月 23 日再次将王成全、王研吉诉至法院，未超过诉讼时效。本院认为，戴治国请求王研吉承担连带保证责任有事实及法律依据，王研吉应依法承担保证责任。

北京市门头沟区人民法院依据《中华人民共和国合同法》第二百零六条、第二百零七条，《中华人民共和国担保法》第二十六条、《最高人民法院关于适用〈中华人民共和国担保法〉若干问题的解释》第三十一条、第三十四条，《最高人民法院关于人民法院审理借贷案件的若干意见》第六条①，《中华人民共和国民事诉讼法》第一百四十四条的规定，判决如下：一、王成全于本判决生效之日起七日内偿还戴治国欠款二十万元及相应利息损失（以二十万元为本金，自二〇一二年十二月十八日起计算按照年息百分之二十的标准计算至实际付清之日止）；二、王研吉就王成全的上述还款义务承担连带清偿责任；三、王研吉承担上述连带清偿责任之后，有权向王成全进行追偿。

【法官后语】

该案涉及连带责任保证的保证期间及诉讼时效中断的问题。

本案中，戴治国（出借方、甲方）、王成全（借款方、乙方）、王研吉（担保方、丙方）在保证担保借款合同中约定，担保方式为丙方承担连带责任的保证担

---

① 已失效，对应 2015 年公布的《最高人民法院关于审理民间借贷案件适用法律若干问题的规定》第二十六条规定："借贷双方约定的利率未超过年利率24%，出借人请求借款人按照约定的利率支付利息的，人民法院应予支持。借贷双方约定的利率超过年利率36%，超过部分的利息约定无效。借款人请求出借人返还已支付的超过年利率36%部分的利息的，人民法院应予支持。"

保，范围包括借款本金、利息、实现债权的费用等，丙方为乙方提供连带责任保证担保完全出于自愿。所以，作为债权人的戴治国，既可以要求债务人王成全履行还款义务，也可以要求连带责任的保证人王研吉承担相应的保证责任，也可将王成全、王研吉作为共同被告为债务承担连带责任。王研吉承担连带责任的保证期间，因保证担保借款合同中未对保证期间作出约定，应当按照《担保法》第二十六条的规定，为主债务履行期届满之日起六个月内。合同中明确约定2013年2月18日为还款期限，即主债务履行期届满之日为2013年2月18日，则2013年8月17日为保证期间届满之日，戴治国有权在2013年8月17日要求保证人王研吉承担保证责任。

本案的起诉时间是2013年12月23日，王研吉答辩时称："已经超过了6个月的保证期间的时效，请求驳回原告的诉讼请求。"王研吉据此答辩的依据是《担保法》第二十六条第二款，在合同约定的保证期间和前款规定的保证期间，债权人未要求保证人承担保证责任的，保证人免除保证责任。"前款规定的保证期间"在本案中即为2013年8月17日。根据法院查明的事实，戴治国曾于2013年7月12日以民间借贷纠纷为由将王成全、王研吉诉至本院，2013年9月24日，戴治国以无法找到被告为由撤回起诉。根据《最高人民法院关于适用〈中华人民共和国担保法〉若干问题的解释》第三十四条规定，连带责任保证的债权人在保证期间届满前要求保证人承担保证责任的，从债权人要求保证人承担保证责任之日起，开始计算诉讼时效。根据《中华人民共和国民法通则》第一百四十条规定，诉讼时效因提起诉讼、当事人一方提出要求或者同意履行义务而中断。从中断时起，诉讼时效期间重新计算。《最高人民法院关于审理民事案件适用诉讼时效制度若干问题的规定》第十二条规定，当事人一方向人民法院提交起诉状或者口头起诉的，诉讼时效从提交起诉状或者口头起诉之日起中断。戴治国在2013年7月12日将王成全、王研吉诉至法院，属于"债权人要求保证人承担保证责任"，故自2013年7月12日诉讼时效中断，从该日重新开始计算诉讼时效。故截止到本案的起诉日，未超过6个月的诉讼时效，王研吉的答辩理由不成立。

编写人：北京市门头沟区人民法院　江刘容

35

违反公序良俗原则迫使他人作出的法律行为的效力

——胡某诉成亚某、成军某保证合同案

【案件基本信息】

1. 裁判书字号

河南省三门峡市中级人民法院（2015）三民终字第 412 号民事判决书

2. 案由：保证合同纠纷

3. 当事人

原告（被上诉人）：胡某

被告（上诉人）：成亚某、成军某

【基本案情】

2014 年 6 月 26 日，胡某在小区新房筹办结婚仪式。上午九时许，成亚某、成军某带人举着自制的"老赖借钱不还"的标牌来到新房所在小区讨要债务。胡某为使结婚仪式顺利进行，同成亚某、成军某进行协商交涉。协商的结果是由胡某向成军某出具保证书一份，内容为"我胡某今天自愿将名下一辆轿车一辆抵押给成军某，（按估价算），胡某，2014.6.26，替母亲还账，如母亲不还，我自愿替母亲还 20 万元"。后胡某将其所有的轿车交成亚某、成军某开走。现胡某以保证书系其受成亚某、成军某威逼所写，诉至法院。

法院另查明，胡某系于桂某之子。2012 年 11 月 26 日，窦文某向成军某出具借条一份，内容为"今借成军某（伍万元整）50000，还款日期 12 月 26 日"于桂某作为担保人在借条上签名。2013 年 4 月 15 日，于桂某向成军某出具借条一份，内容为"今借到成军某现金拾万元整（100000）"；2013 年 9 月 12 号，于桂某向成军某出具借条一份，内容为"今借到成军某现金伍万元（50000），月底还清"。

【案件焦点】

当事人为了婚礼顺利进行而当场作出的民事法律行为是否属于可撤销的民事法律行为。

【法院裁判要旨】

河南省三门峡市湖滨区人民法院审理后认为：成亚某、成军某为向于桂某讨要债务，在于桂某之子胡某结婚当天带人举着"老赖于桂某借钱不还"的标牌前往胡某新房进行讨要以施加压力，成亚某、成军某的行为方式不妥，有违社会公序良俗原则。虽然胡某母亲于桂某欠款的事实客观存在，但成亚某、成军某的行为实质是以阻挠婚礼正常进行为要挟，迫使胡某在为使结婚大事顺利进行的情况向成军某出具了"保证书"，胡某的行为并非其真实意思表示。故胡某要求撤销其于2014年6月26日给成亚某、成军某书写的"保证书"的诉讼请求，符合法律规定，予以支持。"保证书"无效，成亚某、成军某应当返还胡某所有的轿车。因胡某未能提供相应证据证明其车辆被开走给其所造成的具体损失，故胡某要求赔偿损失50000元的诉讼请求，缺乏相应的事实及法律依据，不予支持。成亚某、成军某辩称"保证书"系胡某真实意思表示，且不具有法定撤销事由的辩解理由，不符合事发当时生活常理，故对其辩解意见，不予采信。

依照《中华人民共和国合同法》第五十四条第二款、第五十八条之规定，判决：一、撤销胡某于2014年6月26日向成亚某、成军某书写的"保证书"；二、成亚某、成军某于本判决生效之日起十日内向胡某返还其扣押的轿车一辆；三、驳回胡某的其它诉讼请求。案件受理费1050元，由胡某负担500元，成亚某、成军某负担550元。

宣判后，成亚某、成军某不服提起上诉，河南省三门峡市中级人民法院审理后认为，民事活动应当尊重社会公德，遵循公序良俗原则。结婚是人生大事，婚礼更是人一生重要的里程碑，是中华民族传统民俗文化的传承，包含着社会对新人的美好期待和祝愿。这种善良的风俗习惯应该得到尊重和保护。根据最高人民法院《关于贯彻执行〈中华人民共和国民法通则〉若干问题的意见（试行）》第六十九条："以给公民及其亲友的生命健康、荣誉、名誉、财产等造成损失或者以给法人的荣誉、名誉、财产等造成损害为要挟，迫使对方作出违背真实的意思表示的，可以认定为胁迫行为。"二上诉人成亚某、成军某明知自己的行为会给胡某造成心理上的压力和恐惧，仍然采取举"老赖于桂某借钱不还"标牌、围堵婚礼队伍等方式要账，实质就是以阻挠婚礼的正常进行行为要挟，迫使被上诉人胡某作出违背真实意思的表示。二上诉人称没有对胡某进行威逼，与查明的事实不符，故二上诉人该上诉理由不能成立，原审法院认定事实清楚，适用法律正确，应予维持。依照《中华人民共和国民事诉讼法》第一百七十条第一款第（一）项之规定，判决如下：

驳回上诉，维持原判。

【法官后语】

本案是一起典型撤销权之诉，其特殊性在于，当事人胁迫的手段是借助另一方当事人对结婚礼仪这种社会公序良俗的尊重和遵守。因此，该案例的裁判思路和裁判结果，对理解公序良俗对民事法律行为的影响具有一定的参考价值。

1. 婚姻礼仪社会公众遵从的公序良俗

举行婚礼仪式除了其固有的庆典和广而告之等功能性质外，人们也是在履行一种现行法律而外的另一种已经不成文的无形法律——潜存于传统惯制之中的民俗。婚礼的热闹气氛既可丰富和活跃社会生活，又可通过他人祝贺，给婚姻当事人留下美好的回忆。因此，本案中涉及的婚姻礼仪已经具备了公序良俗的社会的现实性、普遍性和正义性。从本质上讲，应属于社会公众遵从的公序良俗，法官在具体的个案审判中可以予以适用。

2. 适用公序良俗规则应正确处理与具体法律规则的关系

首先，在有明确的法律规则的情况应当适用具体的法律规则，而不能直接适用公序良俗原则。其次，法官只有在适用法律规则可能会导致个案结果极端不公正的情况下，才可以选择适用公序良俗原则。再次，公序良俗作为一项法律原则，只能为具体法律规则的适用提供解释基础，而不能单独作为法官判决的直接依据。最后，要适用于个案的裁判，法官必须对其进行充分的解释，使其由抽象变得相对具体。

具体到本案，当事人依据《合同法》第五十四条提起的撤销权之诉，法官在援引公序良俗原则时，应围绕胁迫的构成要件展开论理分析，以裁判在婚礼现场采取非正常手段向婚礼主办方索要债务的行为，是否属于可以认定为胁迫行为的情形。本案中，两被告明知自己的行为会给胡某造成心理上的压力和恐惧，仍然采取举标牌、围堵婚礼队伍等方式要账，其实质就是以阻挠婚礼的正常进行为要挟，迫使被上诉人胡某作出违背真实意愿的表示，这种以给公民及其亲友的荣誉、名誉等造成损失为要挟，迫使对方作出违背意愿的意思表示的，可以认定为胁迫行为。原告在此情形下订立的合同应属于受胁迫订立的可撤销合同。

编写人：河南省三门峡市中级人民法院　王建锋　孟大艳

36

保证人对己方垫付的迟延履行金和执行费是否享有追偿权

——无锡市住房置业担保有限公司诉上海中星集团宜兴置业有限公司追偿权案

【案件基本信息】

1. 裁判书字号

江苏省无锡市南长区人民法院（2014）南商初字第 0620 号民事判决书

2. 案由：追偿权纠纷

3. 当事人

原告：无锡市住房置业担保有限公司（以下简称置业担保公司）

被告：上海中星集团宜兴置业有限公司（以下简称中星公司）

【基本案情】

2009 年 11 月 12 日，置业担保公司与中星公司签订期房按揭贷款担保协议，约定：置业担保公司为符合担保条件的购买中星公司商品房的购房人提供个人购房贷款担保；中星公司对置业担保公司的保证担保的范围为购房借款人的借款本金、利息、罚息、置业担保公司因追偿实现债权的费用（包括诉讼费、律师费等必要合理的费用）；在阶段性保证担保期内，当购房借款人未按借款合同还贷时，则由中星公司为购房借款人偿还所欠借款本息，若置业担保公司根据担保责任已经为借款人偿还借款本息的，置业担保公司有权向中星公司全额追偿。

2010 年 1 月 28 日，中信银行股份有限公司无锡分行（以下简称无锡中信银行）与曾如兵签订借款合同，约定：曾如兵向无锡中信银行借款 52 万元用于购买中星公司所开发的商品房一套。同日，置业担保公司与曾如兵签订个人住房贷款阶段性担保协议书，约定：置业担保公司为曾如兵的借款提供阶段性担保，担保范围包括借款本金及利息、罚息、复息、违约金、赔偿金、银行因追索债权发生的诉讼费、律师费等相关费用。

因曾如兵未按约还款，无锡中信银行向崇安法院起诉，崇安法院于 2014 年 1 月 26 日判决曾如兵归还无锡中信银行剩余贷款本金及相应利息并承担律师费，置业担保公司宜兴分公司、置业担保公司对上述还款承担连带责任。后曾如兵、置业担保公司宜兴分公司、置业担保公司未按该判决偿还欠款，无锡中信银行向崇安法院申请执行。崇安法院扣划置业担保公司宜兴分公司在中国农业银行股份有限公司宜兴市支行账上金额 546977 元。

置业担保公司要求中星公司支付垫付款 515458.46 元（其中包括迟延履行金 4312.12 元、执行费 7791.86 元）及相应利息和律师费 17184 元。审理中，置业担保公司与中星公司对崇安法院判决生效之日起算十日的本金、利息及罚息 474004.48 元、诉讼费 11960 元、公告费 690 元、律师费 16700 元均无异议。关于迟延履行金及执行费，置业担保公司认为其在承担保证责任后，依法享有追偿权，并不限于其主动承担保证责任，也包括被法院强制执行的情形。中星公司认为置业担保公司在崇安法院作出判决后，未能及时履行连带保证责任，导致无锡中信银行申请法院执行而增加的执行费以及迟延履行期间的债务利息，系置业担保公司未采取适当措施而导致的扩大的损失，对此中星公司不应承担。

【案件焦点】

置业担保公司对己方垫付的迟延履行金和执行费是否享有追偿权。

【法院裁判要旨】

江苏省无锡市南长区人民法院经审理认为：置业担保公司与中星公司签订的期房按揭贷款担保协议合法有效，置业担保公司与中星公司间的连带责任担保关系成立；曾如兵未能按期还款，置业担保公司在崇安法院判决生效之后，作为连带保证责任人，应按判决书履行相应的保证责任，但置业担保公司未予履行，由此产生的迟延履行金 4312.12 元及执行费 7791.86 元，属于置业担保公司支出的非必要的花费，因此不享有对中星公司的追偿权。置业担保公司代偿之后，向中星公司追偿垫付款 503354.48 元及相应利息，并要求中星公司承担已实际支付的按照垫付款 503354.48 元计算的相应律师费的主张，符合约定，予以支持。

江苏省无锡市南长区人民法院依照《中华人民共和国担保法》第二十一条、第三十一条，《中华人民共和国民事诉讼法》第一百四十二条之规定，作出如下判决：

一、上海中星集团宜兴置业有限公司于本判决生效后 3 日内归还无锡市住房置业担保有限公司垫付款 503354.48 元及相应利息（自 2014 年 6 月 9 日起至判决支付之日止，按年利率 6.8775% 计算利息），息随本清。

二、上海中星集团宜兴置业有限公司于本判决生效后 3 日内给付无锡市住房置业担保有限公司律师费 17184 元。

三、驳回无锡市住房置业担保有限公司的其他诉讼请求。

【法官后语】

本案处理重点在于对保证追偿范围的理解。追偿权是基于保证人依照保证合同的约定承担保证责任而产生，追偿权的范围与保证担保的范围密不可分。关于保证担保的范围，我国《担保法》第二十一条有规定："保证担保的范围包括主债权及利息、违约金、损害赔偿金和实现债权的费用。保证合同另有约定的，按照约定。当事人对保证担保范围没有约定或者约定不明确的，保证人应当对全部债务承担责任。"

保证人的追偿权虽是法定的，但债务的内容则是当事人之间约定的，保证人履行债务后，债务人和反担保人有权审查保证人履行的债务是否与主债相一致或相符合，对于与原债不一致或不相符合的，债务人和反担保人有抗辩权。本案中，合同中对保证范围约定为"中星公司对置业担保公司的保证担保的范围为购房借款人的借款本金、利息、罚息、应支付的违约金、赔偿金、置业担保公司因追偿实现债权的费用（包括诉讼费、律师费、文印费、查档费、交通费等必要合理的费用）"。从该范围来看，并不包括执行费和迟延履行金；但合同中又约定，"若置业担保公司根据担保责任已经为借款人偿还了借款本息等的，置业担保公司有权向中星公司全额追偿。"从这一约定条款的字面来理解，既然合同中约定置业担保公司有权向中星公司全额追偿，执行费和迟延履行金也是置业担保公司已经实际支付的费用，自然应包含在其中。

因此，上述约定属于约定不明的情形。按照《担保法》的规定，合同约定不明，保证人应当对全部债务承担责任。而何为全部债务，仍处于不明的状态，依据相关法理，保证人承担保证责任的范围应包括"其他从属于债务人之负担"①。虽然是从属于主债务的负担，但属于另一债务，理论上并非当然属于主债务的内容，而是解释当事人的意思而设立的规定，因此该负担应为保证成立时既已成立或应成立或可预想的从属的负担。

具体到本案中，中星公司为置业担保公司提供保证反担保，曾如兵未能按期还款，置业担保公司在崇安法院判决生效之后，作为连带保证责任人，应按判决书履行相应的保证责任。但置业担保公司未予履行，由此产生的迟延履行金及执行费，在置业担保公司与中星公司订立保证合同之时，中星公司可以预见到债务人不履行债务而由置业担保公司代偿乃至诉讼，但无法预见到置业担保公司未按照判决书履行法定义务。故迟延履行金及执行费是扩大的损失，属于置业担保公司支出的非必要的花费，因此不享有对中星公司的追偿权。

编写人：江苏省无锡市南长区人民法院　李涛

37

保证合同中骗取担保事实的认定

——泰州市五星教学设备有限公司诉江苏泰州农村商业银行股份有限公司刁铺支行、泰州市高港区三江冷轧厂确认合同无效案

【案件基本信息】

1. 裁判书字号

江苏省泰州市中级人民法院（2015）泰中商终字第 00058 号民事判决书

---

① 史尚宽：《债法各论》，中国政法大学出版社 2000 年版，第 904 页。

2. 案由：确认合同无效纠纷

3. 当事人

原告（上诉人）：泰州市五星教学设备有限公司

被告（被上诉人）：江苏泰州农村商业银行股份有限公司刁铺支行、泰州市高港区三江冷轧厂

【基本案情】

泰州市高港区三江冷轧厂曾多次向江苏泰州农村商业银行股份有限公司刁铺支行借款，其中 2007 年该厂以财产抵押向银行借款 4000000 元。2011 年 10 月 14 日、2012 年 10 月 10 日、2013 年 9 月 17 日，江苏泰州农村商业银行股份有限公司刁铺支行、泰州市高港区三江冷轧厂、泰州市五星教学设备有限公司三次连续签订流动资金循环借款合同、流动资金循环保证合同，泰州市五星教学设备有限公司均为泰州市高港区三江冷轧厂向银行 2500000 元循环借款提供连带保证责任担保。因泰州市高港区三江冷轧厂未能按约偿还银行 2013 年 9 月 17 日流动资金循环借款合同约定的 2500000 元借款本息，江苏泰州农村商业银行股份有限公司刁铺支行曾于 2013 年 12 月向高港法院申请诉前财产保全，请求冻结借款人泰州市高港区三江冷轧厂、担保人泰州市五星教学设备有限公司银行存款 2650000 元或查封、扣押相应价值财产。高港法院于 2013 年 12 月 26 日作出诉前财产保全民事裁定。因银行未在法定期限内提起诉讼且申请解除查封，2014 年 2 月 13 日，高港法院裁定解除对借款人泰州市高港区三江冷轧厂、担保人泰州市五星教学设备有限公司银行存款 2650000 元或相应价值财产的查封。2014 年 6 月，泰州市五星教学设备有限公司向高港法院提起诉讼，以 2013 年 9 月 17 日流动资金循环保证合同是债权人与债务人恶意串通、骗取担保人签订而请求确认流动资金循环保证合同无效。

庭审中，针对债权人与债务人是否存在恶意串通、骗取原告担保问题，泰州市五星教学设备有限公司提供 2014 年 2 月、3 月其法定代表人分别与银行相关负责人、工作人员以及与泰州市高港区三江冷轧厂投资人吉林的谈话录音并当庭予以播放，以证明提供担保前专程向银行工作人员询问债务人情况，而银行工作人员故意隐瞒了债务人已经在其银行抵押借款 4000000 元的事实，却告知担保人没有问题；泰州市高港区三江冷轧厂投资人吉林要求担保人担保时隐瞒其已经向银行抵押贷款

4000000 元的事实，认为双方存在恶意串通、骗取担保。

江苏泰州农村商业银行股份有限公司刁铺支行庭审质证认为，录音内容的陈述仅反映银行当时发放贷款调查了解的情况，银行认为符合发放贷款的条件，并没有对担保人的担保承诺没事，如果当时银行发现借款人存在贷款风险及担保人不提供担保，贷款就不可能发生；经办人也从未对担保人提供担保没事或不承担责任进行任何承诺，双方谈话中进行的一些语气词之间的对接，不代表对对方所述内容进行肯定、否定或了解；与吉林录音明显事先经过沟通，他们之间与银行存在利害关系，不能采信；担保时吉林与担保人如何协商银行并不清楚，吉林是否存在隐瞒欺诈等情形银行也不清楚，并且银行没有提出一定要担保人提供担保。江苏泰州农村商业银行股份有限公司刁铺支行虽然对录音真实性持有异议，但经法院释明，明确表示对录音真实性不申请司法鉴定。

泰州市高港区三江冷轧厂对上述录音均表示无异议，予以认可泰州市五星教学设备有限公司证明目的。

另查明，泰州市高港区三江冷轧厂因无力偿还债务，在高港法院已有大额债务纠纷涉及诉讼和执行。

【案件焦点】

流动资金循环保证合同，是否存在江苏泰州农村商业银行股份有限公司刁铺支行与泰州市高港区三江冷轧厂恶意串通、骗取泰州市五星教学设备有限公司担保，以及合同是否合法有效。

【法院裁判要旨】

江苏省泰州市高港区人民法院经审理认为：当事人对自己提出的主张，有责任提供证据。当事人对自己提出的诉讼请求所依据的事实或者反驳对方诉讼请求所依据的事实有责任提供证据加以证明。没有证据或者证据不足以证明当事人的事实主张的，由负有举证责任的当事人承担不利后果。针对 2013 年 9 月 17 日流动资金循环保证合同，是否存在江苏泰州农村商业银行股份有限公司刁铺支行与泰州市高港区三江冷轧厂恶意串通、骗取泰州市五星教学设备有限公司担保问题，高港法院认为：（1）《中华人民共和国担保法》规定，在借贷、买卖、货物运输、加工承揽等经济活动中，债权人需要以担保方式保障其债权实现的，可以依照本法规定设定担保。表明担保的根本目的是为了保障债权人的债权安全或者债权实现。至于债权人是否同意向债务人借款、是否相信担保人有担保能力，以及其是否真实了解债务人的资金状况、经营状况等，是债权人自身对债权风险的评估，是否同意借款是债权人自己的独立意思表示。而担保人在为债务人债务向债权人提供担保时，不仅是基于对债务人的信任，而且应该知晓提供债务担保的相应法律后果。（2）诉争涉及的虽然是2013年9月17日流动资金循环保证合同，该保证合同约定泰州市五星教学设备有限公司为泰州市高港区三江冷轧厂向江苏泰州农村商业银行股份有限公司刁铺支行2500000元借款额度提供担保。但事实上在2011年10月14日泰州市五星教学设备有限公司就开始与银行签订流动资金循环保证合同，为泰州市高港区三江冷轧厂向银行2500000元借款额度提供担保；2012年10月10日又再次签订流动资金循环保证合同为泰州市高港区三江冷轧厂向银行2500000元借款额度提供担保；诉争涉及的2013年9月17日流动资金循环保证合同已经是第三次提供相同担保；而且上述保证合同涉及的债权人、债务人、担保人、担保的借款额度均相同，时间上也存在连续性。（3）泰州市五星教学设备有限公司与泰州市高港区三江冷轧厂位置相邻，平时对该厂经营情况及其投资人情况应有一定了解；在2011年10月第一次为泰州市高港区三江冷轧厂向银行借款担保时，应是相信泰州市高港区三江冷轧厂有偿还能力情况下而自愿提供担保；此后连续2年提供同样担保，此期间如果不了解该厂经营情况或者相信该厂有偿还能力，亦不可能再次同意担保。（4）泰州市高港区三江冷轧厂以财产抵押向银行借款4000000元的时间发生在2007年，与泰州市五星教学设备有限公司第一次为该厂担保借款的时间相隔4年左右，与2013年9月产生诉争担保的时间相隔6年左右，泰州市五星教学设备有限公司诉称现在才知道抵押借款，难以令人信服。（5）泰州市五星教学设备有限公司举证的录音，并非当时签订保证合同时的录音，而是在泰州市高港区三江冷轧厂已无力偿还债务情况下，在第三次提供担保数个月后，与银行相关工作人员进行谈话录音。在录音中，对反复陈述的提供担保前专程向银行工作人员询问债务人情况、银行工作人员告知没有问题的事实，银行工作人员并没有作出明显肯定回答或者明确当时确实承诺原告担保没有问题。泰州市五星教学设备有限公司法定代表人与泰州市高港区三江冷轧厂投资人的谈话录音，因泰州市高港区三江冷轧厂目前已经无力偿还债务，在法院有大额债务纠纷诉讼和执行，在此情况下作为借款本息未能偿还的债务人与担保人之间谈话意图的真实性、目的性均难以令人信服。（6）泰州市高港区三江冷轧厂作为债务人是否向作为其担保人的泰州市五星教学设备有限公司出具反担保手续和任何出具反担保手续，是作为担保人的泰州市五星教学设备有限公司与债务人泰州市高港区三江冷轧厂之间自行协商的问题，与作为债权人的银行无关。且如2013年9月泰州市高港区三江冷轧厂要求泰州市五星教学设备有限公司再次担保，并提出以该厂厂房和土地向其提供反担保时，泰州市五星教学设备有限公司完全可以要求对提供反担保的厂房和土地办理抵押登记手续或者可以自行到相关登记机构查询反担保的厂房和土地抵押登记情况，就应能知道该厂厂房和土地已经办理了抵押登记。而泰州市五星教学设备有限公司既未要求办理反担保抵押登记也未及时查询抵押登记情况，应属于自己的责任。综上分析，高港法院认为，泰州市五星教学设备有限公司现有证据只能证明泰州市高港区三江冷轧厂在请求其为银行借款提供担保时，向其隐瞒了该厂真实经营状况。泰州市五星教学设备有限公司主张作为债权人的江苏泰州农村商业银行股份有限公司刁铺支行采取欺诈手段骗取担保人提供担保以及银行与作为银行债务人的泰州市高港区三江冷轧厂之间互相串通骗取原告担保，证据均不充分，法院不予采信。综上，泰州市五星教学设备有限公司的诉讼请求无充分证据证明，法院不予支持。

江苏省泰州市高港区人民法院依照《中华人民共和国担保法》第三十条、《中华人民共和国民事诉讼法》第六十四条、《最高人民法院关于民事诉讼证据的若干规定》第二条之规定，作出如下判决：

驳回原告泰州市五星教学设备有限公司的诉讼请求。

泰州市五星教学设备有限公司持原审意见提起上诉。江苏省泰州市中级人民法院经审理认为，流动资金循环保证合同即便银行在放贷时没有依照部门规章尽到审查义务，该义务是银行内部规范并不影响合同效力，合同本身不违反法律、法规强制性规定应为合法有效。泰州市五星教学设备有限公司提交的证据难以证明银行与泰州市高港区三江冷轧厂恶意串通，对泰州市五星教学设备有限公司进行了欺诈。理由如下：泰州市五星教学设备有限公司多次为泰州市高港区三江冷轧厂的借款提供担保，加之两者地理位置相邻，可以推断对该厂经营状况、资产状况以及信誉是有所了解，泰州市五星教学设备有限公司正是基于这种信任关系或者其他关系进行担保；泰州市高港区三江冷轧厂以已抵押给银行的土地和厂房向泰州市五星教学设备有限公司提供反担保，法律并不禁止土地和厂房重复抵押，且泰州市高港区三江冷轧厂提供反担保时，泰州市五星教学设备有限公司完全可以要求对提供反担保的土地和厂房办理抵押登记手续或者自行到相关登记机构查询抵押登记情况，但泰州市五星教学设备有限公司既未要求办理反担保抵押登记也未及时查询抵押登记情况，仅认为对银行经办人存在人格上的依赖和信任而放弃一个商事主体在商事活动中应尽的义务，其理由不能成立，由此造成的法律后果应由其自行承担。综上，一审法院认定事实清楚，适用法律正确，所作判决应予以维持。

江苏省泰州市中级人民法院依照《中华人民共和国民事诉讼法》第一百七十条第一款第（一）项之规定，作出如下判决：

驳回上诉，维持原判决。

【法官后语】

《担保法》规定，在借贷、买卖、货物运输、加工承揽等经济活动中，债权人需要以担保方式保障其债权实现的，可以依照本法规定设定担保。表明担保的根本目的是为了保障债权人的债权安全或者债权实现。至于债权人是否同意向债务人借款、是否相信担保人有担保能力，以及其是否真实了解债务人的资金状况、经营状况等，是债权人自身对债权风险的评估，是否同意借款是债权人自己的独立意思表示。银行作为债权人在放贷时即使没有依照部门规章尽到审查义务，因该义务是银行内部规范并不影响合同效力，只要合同本身不违反法律、法规强制性规定，就应为合法有效。

担保人在为债务人债务向债权人提供担保时，是基于其对债务人的资产和信誉有所了解，或者担保人与债务人之间存在信任关系或其他经济利益关系，债权人对此无从知晓也不加以过问。商事主体在作为担保人为其他商事主体的债务提供担保时，是应该知晓提供债务担保所产生的相应法律后果。

本案中，泰州市五星教学设备有限公司多次为泰州市高港区三江冷轧厂的借款提供担保，加之两者地理位置相邻，应该对该厂经营状况、资产状况以及信誉是有所了解。泰州市高港区三江冷轧厂提供反担保时，泰州市五星教学设备有限公司完全可以要求对提供反担保的土地和厂房办理抵押登记手续或者可以自行到相关登记机构查询反担保的土地和厂房抵押登记情况，但该公司既未要求办理反担保抵押登记也未及时查询抵押登记情况。因此在合同本身不违反法律、法规强制性规定情形下，应为合法有效。

另外，债务人泰州市高港区三江冷轧厂因无力偿还债务，在人民法院已有大额债务纠纷涉及诉讼和执行的实际情形下，作为担保人的泰州市五星教学设备有限公司不是积极与银行共同协商解决问题的方法而是选择向法院提起保证合同无效纠纷诉讼，亦存在逃避担保责任嫌疑。

编写人：江苏省泰州市高港区人民法院　王震

38

运用经验法则认定担保书效力

——孙力军诉孙锡波、包云峰担保合同案

【案件基本信息】

1. 裁判书字号

江苏省无锡市中级人民法院（2014）锡民终字第0515号民事判决书

2. 案由：担保合同纠纷

3. 当事人

原告（上诉人）：孙力军

被告（被上诉人）：孙锡波、包云峰

【基本案情】

2010年3月2日，孙力军以民间借贷为由将包云岢、孙锡波、包云峰诉至崇安法院，要求三人共同偿还其借款本息。无锡市崇安区人民法院（以下简称崇安法院）作出（2010）崇民初字第290号民事判决书，认定孙力军与包云岢之间的借款关系合法有效，采信孙锡波、包云峰有关孙力军胁迫孙锡波在欠条上书写担保内容的辩称意见，判决包云岢归还本息，驳回孙力军其他诉讼请求。孙力军上诉至无锡市中级人民法院（以下简称无锡中院），无锡中院判决维持原判。孙力军向江苏省高级人民法院申请再审。

2013 年 6 月 24 日，孙力军提供再次担保书 1 份，载明："经考虑决定：一、对 09 年 4 月 17 日我内姨包云岢写给孙力军欠条（355293 元）认定；二、对在包原欠条上我在 10 年 2 月 1 日所写的担保条款认定①包括如产生孙力军律师费由本人承担（这个案件）②09 年 4 月 17 日分批还至还清日利息×4 倍；三、上次案件费用及孙力军律师费（一并承担）；四、上次二审结束，我老婆从孙账上划走 9050 元（由我承担支付）；对上述本人愿再次做担保并负连带责任，担保期自 2012 年 11 月 20 日开始，担保条款同上，以往由于我妻与我意见不同，故我在开庭出现反复、变卦，现一律不算，如有反悔按违约条款执行"等内容，将孙锡波、包云峰诉至崇安法院，要求二人承担担保责任，并申请证人方静到庭作证，方静到庭称孙力军要求其陪同前往孙锡波家中，孙锡波在再次担保书上签字盖章。

孙锡波、包云峰申请对再次担保书有无粘贴、撕揭痕迹进行鉴定。苏州同济司法鉴定所出具司法鉴定书，载明检材纸张右半部上边缘和最下方横向折痕上缘处存在纸张粘贴、撕揭痕迹，并有粘贴纸张的残留，形成加层痕迹。在检材纸张右边缘因粘贴撕揭而导致的纸张表面纤维缺失、起毛，形成减层痕迹，右侧边缘有一处缺损，同时纸张上存在多处撕裂、破损，还有不明物质的侵染，而上述种种迹象均出现在纸张最下方横向折痕的上部分，下部分检材纸张相对光洁，无粘贴、缺损。落款处指印的指尖部分捺印在最下方横向折痕的上部分，大部分捺印在折痕下部。检材纸张中无消退、刮擦等痕迹，也无潜在压痕、表格等表现，并在附属的照片中指明部分位置存在减层撕裂及打印墨迹。鉴定人员刘敬杰出庭，称在检验过程中，只发现再次保证书在纸张右半部上边缘和最下方横向折痕上缘有四处具有加层、粘贴痕迹，纸张左侧存在撕裂的痕迹及纸张缺失，但没有粘贴和撕揭。落款处指印的指尖部分捺印在最下方横向折痕的上部分。大部分捺印在折痕下部。在捺印指纹时，是没有多余的纸张的，否则不会形成一枚完整的指纹。

【案件焦点】

再次担保书是否系孙锡波真实意思表示。

【法院裁判要旨】

江苏省无锡市崇安区人民法院经审理认为：崇安法院、无锡中院均驳回了孙力军要求孙锡波、包云峰承担担保责任的诉讼请求，再次担保书形成时，孙力军还在申请抗诉，在双方矛盾激化、不可调和的情况下，孙锡波不可能继续为孙力军作再次担保。孙力军、方静对前往孙锡波家的陈述之间、与孙锡波家实际情况均存矛盾，再次担保书上虽有完整指纹，但存在粘贴、撕揭痕迹，部分撕裂痕迹处有打印物痕迹留下的打印墨迹，综合上述情况，本院认为再次担保书并非孙锡波真实意思的表示，对孙力军要求孙锡波、包云峰承担担保责任的诉讼请求不予支持。

江苏省无锡市崇安区人民法院依照《中华人民共和国民法通则》第五条之规定，作出判决：驳回孙力军的诉讼请求。

孙力军不服一审判决，提起上诉。江苏省无锡市中级人民法院认为原审法院判决认定事实清楚，适用法律正确，应当予以维持。上诉人的上诉理由不能成立，上诉请求不予支持。

江苏省无锡市中级人民法院依照《中华人民共和国民事诉讼法》第一百七十条第一款第（一）项之规定，作出如下判决：驳回上诉，维持原判。

【法官后语】

本案所涉担保合同纠纷，需要对关键证据即再次担保书是否孙锡波真实意思表示作出正确判断，当书面证据与生活常理出现矛盾甚至背离时，需要法官运用经验法则，对书面证据的证明力进行判断。

首先，孙力军与包云岢、孙锡波、包云峰民间借贷纠纷一案中，孙力军诉求孙锡波、包云峰承担担保责任相继被崇安法院、无锡中院驳回，且上述判决查明了2010 年 2 月 10 日孙力军到广瑞二村×号×××室孙锡波家里讨要债务时孙锡波报警处理的事实，故法官通过逻辑推理能够得出的结论是时隔数月，如孙力军就同一事宜再次登门要求孙锡波在再次担保书签字确认，孙锡波正常的反映应为报警或发生冲突，而非迎接进门并签字捺印。

其次，如再次担保书确系孙锡波真实意思表示，孙力军在经前次案件的败诉后，对该份可以扭转乾坤的证据肯定会精心保管，但现状是该证据存在多处无法重叠的折痕，以及多次撕揭、粘贴痕迹及打印墨痕，孙力军对此亦无法作出合理解释，故法官对该证据的证明力产生了合理怀疑。

最后，孙力军与证人方静的陈述除了对孙锡波在再次担保书上先协商出具拟稿次日签字捺印高度吻合外，对于往来孙锡波家中的方式、孙锡波家中的布置情况等细节问题都存在矛盾，亦与孙锡波家实际情况不符，故法官对证人方静的证明效力亦产生怀疑。

综上，一、二审法官依据经验法则，认为孙锡波作为完全民事行为能力人，同意出具再次担保书显与常理相悖，并结合再次担保书存在多处撕揭、粘贴痕迹及方静、孙力军陈述相互矛盾，认定再次担保书并非孙锡波真实意思表示。

编写人：江苏省无锡市崇安区人民法院　殷天华

39

保证期间与诉讼时效的衔接及转换

——顾卫军诉沙克成保证合同案

【案件基本信息】

1. 调解书字号

江苏省南通市中级人民法院（2013）通中民终字第 1543 号民事调解书

2. 案由：保证合同纠纷

3. 当事人

原告（被上诉人）：顾卫军

被告（上诉人）：沙克成

【基本案情】

2012 年 4 月 3 日，案外人费某某以经营缺少资金为由向顾卫军借款 12 万元，约定于同年 5 月 2 日归还，如逾期，则按中国银行同期贷款利息的四倍计算归还本息。沙克成在借据上签了"担保人：沙克成"字样。该款到期后，费某某未归还借款，顾卫军将费某某、沙克成诉至启东市人民法院，法院于 2012 年 7 月 10 日立案受理。沙克成于 2012 年 7 月 12 日收到了法院送达的起诉状副本及传票，但未到庭参加诉讼。2012 年 8 月 13 日，顾卫军申请撤回对沙克成的起诉，得到法院准许。当日，顾卫军与费某某达成调解协议，约定费某某于 2013 年 1 月 30 日前归还顾卫军本金 12

万元，并支付自 2012 年 5 月 3 日至 2013 年 1 月 30 日按银行同期贷款利率计算的利息，如逾期支付，则费某某支付自 2012 年 5 月 3 日至 2013 年 1 月 30 日按银行同期贷款利率的 4 倍计算的利息。依据该调解协议，法院作出了（2012）启民初字第 1260 号民事调解书。后费某某未能履行调解书所确定的义务，顾卫军向法院申请执行，但因费某某无履行能力而未能受偿。因费某某无力履行，2013 年 5 月 14 日，顾卫军将担保人沙克成诉至启东市人民法院，要求其对费某某的 12 万元借款及相应利息承担连带清偿责任。沙克成认为其担保责任归于消灭：第一，保证期间已过；第二，根据担保法司法解释规定，主合同当事人双方协议以新贷还旧贷，保证人不承担民事责任；第三，债权人顾卫军再次起诉，违背了"一事不再理"的原则。

【案件焦点】

担保人沙克成是否应就案外人费某某的借款行为向债权人顾卫军承担连带清偿的保证责任。

【法院裁判要旨】

江苏省启东市人民法院经审理认为：案外人费某某与顾卫军之间的借贷关系成立，沙克成就案外人费某某的借款行为向顾卫军提供的连带责任保证担保也成立。最高人民法院司法解释明确连带责任保证的债权人可以将债务人或者保证人作为被告提起诉讼，也可以将债务人和保证人作为共同被告提起诉讼。该规定目的在于强化连带保证人的责任，而不是债权人唯一性的选择权。双方当事人未约定保证期间，保证期间为主债务履行期届满之日起六个月。保证期间不因任何事由发生中断、中止、延长的法律后果。本案中，保证期间为 2012 年 5 月 2 日至 2012 年 11 月 2 日，顾卫军曾于 2012 年 7 月 10 日起诉至法院要求沙克成承担偿还义务，沙克成于 2012 年 7 月 12 日收到了起诉状副本及传票，这意味着顾卫军已经在保证期间内向沙克成主张了保证责任。连带责任保证的债权人在保证期间届满前要求保证人承担保证责任的，从债权人要求保证人承担保证责任之日起，开始计算保证合同的诉讼时效。顾卫军向沙克成主张保证责任既未超过保证期间也未超过诉讼时效。另外，顾卫军与债务人费某某达成调解协议只是约定了偿还方式，并不属于以新贷偿还旧贷，沙克成仍需对担保的债务承担保证责任，顾卫军可以要求负连带责任保证的保证人即沙克成在其保证范围内承担保证责任。沙克成承担保证责任后，有权向主债务人费某某追偿。现原告要求被告支付担保借款本金 12 万元及利息并无不当，本院予以支持。

江苏省启东市人民法院依照《中华人民共和国担保法》第十八条第二款、第十九条、第二十一条、《最高人民法院关于适用〈中华人民共和国担保法〉若干问题的解释》第三十一条、第三十二条第一款、第三十四条第二款、第三十九条、第四十二条、第一百二十六条之规定，作出如下判决：

一、被告沙克成于判决生效后十日内偿付原告顾卫军担保款计人民币 12 万元并支付依照中国人民银行同期基准贷款利率的四倍依本金 12 万元计算的自 2012 年5 月 3 日至判决确定的履行之日止的利息。

二、被告沙克成承担保证责任后有权向主债务人费某某追偿。

沙克成向江苏省南通市中级人民法院提起上诉。江苏省南通市中级人民法院在审理过程中，经该院主持调解，各方当事人自愿达成如下协议：

一、沙克成自愿给付顾卫军人民币担保款八万元，该款分两笔给付，第一笔四万元于 2014 年 1 月 31 日之前给付完毕，第二笔四万元于 2014 年 5 月 31 日之前给付完毕。全部款项给付完毕后沙克成即不再承担其对费某某所欠顾卫军债务的担保责任，如上述款项中有任何一笔不能如期足额给付，则顾卫军有权按照原审判决申请法院执行。

二、顾卫军对费某某债权中未获清偿部分依法处理。

三、双方就本案再无其他纠葛。

【法官后语】

本案处理重点主要在于对保证期间及保证合同诉讼时效的理解。我国《担保法》第二十六条和《最高人民法院关于适用〈中华人民共和国担保法〉若干问题的解释》第三十一条、第三十四条第二款都对此作了相关规定。

关于保证期间与保证合同的诉讼时效之间的关系问题，民法学界一直存在两种截然不同的认识。一种观点认为，保证合同的保证期间与保证合同的诉讼时效期间，两者分处于不同的阶段，相互衔接，各自发挥着不同的作用；另一种观点认为，所谓的保证合同的诉讼时效本质上是与保证期间的性质不相容的，因为无论诉讼时效还是保证期间，其指向的对象都是债权人对保证人的请求权，而诉讼时效和保证期间对债权人的请求权的处理方式并不相同，从而不可能发生两者并行不悖的情形，只能选择其一。从保证期间的性质、规范目的、法律效果来看，《最高人民法院关于适用〈中华人民共和国担保法〉若干问题的解释》采纳第一种观点是合乎逻辑的：保证制度的性质决定了法律本应该对保证人给予比一般债务关系中的债务人更多保护，而因为保证人在保证关系中没有对价存在，因此，法律应该对请求权设定更短的期间来督促债权人行使权利。

另外，本案中还要注意两点内容：第一，关于"一事不再理"原则。本案中，顾卫军先以借贷关系起诉债务人承担清偿责任，后以保证合同关系向沙克成主张保证责任。也就是说，债权人两次起诉的案件事实虽然相同，但依据的法律关系不同、诉讼主体不同、请求事项不同，本案并不违反"一事不再理"原则，且不能主观地认为顾卫军起诉了债务人费某某而撤回对沙克成的起诉就是放弃了沙克成的担保责任。第二，关于"以新贷还旧贷"问题。本案中顾卫军与债务人费某某达成调解协议只是约定了偿还方式，并不属于以新贷偿还旧贷，沙克成仍需对担保的债务承担保证责任，顾卫军可以要求负连带责任保证的保证人在其保证范围内承担保证责任。

编写人：江苏省启东市人民法院　莫晴晴

40

行使双重追偿权的实质要件和程序要件

——资阳市农业融资担保有限责任公司诉乐至县顺才猪业专业合作社等追偿权案

【案件基本信息】

1. 裁判书字号

四川省资阳市乐至县人民法院（2014）乐至民初字第 655 号民事判决书

2. 案由：追偿权纠纷

3. 当事人

原告：资阳市农业融资担保有限责任公司（以下简称融资担保公司）

被告：乐至县顺才猪业专业合作社（以下简称顺才猪业）、乐至县英英肉类食品有限公司（以下简称英英公司）、张德英、吴纯才

【基本案情】

被告顺才猪业于 2008 年分两次向农行共计借款 5000000 元，并约定利息，原告融资担保公司、被告英英公司、张德英、吴纯才对上述债务承担连带保证担保责任。2009 年，被告顺才猪业向农行偿还了部分借款本息，截止 2012 年 3 月 21 日，被告顺才猪业尚欠农行借款本金 3449000 元，利息 625826.72 元。农行将该纠纷诉至法院，法院经审理作出判决：被告顺才猪业偿还农行借款本金 3449000 元及利息，原告融资担保公司、被告英英公司、张德英、吴纯才对上述借款本息承担连带清偿责任。该判决生效后，被告顺才猪业未履行还款义务，农行于 2012 年 12 月 28 日扣划了原告在其银行的保证金 500000 元，之后，农行又向乐至县人民法院申请强制执行，裁定扣划原告的存款 1491140 元，法院强制执行的 1491140 元存款中，有 1474000 元用于偿还农行债务。综上，原告共计为被告顺才猪业代偿农行债务 1974000 元，截至原告代偿时，被告顺才猪业尚欠农行借款本金 3449000 元，利息 980000 元。

【案件焦点】

1. 原告融资担保公司作为连带保证人是否有权向主债务人（顺才猪业）及其他保证人（英英公司、张德英、吴纯才）追偿；2. 原告是否须以诉讼方式先确定主债务人（顺才猪业）无清偿能力再向其他连带保证人（英英公司、张德英、吴纯才）行使追偿权。

【法院裁判要旨】

四川省资阳市乐至县人民法院经审理认为：法院通过强制执行，扣划原告 1474000 存款用于偿还被告顺才猪业拖欠农行的借款，视为原告在该金额范围内履行了连带保证义务，农行扣划原告交存的保证金 500000 元，视为原告在该金额范围内履行质押担保义务，根据《中华人民共和国担保法》第三十一条、第七十二条

之规定，原告为债务人提供保证担保、并承担担保责任后，为债务人提供质押担保、在质权人实现质权后，均有权向债务人追偿，故原告在合计代偿金额 1974000 元范围内主张被告顺才猪业偿还借款本息的诉讼请求成立；《最高人民法院关于适用〈中华人民共和国担保法〉若干问题的解释》（以下简称《解释》）第二十条第二款规定，连带责任保证人承担保证责任后，向债务人不能追偿的部分，由各连带责任保证人按约定分担，没有约定的，平均分担。根据该规定，本案原告与被告英英公司、张德英、吴纯才间因未约定保证份额，应平均分担保证责任，故原告在其承担的保证责任超出其应承担份额后，对超出部分可以主张英英公司、张德英、吴纯才应各承担三分之一的补充清偿责任；《解释》第二十条第二款规定：追偿权人向债务人不能追偿的部分，由各连带责任保证人分担。该规定体现了主债务人与其他保证人承担追偿债务的先后顺序，但该顺序可在同一判决中以主债务人承担清偿责任、其他连带保证人对主债务人不能清偿部分承担补充清偿责任的表述来区分，无需进行多次诉讼增加诉累，且法律未在该规定后设置先诉抗辩程序，因此，被告英英公司提出的原告应先向被告顺才猪业履行追偿程序，在确认顺才猪业没有偿还能力后，才能向担保人追偿的抗辩不能成立。

四川省资阳市乐至县人民法院根据《中华人民共和国担保法》第三十一条、第七十二条、第七十五条第（一）项，《最高人民法院关于适用〈中华人民共和国担保法〉若干问题的解释》第二十条第二款、第八十五条之规定，判决如下：

一、被告乐至县顺才猪业专业合作社在本判决生效后 30 日内向原告资阳市农业融资担保有限责任公司偿还代偿款 1974000 元及利息（利息按中国人民银行发布的同期贷款利率从代偿之日起计算至判决书确定的给付时间止）。二、被告乐至县英英肉类食品有限公司、张德英、吴纯才在 491750 元范围内，对被告乐至县顺才猪业专业合作社不能偿还原告资阳市农业融资担保有限责任公司的代偿款各承担三分之一的补充清偿责任。三、驳回原告资阳市农业融资担保有限责任公司的其他诉讼请求。

该判决已发生法律效力。

【法官后语】

1. 行使双重追偿权的实质要件

根据《解释》第二十条规定可知，"承担保证责任"是连带共同保证人享有双重追偿权的前提条件，但对于"承担保证责任"的理解却存在不同观点：

第一种观点认为，履行全部责任的保证人具有双重追偿权。其理由如下：在保证人履行全部保证责任的前提下，其追偿权请求的数额才是稳定明确的，而相反，若保证人仅履行部分保证责任就行使双重追偿权，会导致履行保证责任的保证人、主债务人、其他保证人之间形成反复诉讼、往来诉讼，造成诉累。

第二种观点认为，保证人无须履行全部保证责任，亦可针对其履行的部分行使双重追偿权。因为追偿权属于法定权利，如法律并未对保证人行使追偿权履行的保证责任份额进行规定，则不能人为的为该权利的行使设置门槛，否则将加重保证人的责任，故保证人履行保证责任无论数额多少，均有权向主债务人及其他保证人追偿，方符合公平原则。

然而，上述两种观点均有欠妥之处，因连带责任保证人对外虽然负有连带责任，但其内部仍可通过约定或法定划分份额，对主债务人而言，保证人不论其承担保证责任的份额多寡，均系为主债务人代偿，故保证人有权向其追偿；对其他保证人而言，保证人履行保证责任仅需以其自身应承担的保证份额为标准，若保证人履行保证责任未达到其自身应承担的份额，则无权向其他保证人追偿，若超过其自身应承担的保证份额，便有权向其他保证人追偿，这样，既能恪尽公平，又不至于反复诉讼，符合公平与效率兼顾的原则。

2. 行使双重追偿权的程序要件

《解释》第二十条规定保证人"向债务人不能追偿的部分"由各连带保证人分担。可见，行使双重追偿权需按照主债务人在先，其他连带保证人在后的顺序，在主债务人清偿不能的前提下，再由其他连带保证人在主债务人不能清偿的范围内偿付。然而，双重追偿权虽然存在先后顺序，但并不意味诉讼必须分次进行，原因如下：首先，法律并未在双重追偿权中设置先诉抗辩权，故从法律意图角度看，无需以分开进行诉讼的方式来体现双重追偿权的顺序；其次，分开诉讼不仅会导致当事人诉讼成本、时间成本增加，还会造成累诉，浪费司法资源，不符合效率原则；第三，在司法实践中，可以通过在判决书主文中进行"主债务人承担清偿责任、其他连带保证人对主债务人不能清偿部分承担补充清偿责任"的表述来区分双重追偿权的先后顺序，同时，在执行程序中亦可通过先执行主债务人财产，再执行连带保证人财产的方式来体现该顺序，同案诉讼行使双重追偿权不存在技术障碍。故保证人的双重追偿权可以通过一案诉讼得以实现。

本案在裁判中明确了追偿权人对主债务人及其他保证人行使双重追偿权的实质要件和程序要件，明确了主债务人及其他保证人承担追偿权债务的责任范围及责任形式，为类似案件提供了参考。本案在处理过程中，遇到了对《解释》第二十条理解不一的困境，本着维护当事人合法利益、节约诉讼成本、减少诉累的目的，本案裁判中采用的理解方式兼顾了公平与效率原则，并充分阐明了理由，具有示范意义。

编写人：四川省资阳市乐至县人民法院　王明霞

41

担保人履行担保义务后实现追偿权的条件

——陈建城诉邓天养追偿权案

【案件基本信息】

1. 裁判书字号

广东省韶关市始兴县人民法院（2014）韶始法民一初字第 312 号民事判决书

2. 案由：追偿权纠纷

3. 当事人

原告：陈建城

被告：邓天养

【基本案情】

2010 年 5 月 15 日，被告邓天养因生意上资金周转困难，向胡某某借款 1 万元，被告邓天养在借条上的"借款人"处签名并捺指印，原告陈建城及案外人伍某某在借条上的"担保人"处签名和捺指印。之后，因原告陈建城、被告邓天养、案外人伍某某未还款付息，胡某某遂于 2012 年 3 月 6 日起诉至法院，法院于 2012 年 5 月 12 日作出（2012）韶始法民一初字第 123 号民事判决：被告邓天养偿还胡某某借款本金 10000 元及利息，原告陈建城及案外人伍某某对该债务本息承担连带清偿责任，原告陈建城及案外人伍某某承担保证责任后，有权向被告邓天养追偿。该案判决生效后，胡某某向法院申请强制执行。2013 年 9 月 16 日，原告陈建城在（2012）韶始法执字第 206 号执行案中支付了 14494 元给胡某某。

另查明，伍某某已经下落不明，未支付过（2012）韶始法民一初字第 123 号民事判决书中的标的款，原告在 2013 年 9 月 16 日通过法院执行向胡某某付款后向被告邓天养追偿，但被告均以没钱为由至今分文未付。原告陈建城认为被告邓天养怠于还款的行为损害了自身合法权益，遂诉至法院并提出本案诉讼请求。

【案件焦点】

原告能否行使追偿权。

【法院裁判要旨】

广东省韶关市始兴县人民法院经审理认为，被告邓天养经本院传票传唤，无正当理由不到庭应诉，视为其放弃举证、质证及抗辩的诉讼权利。生效的裁判文书，对当事人具有法律约束力，当事人应当全面履行裁判文书确定的义务。本案中，已生效的（2012）韶始法民一初字第 123 号民事判决认定，案外人胡某某是债权人，被告邓天养是债务人，原告陈建城是保证人。被告未按上述判决履行义务，原告依保证责任向债权人履行了 14494 元的付款义务事实清楚。依据《中华人民共和国担保法》第三十一条"保证人承担保证责任后，有权向债务人追偿"之规定，原告向被告主张追偿 14494 元的诉讼请求，依法有据，予以支持。

综上所述，依据《中华人民共和国民法通则》第八十四条、第八十九条第一款第（一）项，《中华人民共和国担保法》第六条、第三十一条，《中华人民共和国民事诉讼法》第一百四十四条之规定，判决如下：

被告邓天养应于本判决生效之日起十日内，向原告陈建城支付人民币 14494 元。

【法官后语】

根据《担保法》的规定，追偿权是指担保人代主债务人向债权人履行债务或承担担保责任后，在其承担的担保责任的范围内，享有要求主债务人予以赔偿的权利。担保人在行使追偿权时，应当具备以下几个方面的条件：

1. 担保人已经承担了担保责任

这是担保人行使追偿权的前提条件。由于担保人承担了担保责任，使主债务人与债权人之间的债权债务关系归于消灭。由此产生了在担保人与主债务人之间的一种新的债权债务关系，在担保人代为履行债务之前，担保人是否会实际承担担保责任尚处于一种不确定的状态，在主债务人与担保人之间不存在债权债务关系，因此在其尚未实际承担担保责任之前，不具有向主债务人追偿的权利。

在司法实践中，存在债权人只起诉主债务人以外的担保人而不起诉主债务人的情形。在人民法院判决承担担保责任之后，担保人在该判决已发生法律效力，但尚未履行完毕之时，是否可以向主债务人追偿？在此情况下因担保人尚未实际承担担保责任，应当认定担保人没有取得相应的追偿权，如担保人不能履行或不能全面履行判决所确定的义务，债权人就未履行部分仍享有诉权，可以要求主债务人继续清偿，也就是说在担保人未实际承担担保责任时，他是否实际享有追偿权和追偿的范围等处于一种不确定的状态。

2. 担保人行使追偿权不能超过诉讼时效期间

担保人行使追偿权的诉讼时效期间适用《民法通则》两年诉讼时效期间的规定，诉讼时效期间应当自担保人承担责任完毕之日的次日起开始计算，该期间同样适用《民法通则》中关于诉讼时效期间中止、中断的规定。担保人行使追偿权超过诉讼时效期间的，人民法院应当驳回其请求。

3. 担保人承担担保责任须主观上没有过错

担保人对债权人享有主债务人的抗辩权，担保人应当以主债务人所有的抗辩对抗债权人的清偿要求，若担保人怠于行使主债务人的抗辩权，而对债权人承担担保责任的，不得对主债务人行使追偿权。一般情况下，担保责任的承担与债务人债务免除之间有因果关系，追偿权才能成立，若债务人债务的免除并非担保责任承担的结果，则保证人不享有追偿权。如债权人的债权因债务人的清偿行为而消灭后，担保人又向债权人履行了债务，此时担保人不得对债务人行使追偿权，而只能向债权人请求按不当得利返还。债务人向债权人履行债务后，应当及时通知保证人，若债务人违反通知义务导致保证人无过失地重复向债权人履行的，保证人可行使追偿权，债务人不能免除补偿的义务，债务人可请求债权人返还不当得利部分。另外担保人在承担担保责任时怠于行使债务人对债权人的抗辩权，而作出的大于债务人应承担债务范围的清偿，以及担保人支出非必要的花费，使得债务人的债务范围扩大，对扩大部分，担保人丧失追偿权，债务人有权在被追偿时对担保人提出抗辩。在审判实践中，担保人承担保证责任有过错的情形主要有以下几种情况：（1）债权人对主债务人的请求超过了诉讼时效期间，也未在担保期间内向担保人主张权利的，担保人又主动承担了担保责任，或者是债权人向人民法院起诉了担保人，担保人在案件审理过程中主动承担了担保责任或经法院调解与债权人达成协议，愿意承担担保责任的，由于担保人放弃其享有的主债务人的抗辩权，在承担了担保责任后，不具有向主债务人追偿的权利。（2）担保人的担保责任范围小于主债务范围或者是抵押质押物的价值小于主债务时，担保人在实际履行担保责任时，对债权人全部履行了主债务人应负债务，对此超出部分，担保人不享有向主债务人的追偿权，而只能要求债权人按不得当利予以返还。

编写人：广东省韶关市始兴县人民法院　刘斌

42

保证人在保证期间死亡是否还需承担保证责任

——广东揭阳农村商业银行股份有限公司诉陈剀川等金融借款合同案

【案件基本信息】

1. 裁判书字号

广东省揭阳市中级人民法院（2013）揭中法民二终字第 55 号民事判决书

2. 案由：金融借款合同纠纷

3. 当事人

原告（上诉人）：广东揭阳农村商业银行股份有限公司（以下简称揭阳农商行）

被告（被上诉人）：林素某、林洁某、林甲、林乙、林丙、林丁

被告：陈剀川

【基本案情】

2010 年 12 月 20 日，借款人陈剀川、保证人林静某与贷款人揭阳榕城农村商业银行股份有限公司（下称揭阳榕城农商行）营业部签订了《保证担保借款合同》，约定：陈剀川的借款用途是借新还旧，借款金额为人民币（下同）368 万元，借款期限自 2010 年 12 月 20 日起至 2011 年 11 月 20 日止，贷款年利率为 11.098%，还款方式为按月（或季）收息，利随本清，林静某为上述借款提供连带责任保证等内容。合同签订当天，陈剀川向揭阳榕城农商行营业部借款 368 万元，并在相应的《借款借据》上签名及盖章确认。2011 年 3 月 28 日，揭阳榕城农商行更名为"广东揭阳农村商业银行股份有限公司"。按借款合同的约定，陈剀川应于每月 21 日付还揭阳榕城农商行上一个月 21 日至本月 20 日期间的利息。借款后，陈剀川已按约定向揭阳榕城农商行付清自借款之日起至 2011 年 7 月 21 日止的利息。2011 年 8 月 18 日，林静某因病去世。此后陈剀川便没有足额还息，仅于 2011 年 8 月 21 日付还利息 1642.68 元，2011 年 9 月 21 日付还利息 0.85 元。至今，陈剀川累计付还上述借款的利息为 243283.99 元，但没有付还借款本金。揭阳农商行多次向陈剀川催讨，但陈剀川没有再还款。而保证人林静某生前与林素某系夫妻关系，林洁某、林甲、林乙、林丙、林丁是林素某与林静某的子女。揭阳农商行遂于 2013 年 4 月 26 日提起诉讼。

【案件焦点】

1. 保证人林静某在债务履行期届满前死亡，其继承人应否在继承遗产的范围内承担保证责任；2. 林素某是否应对陈剀川的债务承担连带偿还责任。

【法院裁判要旨】

广东省揭阳市揭东区人民法院经审理认为：1. 揭阳农商行与陈剀川、保证人林静某签订的《保证担保借款合同》合法有效，对各方当事人均有约束力。陈剀川只付还借款的部分利息，没有依合同约定全面履行还本付息的义务，属违约行为，依法应承担相应的违约责任。2. 陈剀川向揭阳农商行借款产生的债务不是林素某与林静某的夫妻共同债务，所以林素某不用承担连带偿还责任。3. 保证人在 2011 年 8 月 18 日死亡，借款期限未届满，保证责任尚未发生，故保证人的遗产不能用来承担保证责任，其继承人不用在继承林静某遗产范围内承担连带清偿责任。依照

《中华人民共和国合同法》第一百零七条、第二百零五条、第二百零六条、第二百零七条的规定，判决如下：一、陈剀川结欠揭阳农商行借款本金368万元及尚欠利息（借款期限内利息从2010年12月20日起至2011年11月20日止按合同约定年利率11.098%计；逾期利息从2011年11月21日起至还款之日止，按中国人民银行规定的同期同类贷款逾期利率计，抵除陈剀川已付还的利息243283.99元），应于本判决生效之日起10日内付清。二、驳回揭阳农商行的其他诉讼请求。本案受理费45168元，由陈剀川负担。

宣判后，揭阳农商行不服该判决提起上诉。广东省揭阳市中级人民法院经审理认为：保证人林静某的死亡时间是2011年8月18日，而其担保的借款到期日是2011年11月20日，即林静某在本案借款期限届满前死亡。另外，根据陈剀川的还息情况，在林静某死亡前，陈剀川均按《保证担保借款合同》约定的还息时间准时足额的付还揭阳农商行的到期利息，不存在违约行为。在林静某死亡后，陈剀川才没有还息或足额还息。故林静某死亡时，保证义务还没有转化为保证责任就因公民死亡而消失，保证责任尚未产生，林静某的遗产不应用来承担保证责任，其继承人林素某、林洁某、林甲、林乙、林丙、林丁不用在继承遗产的范围内承担保证责任。另外，本案的债务不是林静某的债务；也并非林静某因夫妻共同生活需要向揭阳农商行所借的，不属于夫妻共同债务；林素某不知林静某为陈剀川的借款提供担保，也没有在《保证担保借款合同》上签名，其不是本案借款的保证人。故林素某无需对陈剀川的债务承担连带偿还责任。综上，原审判决除认定"借款期间，陈剀川按借款合同约定，自借款之日起至2011年10月21日止均于每月21日付还上述借款截至当日止的全部利息"，与事实不符，应予纠正外，其余认定事实基本清楚，适用法律正确，程序合法，处理结果并无不当，依法予以维持。依照《中华人民共和国民事诉讼法》第一百七十条第一款第（一）项、第一百七十五条的规定，判决如下：驳回上诉，维持原判。

【法官后语】

保证人在担保期间死亡，保证合同或保证条款是否继续有效？保证之债是否还需承担？如何承担？目前我国的法律、法规、司法解释没有就此问题作出明确的规定。

根据《民法通则》第九条的规定，保证人林静某于2011年8月18日因病死亡时，其保证义务随着死亡消灭，因而林静某的保证责任是否当然免除？不是的。根据保证义务和保证责任理论，保证义务与保证责任既有联系也有区别。其联系表现在，保证义务是保证责任的前提和基础，没有保证义务，就没有保证责任。保证责任是保证义务的归宿和保障，没有保证责任，保证义务就失去了意义。保证义务和保证责任的区别主要在于，保证义务自保证合同依法成立时产生，而保证责任的产生以债务人不履行到期债务或合同履行过程中违约为条件。只有当保证义务转化为保证责任后，保证人才需承担保证之债。

因此，笔者认为，保证人在担保期间死亡，其遗产是否用来承担保证责任，关键在于保证人死亡之时，保证义务是否已经转化为保证责任。如果保证人死亡时，债务尚未到期或债务人不存在违约行为，保证责任还没有产生，由于保证人的保证义务仅属"或有负债"，保证义务还没有转化为保证责任就因公民死亡而消失，保证人的遗产不应当用来承担保证责任；如果保证人死亡时，债务到期或债务人违约，保证责任已经产生，保证人所承担的保证义务已转化为保证责任，或有负债已转化成实有负债，保证人的遗产就应当用来承担保证责任。本案林静某死亡时，保证义务还没有转化为保证责任就因公民死亡而消失，保证责任尚未产生，林静某的遗产不应用来承担保证责任，其继承人不用在继承遗产的范围内承担保证责任的问题。

编写人：广东省揭阳市中级人民法院　杨勉锐

43

原告对债务人的撤诉不影响对连带担保人的责任追究

——雷科峰诉欧国某等借款合同、保证合同案

【案件基本信息】

1. 裁判书字号

湖南省永州市祁阳县人民法院（2014）祁民初字第 2196 号民事判决书

2. 案由：借款合同、保证合同纠纷

3. 当事人

原告：雷科峰

被告：欧国某、谭瑞某、阳汉平

【基本案情】

被告欧国某、谭瑞某系夫妻。2010 年 6 月，被告欧国某以经营祁阳县双发煤矿需要资金为由，向原告雷科峰借款 68 万元，双方签订了借款合同，约定借款期限为 4 年，自 2010 年 6 月 7 日起至 2014 年 6 月 8 日止，12 个月内不收取利息，12 个月后未归还借款，按总借款的 30% 作为违约金，被告阳汉平对上述借款承担连带保证责任。原告依约支付了借款，借款到期后，被告没有偿还。原告对三被告提起诉讼后，得知被告谭瑞某下落不明，撤回了对谭瑞某的起诉，只起诉被告欧国某和阳汉平，请求判令被告欧国某偿还本金 68 万元及利息，并支付违约金，被告阳汉平对上述借款承担连带保证责任。

【案件焦点】

1. 原告雷科峰撤回对被告谭瑞某的起诉是否应当准予；2. 如果准予撤诉，原告雷科峰是否必须放弃对谭瑞某应承担份额的诉讼请求，被告是否对该放弃部分不再承担连带责任。

【法院裁判要旨】

湖南省永州市祁阳县人民法院经审理认为：原、被告签订的借款合同是双方真实意思表示，合同合法有效，被告应当依约及时偿还借款。原、被告合同虽约定，被告应当按合同规定的期限还本付息，但双方对利息的约定不明确，应当视为不支付利息，被告违约事实存在，应当承担违约责任，原、被告合同约定，被告按总借款的 30% 支付违约金，该约定与我国法律规定并不矛盾，应予支持。被告阳汉平作为保证人，愿对欧国某的 68 万元借款及违约金承担连带责任保证，亦予以支持。诉讼过程中，原告雷科峰申请撤回对被告谭瑞某的起诉，理由正当，应予以准许。

据此，湖南省永州市祁阳县人民法院 2014 年 12 月 1 日作出（2014）祁民初字第 2196 号民事裁定书，准予原告雷科峰撤回对被告谭瑞某的起诉。2015 年 2 月 3 日作出（2014）祁民初字第 2196 号民事判决：一、限被告欧国某在本判决发生法律效力后十日内付清原告雷科峰的借款 68 万元及违约金，共计人民币 90.4 万元；二、被告阳汉平对被告欧国某的上述借款及违约金承担连带责任，被告阳汉平承担责任后，有权向被告欧国某追偿。

【法官后语】

1. 关于原告雷科峰申请撤回对被告谭瑞某的起诉是否应当准予问题。撤诉是当事人在民事诉讼中依法享有的处分权。原告撤诉的目的必须正当合法。本案中，因被告谭瑞某下落不明，原告为及时收回债权请求撤回对谭瑞某的起诉，而本案为连带保证，原告可以仅起诉保证人，因此，原告撤回对谭瑞某的起诉，理由正当合法，应当准予。

2. 关于原告雷科峰对被告谭瑞某撤诉后是否必须放弃对被告谭瑞某应承担份额的诉讼请求，被告阳汉平是否对该放弃部分不再承担保证责任问题。《最高人民法院关于审理人身损害赔偿案件适用法律若干问题的解释》第五条规定，赔偿权利人起诉部分共同侵权人的，人民法院应当追加其他共同侵权人作为共同被告，赔偿权利人在诉讼中放弃对部分共同侵权人的诉讼请求的，其他共同侵权人对被放弃诉讼请求的被告应当承担的赔偿份额不承担连带责任。责任范围难以确定的，推定各共同侵权人承担同等责任。该解释明确了在必要共同诉讼中，原告可以撤回对部分被告的起诉，但前提是原告必须同时放弃对该部分被告的诉讼请求，剩余被告对放弃诉讼请求部分不再承担连带责任。该立法目的是为了防止原告仅对部分被告起诉而损害其他被告的合法权益。但本案属保证合同纠纷，《最高人民法院关于适用〈中华人民共和国担保法〉若干问题的解释》第二十条第一款规定："连带共同保证的债务人在主合同规定的债务履行期届满没有履行债务的，债权人可以要求债务人履行债务，也可以要求任何一个保证人承担全部保证责任。"我国《担保法》第十二条规定，已经承担保证责任的保证人，有权向债务人追偿，或者要求承担连带责任的其他保证人清偿其应当承担的份额，因此，原告雷科峰虽然撤回了对被告谭瑞某的起诉，并不影响其要求被告欧国某承担全部还款责任，被告阳汉平承担全部保证责任。被告阳汉平承担保证责任后，有权向被告欧国某、谭瑞某追偿，其合法权益仍受法律保护，这与《最高人民法院关于审理人身损害赔偿案件适用法律若干问题的解释》第五条的精神并不冲突。

编写人：湖南省永州市祁阳县人民法院　于杨宁　彭妍

44

借款到期后，为该笔借款担保是否有效

——李晓玲诉蔡渝安等民间借贷案

【案件基本信息】

    1. 裁判书字号

四川省广安市广安区人民法院（2014）广安民初字第 1017 号民事判决书

2. 案由：民间借贷纠纷

3. 当事人

原告：李晓玲

被告：蔡渝安、杨淬兰、蔡文颖

【基本案情】

    2011 年 3 月 25 日被告蔡渝安、杨淬兰向原告借现金 10 万元，约定借款期限 1 年，按月利率 3% 按季付息。因逾期未还，被告蔡渝安又于 2012 年 7 月 5 日在借条批注"此款定于 2012 年 12 月底归还"，2013 年 1 月 10 日，原告找到找被告杨淬兰还钱，被告杨淬兰又在原告所持的借条上批注"按广安银海玻璃公司核对的金额为准还清"（原告不赞成杨淬兰这一说法）。同日，被告蔡渝安之女蔡文颖在该借条上以担保人名义签名，为被告蔡渝、杨淬兰的债务进行担保。三被告至今未向原告清偿借款，原告起诉要求判决被告蔡渝安、杨淬兰向原告偿还借款本金 100000 元及从 2011 年 3 月 25 日起至还款之日止的利息，利息按照银行同期贷款利率的四倍计算；被告蔡文颖对此债务承担连带责任。

【案件焦点】

    借款到期后，担保人为该借款担保，该担保行为是否有效，担保人承担什么责任。

【法院裁判要旨】

四川省广安市广安区人民法院经审理认为：被告蔡渝安、杨淬兰向原告李晓玲借款 100000 元属实，虽然被告杨淬兰在原告李晓玲所持的借条上批注"按广安银海玻璃公司核对的金额为准还清"的字样，但该批注并不能否定被告蔡渝安、杨淬兰向原告李晓玲借款事实和性质，原、被告间形成了合法有效的借贷关系，被告蔡渝安、杨淬兰应向原告李晓玲偿还借款，被告蔡文颖其在借条上担保人处签名应当认定被告蔡文颖为该借款提供了保证担保，因未约定保证方式，应当按照连带责任保证承担担保责任。借款时，原、被告双方虽约定利息按月息三分计息，但双方约定的借款利率违反了国家限制借款利率的规定，故对于超出部分的利息不予保护。①

四川省广安市广安区人民法院依照《中华人民共和国民事诉讼法》第一百四十四条"被告经传票传唤，无正当理由拒不到庭的，或者未经法庭许可中途退庭的，可以缺席判决。"《中华人民共和国合同法》第二百零六条"借款人应当按照约定的期限返还借款。对借款期限没有约定或者约定不明确，依照本法第六十一条的规定仍不能确定，借款人可以随时返还；贷款人可以催告借款人在合理期限内返还。"第二百一十一条第二款"自然人之间的借款合同约定支付利息的，借款的利率不得违反国家有关限制借款利率的规定"、《中华人民共和国担保法》第十九条"当事人对保证方式没有约定或者约定不明确的，按照连带责任保证承担保证责任。"第二十一条"保证担保的范围包括主债权及利息、违约金、损害赔偿金和实现债权的费用。保证合同另有约定的，按照约定。当事人对保证担保的范围没有约定或者约定不明确的，保证人应当对全部债务承担责任。"最高人民法院《关于人民法院审理借贷案件的若干意见》第 6 条"民间借贷的利率可以适当高于银行的利率，各地人民法院可根据本地区的实际情况具体掌握，但最高利率不得超过银行同

① 2015 年公布的《最高人民法院关于审理民间借贷案件适用法律若干问题的规定》第二十六条规定："借贷双方约定的利率未超过年利率 24%，出借人请求借款人按照约定的利率支付利息的，人民法院应予支持。借贷双方约定的利率超过年利率 36%，超过部分的利息约定无效。借款人请求出借人返还已支付的超过年利率 36% 部分的利息的，人民法院应予支持。"

类贷款利率的四倍（包含利率本数）。超出此限度的，超出部分的利息不予保护。"① 之规定，判决如下：

限被告蔡渝安、杨淬兰在本判决生效后十日内向原告李晓玲清偿借款本金100000元及支付利息（利息从2011年3月25日起计算至还款之日止，按照中国人民银行1年期流动资金贷款利率的4倍计息）；被告蔡文颖对前述债务承担连带清偿责任。

【法官后语】

本案争议的焦点是：1. 主债务到期后，担保人对该到期债务进行担保的行为是否有效。2. 担保人对该担保承担什么责任。

根据《担保法》第二十五条和二十六条，无论一般保证还是连带保证，保证期间都是从债务履行期届满之日开始计算。但是主债务履行期已经届满，之后才签订的担保合同是否有效，如果有效担保人承担什么责任，担保期间从什么时候开始计算？对此可以从以下几方面探索：

（1）法不禁止即自由：不仅是法治国家对"民"的一项承诺，而且也是法治国家一项法治原则。既然现行法律、法规没禁止债务履行期届满后签订保证合同的效力。这既是对当事人私权的尊重与保护，也体现了"契约自由""意思自治"的私法原则。

（2）《担保法》第一条规定："为促进资金融通和商品流通，保障债权的实现……"。由此可见，尽管《担保法》及其司法解释并没有对该种情况的具体规定，但是根据《担保法》"保障债权的实现"的精神，认定该种保证行为显然也是和《担保法》的精神相一致的。并且根据《担保法》第六条"本法所称保证，是指担保人和债权人约定，当债务人不履行债务时，保证人按照约定履行债务或者承担责任的行为。"其最终是约定债务的履行或责任承担，从经济学的角度来说，保证人属于第二还款来源。而主债务履行期届满后签订的保证合同显然不违背该保证的

---

① 已失效，对应2015年公布的《最高人民法院关于审理民间借贷案件适用法律若干问题的规定》第二十六条规定："借贷双方约定的利率未超过年利率24%，出借人请求借款人按照约定的利率支付利息的，人民法院应予支持。借贷双方约定的利率超过年利率36%，超过部分的利息约定无效。借款人请求出借人返还已支付的超过年利率36%部分的利息的，人民法院应予支持。"

定义。

（3）《最高人民法院关于适用〈中华人民共和国担保法〉若干问题的解释》第35条规定："保证人对已超过诉讼时效的债务承担保证责任或者提供担保的，又以超过诉讼时效为由抗辩的，人民法院不予支持。"既然对超过诉讼时效的债务提供担保的行为认为是有效的，那么对已经届满的债务提供担保的行为也应该是有效的。

因此，本案中被告蔡文颖对被告蔡渝安、杨淬兰的还款期限已经届满的债务进行担保的行为应该认定为有效的担保行为，蔡文颖，应该对该债务承担偿还责任。同时蔡文颖在担保时没有约定担保的方式，应按照连带责任承担保证责任。

编写人：四川省广安市广安区人民法院　陈洪宁

45

债权人是否有权同时要求主债务人
承担主债务和保证人就主债务的一半承担责任

——重庆奔亿机械设备有限公司诉朱远阳等
追偿权案

【案件基本信息】

1. 裁判书字号

重庆市黔江区人民法院（2014）黔法民初字第01784号民事判决书

2. 案由：追偿权纠纷

3. 当事人

原告：重庆奔亿机械设备有限公司

被告：朱远阳、李顺香、李顺伟

【基本案情】

被告朱远阳与第三人兴银融资租赁（中国）有限公司（以下简称兴银公司）合意购买挖掘机一台。被告李顺伟自愿为其提供担保，后被告朱远阳未按时支付融资租赁款，原告共为其向第三人兴银公司垫付了融资租赁款771784.15元，履行了担保责任。同时，被告朱远阳、李顺香系夫妻关系。原告请求判令被告朱远阳、李顺香偿还原告为其垫付的771784.15元的融资租赁款及资金占用损失，要求被告李顺伟对上述款项承担一半的付款责任即385892元。

【案件焦点】

债权人是否有权同时要求主债务人承担主债务和保证人就主债务的一半承担责任。

【法院裁判要旨】

重庆市黔江区人民法院经审理认为，《中华人民共和国担保法》第十八条第一款规定："连带责任保证的债务人在主合同规定的债务履行期限届满没有履行债务的，债权人可以要求债务人履行债务，也可以要求保证人在其保证范围内承担保证责任。"虽然该条规定连带责任保证的债务人在主合同规定的债务履行期限届满后既有权要求债务人履行债务也有权要求保证人履行债务，说明在保证人为债务人向债权人提供连带保证的情况下，债权人有权同时起诉债务人和保证人，要求债务人和保证人同时就债务承担连带清偿责任，债权人有权要求债务人或保证人清偿全部的债务，在保证人向债权人就全部的债务进行清偿后，保证人有权向债务人追偿。保证制度的建立发展是为了更好的保护债权人的利益，维护市场交易秩序，促进市场经济的发展，但连带保证人保证的范围是事先约定的债务范围，是为了债务人的利益不受损失而不是就保证本身获利，在本案中，原告即债权人向债务人主张全部的债务并同时要求保证人对前述债务的一半进行承担的诉求于法无据，有违保证法律制度实施的初衷，于法无据，故本院依法予以驳回。

重庆市黔江区人民法院依照《中华人民共和国担保法》第十八条、第二十一条、第三十一条，作出如下判决：

一、被告朱远阳、李顺香于本判决生效之日起五日内向原告重庆奔亿机械设备有限公司支付代偿款771784.15元；

二、驳回原告重庆奔亿机械设备有限公司的其他诉讼请求。

【法官后语】

该案例涉及债务人逾期不履行债务时，债权人有无权利要求债务人承担全部债务并要求连带责任保证人就债务的一半承担责任的问题。《担保法》第十八条第一款："连带责任保证的债务人在主合同规定的债务履行期限届满没有履行债务的，债权人可以要求债务人履行债务，也可以要求保证人在其保证范围内承担保证责任"。该法条规定在债务人承担连带责任保证的情形下，在合同约定保证人承担保证责任的范围内，保证人与债务人对该部分债务承担的连带责任。在此处承担连带责任的意思是债权人有权在合同约定的保证人承担责任的范围内选择要求债务人清偿或保证人清偿，承担连带责任的保证人在向债权人清偿后，就合同约定的保证责任部分有权向债务人追偿。但债权人无权就同一笔债务既要求债务人清偿又要求保证人承担清偿责任。根据《担保法》第三十一条"保证人承担保证责任后，有权向债务人追偿"的规定。可以看出在连带保证责任的前提下，债务人与保证人之间是一种不真正的连带保证责任，即保证人按照保证合同约定的向债权人清偿后，受让了债权人的请求权，以此为据，向债务人追偿。换言之，即使在连带责任保证的前提下，债权人要债务人和保证人向其承担连带责任，是只能要求债务人或保证人之一向其承担责任，而无权同时要求债务人和保证人就同一笔债务同时向其承担责任。该种规定，更符合保证法律制度建立保障债权人利益和维护市场交易安全的初衷，也是司法审判实践中需要贯彻和落实的。

编写人：重庆市黔江区人民法院　敬也丁

46

连带责任保证中保证期间与担保责任承担问题

——杨某诉常某保证合同案

【案件基本信息】

1. 裁判书字号

青海省西宁市中级人民法院（2014）宁民三终字第 371 号民事判决书

2. 案由：保证合同纠纷

3. 当事人

原告（被上诉人）：杨某

被告（上诉人）：常某

【基本案情】

2013 年 6 月 9 日，臧某在杨某处购买价值 74070 元的木方、建筑模板，并给付货款 10000 元，剩余 64070 元货款未给付，当时，臧某找到常某作为担保人，向杨某出具欠条一份，内容为："木方 4 米：6 件×330 根×22 元＝43560 元；3 米：3 件×330 根×19＝18810 元；建筑模板：2 件×90 张×65＝11700 元；总计：（74070 元）柒万肆仟零柒拾元整。以（系笔误，应为'已'字）付（10000 元）壹万元整。下欠（64070 元）陆万肆仟零柒元整。此款在 2013 年 7 月 5 号前付清。若有违约则按每日总货款的 5‰支付违约金"。常某在该欠条上以"常某担保人"签名确认。约定还款期限届满后，臧某未按约还款。2013 年 10 月份左右，杨某找到常某，要求其作为担保人承担给付货款责任，但常某未给付。原告遂诉至法院，要求常某作为担保人支付货款 64070 元及违约金 128140 元。常某认为担保事实确实存在，但其作为连带责任保证人，已过保证期间，不应再承担保证责任。

【案件焦点】

常某作为连带责任保证人的保证期间是否已过，是否应承担保证责任。

【法院裁判要旨】

青海省西宁市城北区人民法院经审理认为：杨某与常某之间的连带责任保证关系依法成立。杨某在其与臧某约定的还款期限届满后及时向保证人即常某主张权益，要求其承担担保人责任，原告要求其作为担保人承担给付货款 64070 元的诉讼请求依法成立。应予以支持。关于被告称担保期限已届满、不应再行承担担保责任的意见不能成立。

青海省西宁市城北区人民法院依照《中华人民共和国担保法》第十九条、第二十六条、《最高人民法院关于适用〈中华人民共和国担保法〉若干问题的解释》第三十二条、第三十四条、《中华人民共和国民事诉讼法》第一百一十八条第一款、第一百三十四条第一款之规定，判决如下：

被告常某于本判决生效之日起十日内给付原告杨某货款 64070 元、逾期付款违约金 19221 元。

常某不服该判决在法定期限内上诉，青海省西宁市中级人民法院经审理认为臧某与常某未按约定履行偿还杨某货款的民事责任，是引起本案纠纷的主要原因，在二审中，常某未提交债务人全面履行债务的证据，其抗辩理由不能成立，原审法院认定事实清楚，应予维持。

【法官后语】

本案的处理重点在于认定连带责任保证人的保证期间是否经过从而是否应承担保证责任。根据我国《担保法》第二十六条的规定，连带责任的保证人与债权人未约定保证期间的，债权人有权自主债务履行期届满之日起 6 个月内要求保证人承担保证责任。在合同约定的保证期间和前款规定的保证期间，债权人未要求保证人承担保证责任的，保证人免除保证责任。具体到本案中，杨某与常某并未对保证期间作为明确约定，据此可认定该保证合同的保证期间为主债务履行期届满之日即 2013 年 7 月 5 号起的 6 个月内，只有当杨某在 6 个月内未要求常某承担保证责任的，常某才可免除保证责任。而在案件庭审中，杨某提交证人张某证言，证明张某在保证期限内曾陪同杨某向常某索要过货款，故可认定杨某在保证期间内向常某主张过债务。另根据《最高人民法院关于适用〈中华人民共和国担保法〉若干问题的解释》第三十四条规定，连带责任保证的债权人在保证期间届满前要求保证人承担保证责任的，从债权人要求保证人承担保证责任之日起，开始计算保证合同的诉讼时效。因此，杨某在保证期间向常某主张债务，保证合同诉讼时效开始起算，杨某在诉讼时效内向法院起诉主张权利，其行使权利方式无瑕疵，常某应当承担给付货款的责任。

编写人：青海省西宁市城北区人民法院　潘文　张晶

47

保证人的法律责任

——胡波诉陕西鼎一酒业有限公司、刘佳明民间借贷案

【案件基本信息】

1. 裁判书字号

陕西省汉中市汉台区人民法院（2013）汉民初字第01103号民事判决书

2. 案由：民间借贷纠纷

3. 当事人

原告：胡波

被告：陕西鼎一酒业有限公司、刘佳明

【基本案情】

被告陕西鼎一酒业有限公司因资金周转于2011年7月15日从原告胡波处借款100万元，原告之子韩力炜于当日以转账方式将该款项汇至被告陕西鼎一酒业有限公司法定代表人董斌的资金账户。被告公司于同年8月2日向原告胡波出具借条一份，载明："今借到胡波现金1000000元（壹佰万元整），归还日期2012年1月19日。借款人：陕西鼎一酒业有限公司，担保人：刘佳明"其上亦有董斌签名及被告刘佳明签名并捺印。被告公司于2012年1月18日向原告胡波还款20万元后再未

还款。被告刘佳明于 2012 年 5 月 10 日向原告出具借据一份，载明："今借到胡波现金 80 万元（捌拾万元整），承诺在 2012 年 6 月 30 日前还清。借款人：刘佳明"。后原告胡波起诉要求二被告连带偿还借款本金 80 万元，并承担本案全部诉讼费用。被告刘佳明则以原告并未在其保证期间内主张保证责任，故应其免除其保证责任，其虽于 2012 年 5 月 10 日向原告出具了借据，但原告并未实际交付所借款项，该借据因缺乏实质要件不构成法律上的借贷关系而未生效为由，请求驳回原告要求其承担连带责任的诉讼请求。

【案件焦点】

被告刘佳明应否承担保证责任。

【法院裁判要旨】

陕西省汉中市汉台区人民法院经审理认为：合法的借贷关系受法律保护。原告胡波要求被告陕西鼎一酒业有限公司归还借款，有原、被告陈述和原告出具的借据原件佐证，事实清楚、证据确凿，应予以支持。被告刘佳明在借据上以担保人身份签名，应视为其真实意思表示，因借据上未约定保证方式，故被告刘佳明应按照连带责任保证承担保证责任。对于被告刘佳明于 2012 年 5 月 10 日给原告胡波出具的借款 80 万元，承诺在 2012 年 6 月 30 日前还清的借据，被告刘佳明当庭陈述是因其在 2011 年 8 月 2 日的借条上是担保人，原告胡波让其出具此份借条，并不是新的借款。故此份借条应为原告胡波在主债务履行期届满之日起 6 个月内要求保证人承担保证责任。被告刘佳明作为承担连带责任的保证人，应对被告陕西鼎一酒业有限公司清偿原告胡波尚欠借款承担连带责任，被告刘佳明承担保证责任后，有权向被告陕西鼎一酒业有限公司追偿。遂依法于 2014 年 5 月 6 日作出（2013）汉民初字第 01103 号民事判决书，判决：一、被告陕西鼎一酒业有限公司自判决生效后 20 日内向原告胡波偿还借款 80 万元。二、被告刘佳明应对上述债务承担连带清偿责任，被告刘佳明承担保证责任后，有权向被告陕西鼎一酒业有限公司追偿。宣判后，原、被告均未提出上诉，判决已经发生法律效力。

【法官后语】

保证是指以债务人之外的第三人的信用保证债的履行的担保方式。本案争议焦点在于被告刘佳明应否承担保证责任。本案中，原告与第一被告达成口头借款合同且已实际履行，第一被告于 2011 年 8 月 2 日向原告出具借条，载明借款时间、金额、还款期限、借款人、担保人、具条时间，对所负债务进行书面确认。被告刘佳明作为担保人在其上签名并捺印，其虽与原告胡波未订立书面保证合同或约定保证条款，但依据《最高人民法院关于适用〈中华人民共和国担保法〉若干问题的解释》第二十二条第二款"主合同中虽然没有保证条款，但是，保证人在主合同上以保证人的身份签字或盖章的，保证合同成立。"之规定，原告胡波与被告刘佳明已于 2011 年 8 月 2 日形成保证合同。双方虽未约定保证方式、保证期间，但依据我国《担保法》第十九条"当事人对保证方式没有约定或者约定不明确的，按照连带责任保证承担保证责任。"之规定及该法第二十六条第一款"连带责任保证的保证人与债权人未约定保证期间的，债权人有权自主债务履行期届满之日起六个月内要求保证人承担保证责任。"之规定，被告刘佳明应当承担连带责任保证，原告胡波亦有权自 2012 年 1 月 19 日起六个月内要求刘佳明承担保证责任。

本案借期届满，第一被告仅归还原告胡波借款 20 万元，尚欠借款 80 万元未归还，而被告刘佳明于 2012 年 5 月 10 日向原告胡波出具借条载明"今借到胡波现金 80 万元，承诺在 2012 年 6 月 30 日前还清。"，其却在本案诉讼中当庭辩称虽应胡波要求打借条却未实际收到借款 80 万元，双方不存在借贷关系，该借条与自己担保的债务无关，该辩解能否成立呢？依据我国《合同法》第二百一十条"自然人之间的借款合同，自贷款人提供借款时生效。"之规定，自然人之间的借款合同是实践性合同，不仅需要借贷双方达成借贷合意，还需要出借人实际提供借款才能达成民间借贷法律关系。原告胡波仅持被告刘佳明借条要求其履行保证责任，并未主张 80 万元债权，而被告刘佳明亦辩称其应胡波要求虽打借条却未实际收到借款 80 万元，故双方因既无借贷合意，又无实际提供借款行为而未形成民间借贷法律关系。但被告刘佳明作为完全民事行为能力人，在未向原告胡波借款的情况下，却应其要求出具借条，其辩称该借条与自己担保的债务无关显然与情理不相符。故原告在主债务履行期届满之日起 6 个月内要求被告刘佳明对所欠款项打借条，应认定其要求保证人刘佳明承担保证责任；而被告刘佳明虽在借条上未提及其所担保的债务，亦未载明原告胡波要求其履行保证责任的意思表示，但其应债权人胡波要求出具借条，双方又未发生借贷法律关系，故该借条应认定其愿意承担保证责任的意思表示。根据《担保法》第三十一条"保证人承担保证责任后，有权向债务人追偿"之规定，被告刘佳明承担保证责任后，有权向被告陕西鼎一酒业有限公司追偿。

编写人：陕西省汉中市汉台区人民法院　张芳

48

主合同无效情形下保证合同的效力及
保证合同无效后责任承担

——浙江金汇钢业股份有限公司诉中国银行股份有限公司玉环支行保证合同案

【案件基本信息】

1. 裁判书字号

浙江省台州市中级人民法院（2014）浙台商终字第 688 号民事判决书

2. 案由：保证合同纠纷

3. 当事人

原告（被上诉人）：浙江金汇钢业股份有限公司

被告（上诉人）：中国银行股份有限公司玉环支行

【基本案情】

2007 年 8 月 3 日、2008 年 5 月 12 日、2008 年 5 月 15 日中国银行股份有限公司玉环支行分三次与台州韦正转向系统有限公司签订三份人民币借款合同，借款金额分别为 100 万元、80 万元和 120 万元，由浙江金汇钢业股份有限公司提供担保，双方签订最高额保证合同。贷款到期后，台州丰正转向系统有限公司未按约如期偿还借款，中国银行股份有限公司玉环支行随后分别于 2008 年 8 月 4 日、11 日和 14 日从浙江金汇钢业股份有限公司账户内分六次扣划 984915.03 元、9661.36 元、800000 元、8935.20 元、1200000 元和 14191.20 元。随后于 2008 年 9 月 10 日浙江金汇钢业股份有限公司法定代表人潘法某向玉环县公安局报案，案经侦查、公诉，2014 年 5 月 22 日，台州丰正转向系统有限公司法定代表人石华某因骗取贷款罪被玉环法院判处有期徒刑一年，缓刑一年六个月。其中查明台州丰正转向系统有限公司骗取贷款其中 20 万元用于出借被告工作人员陈水某，其余资金主要用于支付原告贷款（原告认可贷款十几万元）、加工费、厂房租赁费、工资和新建在芜湖县的厂房。浙江金汇钢业有限公司认为台州丰正转向系统有限公司法定代表人因骗取贷款罪获刑，因此，台州丰正转向系统有限公司与被告签订的借款合同无效，原、被告之间的担保合同因主合同无效而无效，故原告不需承担担保责任。且被告未经原告同意、授权，擅自扣划原告存于被告处的款项用于偿还借款本息，应承担返还的责任。而中国银行股份有限公司玉环支行认为现是台州丰正转向系统有限公司法定代表人被判处刑罚，而非台州丰正转向系统有限公司构成犯罪，借款合同应属有效；即便构成犯罪，借款合同也并不一定无效，借款合同有效，担保合同同样有效；即使借款合同无效，根据保证合同约定，保证合同并不因借款合同无效而无效。故保证合同有效，浙江金汇钢业有限公司应承担担保责任。银行扣款时间分别于 2008 年 8 月 4 日、11 日和 14 日，浙江金汇钢业股份有限公司现主张返还也已经超过了诉讼时效。

【案件焦点】

借款合同作为主合同无效后保证合同是否仍然有效，保证合同无效后保证人是否需要承担责任。

【法院裁判要旨】

浙江省台州市玉环县人民法院经审理认为：被告提供的证据并不能证明原告同意被告扣划；且被告并未提供证据证明已向原告发送还款通知。故认定被告系在未经通知、双方协商的情况下，擅自扣划原告款项用于偿还贷款。根据玉环县人民法院（2014）台玉刑初字第 22 号刑事判决书及石华某、李某、陈水某在公安机关的陈述可以证实被告工作人员陈水某作为被告发放贷款的审核人员，应当履行而未履行审核借款人提供的财务报表真实性的职责，故认定被告中国银行股份有限公司玉环支行对台州丰正转向系统有限公司伪造财务报表骗取贷款的事实应当知道，而与台州丰正转向系统有限公司签订借款合同，行为人涉及骗取贷款罪的借款合同属于以合法形式掩盖非法目的的合同，应认定为无效合同，相应的附属于该合同的最高额保证合同受主合同效力影响也应认定为无效。对于保证合同另有约定的，按照约定应理解为担保合同当事人对担保合同无效后，合同双方当事人对各自责任承担作出约定，有约定的从其约定。未对双方承担责任作出约定的根据《最高人民法院关于适用〈中华人民共和国担保法〉若干问题的解释》第八条的规定按过错承担缔约过失责任，而不再承担担保责任。据此，依据《中华人民共和国合同法》第五十二条第三项，《中华人民共和国担保法》第五条，《最高人民法院关于适用〈中华人民共和国担保法〉若干问题的解释》第八条之规定，判决如下：限被告中国银行股份有限公司玉环支行于本判决生效后十日内返还原告浙江金汇钢业股份有限公司代偿款人民币 2011801.86 元，并赔偿利息损失（自 2008 年 8 月 14 日起算至判决确定履行之日止，按中国人民银行规定的同期同类贷款基准利率计算）。

被告人持原审意见提起上诉。浙江省台州市中级人民法院审理认为原判认定事实清楚，证据充分，判决得当，予以维持。依照《中华人民共和国民事诉讼法》第一百七十条第一款第（一）项之规定，判决如下：

驳回上诉，维持原判。

【法官后语】

主合同无效的情形下保证合同的效力问题以及保证合同无效后责任承担问题一直是目前我国商事审判的两大难点。

一方面，根据我国《担保法》第五条第一款规定："担保合同是主合同的从合同，主合同无效，担保合同无效。担保合同另有约定的，按照约定"其中的"担保合同是主合同的从合同，主合同无效，担保合同无效"明确了主合同与从合同之间的从属关系，保证合同的效力受主合同效力的影响，主合同在被确定无效的情形下，保证合同也随之无效。另一方面对于其中"担保合同另有约定的，按照约定"的规定是否是对担保合同效力问题的规定，争议较大。

我国《担保法》第五条第一款规定对于担保合同与主合同之间的从属关系，已属明确。对于担保合同效力从于主合同效力规定已属明确。在合同中约定担保合同效力独立于主合同的做法割裂了主从合同之间的从属关系，其与担保法明确主从合同关系的规定相背。将"担保合同另有约定的，按照约定"规定及于担保合同效力的规定超出了担保法允许的意思自治范畴，故在司法实践中保证合同双方当事人约定保证合同效力不受主合同效力影响，其保证合同仍然有效的约定不能被认可；基于我国《担保法》第五条第一款的规定，《最高人民法院关于适用〈中华人民共和国担保法〉若干问题的解释》第八条规定，主合同无效而导致担保合同无效，担保人有过错的，担保人承担民事责任的部分，不应超过债务人不能清偿部分的三分之一。该条解释规定不仅再次明确了担保合同作为从合同效力受主合同影响，同时明确了担保人在存在过错的情况下其承担的也不再是保证责任，而是相应的民事责任，且对责任承担的比例作出了规定。在《担保法》的规定中并没有对担保合同失效后责任承担的问题有过明确的规定，故"担保合同有约定的，按照约定"的规定应理解为是对担保合同责任承担合同双方当事人有约定的，可以从其约定。对于担保法适用的理解都应以担保法存在的目的为前提，即理解担保合同虽是相对独立于被担保的合同，但其是对责任财产的补充，是为促使债权人债权得以实现产生的补充合同。其与被担保合同即主合同之间的从属关系应当明确。因此，对担保法及其解释的理解与适用都不应割裂两者之间的关系为前提。所以，将《担保法》第五条第一款与《最高人民法院关于适用〈中华人民共和国担保法〉若干问题的解释》第八条规定结合起来，应当认定"担保合同有约定的，从其约定"的规定是对在担保合同无效的情形下双方责任承担有约定的，从其约定的规定。

编写人：浙江省台州市玉环县人民法院　应一豪

49

保证人承担保证责任的范围应以主债务为限

——刘军诉彭静、邓建华民间借贷案

【案件基本信息】

1. 裁判书字号

四川省成都市中级人民法院（2014）成民终字第 5894 号民事判决书

2. 案由：民间借贷纠纷

3. 当事人

原告（被上诉人）：刘军

被告（上诉人）：彭静

被告：邓建华

【基本案情】

2012 年 4 月 17 日，刘军与邓建华、彭静签订《借款合同》约定：邓建华因流动资金周转向刘军借款 50 万元，期限从 2012 年 4 月 17 日至 2012 年 6 月 16 日；彭静对邓建华的借款提供连带责任保证担保，保证范围包括借款本息、滞纳金、违约金、损害赔偿金和实现债权的一切费用［包括诉讼费、律师费（按借款金额的 4%支付）、执行费、差旅费等相关费用］，且彭静自愿放弃抗辩权，保证期间为两年；如邓建华逾期还款，刘军除对借款期限内的两个月按一年期商业贷款利率的四倍计收利息外，逾期仍按前款标准计收利息至实际结清本息之日，并从逾期之日起以该笔借款总额每日万分之五计收滞纳金至实际结清本息之日止，邓建华还应支付借款总额 20% 的违约金、损害赔偿金和实现债权的一切费用。同日，刘军、邓建华与彭静签订《个人保证合同》约定：彭静为邓建华的上述借款提供连带担保，保证人不承担保证责任或违反合同约定的其他义务的，保证人应按借款金额的 15% 向债权人支付违约金，债权人损失超过前述违约金的，保证人还应足额赔偿债权人的全部损失。同日，邓建华出具收到刘军委托他人转账支付 50 万元的收据。借款到期后，因邓建华、彭静未履行还本付息义务，刘军遂支付律师费 4 万元聘请律师，诉至成都市武侯区人民法院，请求判令：1. 邓建华返还借款本金 50 万元，并按银行同期贷款利率的四倍支付从 2012 年 9 月 17 日起至付清之日止的利息；2. 邓建华支付违约金 10 万元、律师费 4 万元；3. 彭静对上述债务承担连带保证责任；4. 彭静向刘军支付违约金 7.5 万元。

【案件焦点】

保证人彭静应否在主债务之外依据保证合同的约定另行向债权人刘军给付违约金，即保证人承担保证责任的范围能否超过主债务。

【法院裁判要旨】

四川省成都市武侯区人民法院经审理认为：刘军与邓建华、彭静签订的《借款合同》《个人保证合同》均系各方的真实意思表示，不违反法律、行政法规的强制性规定，合法有效。邓建华向刘军借款 50 万元，刘军多次催收未果，故刘军要求归还借款 50 万元的理由成立。借款合同约定，如邓建华逾期还款，刘军除对借款期内的两个月按一年期商业银行贷款利率的四倍计收利息外，逾期仍按前款标准计收利息至实际结清本息之日，同时邓建华应向刘军支付借款总额 20% 的违约金。对此，因违约金的实质是弥补刘军提供借款所产生的资金利息损失，该损失已有银行同期贷款利率四倍的利息予以弥补，故对刘军要求支付违约金的请求不予支持。借款合同约定按借款金额的 4% 即 2 万元支付律师费，故刘军为追索借款聘请律师，要求邓建华在 2 万元范围内支付律师费的理由成立，对超出部分不予支持。彭静作为连带保证人，应对邓建华的上述债务依约承担连带责任保证。《个人保证合同》约定，保证人不承担保证责任或违反本合同约定的其他义务的，保证人应按借款金额的 15% 向债权人支付违约金。彭静认为该违约金过高，一审法院综合考虑借款时间、利息起算时间等因素，酌定该违约金调整为 5 万元，对刘军诉请的超出部分不予支持。据此，武侯区人民法院依照《中华人民共和国合同法》第六十条第一款、第一百一十四条、第一百九十六条、第二百零七条、《中华人民共和国担保法》（以下简称《担保法》）第二十一条第一款之规定，判决：一、邓建华于判决生效之日起十日内归还刘军借款 50 万元；二、邓建华于判决生效之日起十日内支付刘军利息（以 50 万元为基数，从 2012 年 9 月 17 日起按照人民银行同期贷款利率的四倍计算至本判决确定的付款之日止）；三、邓建华于判决生效之日起十日内支付刘军律师费 2 万元；四、彭静对邓建华承担的上述付款义务承担连带清偿责任；五、彭静于判决生效之日起十日内支付刘军违约金 5 万元；六、驳回刘军的其他诉讼请求。案件受理费 10950 元，由邓建华、彭静承担。

彭静对该判决不服，向四川省成都市中级人民法院提起上诉。

四川省成都市中级人民法院经审理认为：本案二审争议焦点为保证人彭静应否在主债务之外依据保证合同的约定另行向债权人刘军给付违约金，即保证人承担保证责任的范围能否超过主债务。首先，根据《担保法》第二十一条"保证担保的范围包括主债权及利息、违约金、损害赔偿金和实现债权的费用。保证合同另有约定的,按照约定。当事人对保证担保的范围没有约定或者约定不明确的,保证人应当对全部债务承担责任。"之规定,保证人承担保证责任的范围优先适用保证合同的约定,未约定或约定不明则对被保证人的全部债务承担责任。保证合同对保证责任范围的约定,虽实行意思自治,但因保证合同是主合同的从合同,保证责任是主债务的从债务,基于从属性原则,保证责任的范围及强度不能超过主债务的范围及强度;其次,如果允许保证责任超过主债务的范围,将违反保证责任的从属性规则,可能产生滥用权利的后果;第三,保证责任超过主债务的部分,使债权人获得从主债务人处不能获得的利益,保证人对该部分承担后无法对主债务人追偿,对保证人产生不公平的结果。

综上,保证责任的范围及强度以主债务为限,原审认定事实清楚,但判决保证人彭静在主债务之外承担违约责任不当,本院予以纠正。据此,依照《中华人民共和国合同法》第六十条第一款、第一百九十六条、第二百零七条,《担保法》第五条第一款、第二十一条第一款、第三十一条,《中华人民共和国民事诉讼法》第一百七十条第一款第(二)项之规定,判决:

一、撤销(2013)武侯民初字第 3635 号民事判决;

二、邓建华归还刘军借款 50 万元并支付利息(以 50 万元为基数,按照中国人民银行公布的金融机构同期同档贷款基准利率的 4 倍,从 2012 年 9 月 17 日起计算至本判决确定的付款之日止),此款于本判决发生法律效力之日起十日付清;

三、邓建华于本判决生效之日起十日内支付刘军律师费 2 万元;

四、彭静对第二、三项承担连带责任。彭静承担责任后,有权向邓建华追偿;

五、驳回刘军的其他诉讼请求。如果未按本判决指定的期间履行给付金钱义务,应当依照《中华人民共和国民事诉讼法》第二百五十三条之规定,加倍支付迟延履行期间的债务利息。一审案件受理费 10950 元,由刘军承担 1500 元,邓建华、彭静承担 9450 元;二审案件受理费 1050 元,由刘军承担。

【法官后语】

本案保证人彭静对主债务承担连带责任无异议,争议在于保证人应否依据保证合同的特别约定向债权人给付主债务之外的违约金,即保证人承担保证责任的范围能否超过主债务。此问题在二审中争议极大,有两种截然相反的观点:

第一种观点认为，1. 我国的法律、司法解释并未规定保证责任的范围不能超过主债务，故保证责任的范围属于债权人与保证人意思自治的范畴，只要不违反法律的禁止性规定，则合法有效。2. 本案当事人在保证合同中约定了保证人不承担保证责任时应按借款金额的15%即7.5万元向债权人支付违约金，根据《担保法》第21条第1款"保证担保的范围包括主债权及利息、违约金、损害赔偿金和实现债权的费用。保证合同另有约定的，按照约定。"之规定，该特别约定合法，对当事人具有约束力，一审法院将其调整为5万元适当。故一审法院判决正确，应予维持。

第二种观点认为，保证责任的范围虽然可以由债权人与保证人协商确定，但因保证责任是主债务的从债务，基于从属性原则，保证责任的范围及强度不能超过主债务的范围及强度，超过部分应缩减至主债务的限度，故保证人对超过主债务的7.5万元违约金无需承担，二审应改判支持上诉请求。

司法实践中，持第一种观点者属多数，实有探讨之必要。保证债务是主债务的从债务，当事人对保证债务的约定需受制于主债务，不得超过主债务的范围，超过部分应缩减至主债务，二审法院据此改判保证人不承担主债务范围外的违约责任。

编写人：四川省成都市中级人民法院　王长军

三、抵 押

50

合同流质条款无效时，抵押权效力应如何认定

——王辉、李巧婷诉刘新增抵押合同案

【案件基本信息】

1. 裁判书字号

福建省龙岩市中级人民法院（2013）岩民终字第 844 号民事判决书

2. 案由：抵押合同纠纷

3. 当事人

原告（反诉被告、被上诉人）：王辉、李巧婷

被告（反诉原告、上诉人）：刘新增

【基本案情】

2010 年 6 月 4 日，二原告因需要归还信用社借款和其他民间借款等原因，向被告借款 220 万元，双方为此订立了《借款协议书》约定：二原告向被告借现金 220 万元，期限为一年，自 2010 年 6 月 4 日起至 2011 年 6 月 3 日止。二原告自愿将位于武平县农贸市场土地使用证号分别为武国用（1995）字第 0611 号和武国用（2008）字第 0094 号的两幢房屋抵押给被告，为降低被告资金风险，二原告同意将房屋过户至被告名下。如借款期满未归还本金和利息，二原告同意将两幢房屋计价 220 万元（含过户费用）转让给被告，多还少补。借款期间，二原告应承担利息和资金占用费 1584000 元，被告可凭已办理的房产手续到相应的金融部门办理房产抵

押贷款，但不影响二原告借款期满归还本息后房屋过户手续。

协议订立后，被告按照《借款协议书》约定向二原告支付了 220 万元。2010 年 6 月 8 日，二原告与被告签订二份《房屋买卖合同》，二原告将用于抵押担保的二幢房屋的产权证过户至被告名下，办理了户名为刘新增的武房权证 2010 字第 00651 号和武房权证 2010 字第 00650 号房屋所有权证。借款期间，王辉、李巧婷未依约支付利息和资金占有费。借款到期后，二原告未归还借款本息。

【案件焦点】

合同流质条款无效时，抵押权效力应如何认定。

【法院裁判要旨】

福建省龙岩市武平县人民法院经审理认为：一、抵押权设立时至债务履行期届满前，抵押权人和抵押人约定在主债权清偿期届满债权人未受清偿时，抵押人将其抵押财产的所有权转移为债权人的约款为流质契约。原、被告于 2010 年 6 月 4 日订立的《借款协议书》中"如借款期满未归还本金和利息，乙方同意将两幢房屋计价 220 万元（含过户费用）转让给甲方，多还少补"的内容是流质契约，违反了《物权法》第一百八十六条关于禁止抵押权流质契约的规定，因此该条款的内容是无效的。原、被告于 2010 年 6 月 8 日签订的两份买卖合同是依照《借款协议书》约定的抵押方式签订的，即为将抵押的房产过户给被告而签订的买卖合同，并没有发生真实的买卖关系。所以，《借款协议书》中约定的抵押房产（即武平县平川镇农贸市场 03 号、07 号二幢房屋）产权并未发生转让，该房产仍属于为二原告共同所有。二、原、被告之间的借款事实清楚，房产抵押协议虽未进行登记，但是双方真实的意思表示，且不违反法律、行政法规的强制性规定，抵押借款协议成立生效。原告王辉、李巧婷欠被告借款及利息应当清偿。原、被告在《借款协议书》中约定的利息过高，被告主张按中国人民银行同期贷款基准利率四倍计算利息，符合法律规定，且二原告对被告要求原告王辉、李巧婷归还借款 220 万元及利息的反诉请求没有异议，本院依法予以支持。抵押权因未办理抵押登记而没有设立，被告对抵押物主张优先权，依法不予支持。综上，原告的诉讼请求依法予以支持，被告的反诉请求部分予以支持。

福建省龙岩市武平县人民法院依照《中华人民共和国民法通则》第九十条、第一百零八条,《中华人民共和国物权法》第十五条、第一百八十条、第一百八十六条、第一百八十七条,最高人民法院《关于人民法院审理借贷案件的若干意见》第六条①,最高人民法院关于适用《中华人民共和国担保法》若干问题的解释第五十七条第一款的规定,判决如下:

一、原告王辉、李巧婷与被告刘新增于 2010 年 6 月 4 日所订立的《借款协议书》中的"如借款期满未归还本金和利息,乙方同意将两幢房屋计价 220 万元(含过户费用)转让给甲方,多还少补"内容无效。

二、武平县平川镇农贸市场 03 号、07 号二幢房屋的产权属于原告王辉、李巧婷共同所有。

三、原告王辉、李巧婷应于本判决生效之日起十五日内清偿被告刘新增借款 220 万元及自 2010 年 6 月 4 日起至本判决确定的履行日止按中国人民银行同期同类贷款利率四倍计算的利息。

四、驳回被告刘新增的其他反诉请求。

被告刘新增提起上诉,福建省龙岩市中级人民法院经审理查明,双方当事人对一审认定的事实均无异议,对双方无异议的事实本院予以确认。另查明,上诉人在办理了户名为刘新增的武房权证 2010 字第 00651 号和武房权证 2010 字第 00650 号房屋所有权证后,经被上诉人同意又将讼争房抵押给了案外人武平县天裕小额贷款股份有限公司,(办理了抵押登记)并向其借款 150 万元。另查明,讼争房屋仍由被上诉人居住使用。

福建省龙岩市中级人民法院经审理认为:2010 年 6 月 4 日双方订立的《借款协议书》中"如借款期满未归还本金和利息,乙方同意将两幢房屋计价 220 万元(含过户费用)转让给甲方,多还少补"的内容是属流质契约。流质契约为我国法律所禁止,故一审认定该条款内容无效正确。本案中,由于讼争的房屋经被上诉人同意已由上诉人抵押给了案外人武平县天裕小额贷款股份有限公司并办理了抵押登记,

---

① 已失效,对应 2015 年公布的《最高人民法院关于审理民间借贷案件适用法律若干问题的规定》第二十六条规定:"借贷双方约定的利率未超过年利率 24%,出借人请求借款人按照约定的利率支付利息的,人民法院应予支持。借贷双方约定的利率超过年利率 36%,超过部分的利息约定无效。借款人请求出借人返还已支付的超过年利率 36% 部分的利息的,人民法院应予支持。"

在讼争房屋尚未解除抵押登记的情况下，原审判决讼争房屋属于被上诉人王辉、李巧婷共同所有，与已办理登记的抵押权相冲突，原审适用法律错误，本院予以纠正。上诉人依无效条款过户取得的房屋应当返还。根据《中华人民共和国物权法》第六条"不动产物权的设立、变更、转让和消灭，应当依照法律规定登记。动产物权的设立和转让，应当依照法律规定交付"和第九条"不动产物权的设立、变更、转让和消灭，经依法登记，发生效力……"的规定，不动产物权的返还应通过办理转移登记来实现。在讼争房屋依无效合同条款过户登记给刘新增后，被上诉人王辉、李巧婷应依《中华人民共和国合同法》关于合同责任的规定另行向刘新增主张权利，而不能直接主张讼争房屋归其所有。根据《中华人民共和国民法通则》第四条"民事活动应当遵循自愿、公平、等价有偿、诚实信用的原则"的规定。本案双方若遵守诚实信用原则确实履行双方所签订的《借款协议书》的有效条款，上诉人要求的"优先受偿权"和被上诉人要求的"所有权"均能实现，而在法律所规定的条件尚未成就的情况下，双方对此的主张，本院均不予支持。对于原审判决王辉、李巧婷应向刘新增偿还借款 220 万元及相应利息，双方均无异议，本院予以维持。

福建省龙岩市中级人民法院根据《中华人民共和国物权法》第六条、第九条及《中华人民共和国民事诉讼法》第一百七十条第一款第（一）、（三）项的规定，判决如下：

一、维持武平县人民法院（2013）武民初字第 6 号民事判决第一、三、四项，即第一项为"原告王辉、李巧婷与被告刘新增于 2010 年 6 月 4 日所订立的《借款协议书》中的'如借款期满未归还本金和利息，乙方同意将两幢房屋计价 220 万元（含过户费用）转让给甲方，多还少补'内容无效"；第三项为"原告王辉、李巧婷应于本判决生效之日起十五日内清偿被告刘新增借款 220 万元及自 2010 年 6 月 4 日起至本判决确定的履行日止按中国人民银行同期同类贷款利率四倍计算的利息"；第四项为"驳回被告刘新增的其他反诉请求"。

二、撤销武平县人民法院（2013）武民初字第 6 号民事判决第二项，即第二项为"武平县平川镇农贸市场 03 号、07 号二幢房屋的产权属于原告王辉、李巧婷共同所有"。

三、驳回被上诉人王辉、李巧婷的其他诉讼请求。

【法官后语】

《物权法》第一百八十六条规定："抵押权人在债务履行期届满前，不得与抵押人约定债务人不履行到期债务时抵押财产归债权人所有。"《担保法》第四十条规定："订立抵押合同时，抵押权人和抵押人在合同中不得约定在债务履行期届满抵押权人未受清偿时，抵押物的所有权转移为债权人所有。"以上关于流质契约禁止的规定，表明了我国立法对流质契约的严格禁止态度。准确理解该条规定的含义，对于我们正确处理抵押合同当事人的相互关系，实现当事人利益的平衡，保护市场交易秩序都具有重要意义。

但流质契约无效并非指整个担保合同无效。如果该内容的无效不影响担保合同其他内容的效力，担保合同其他部分内容仍是有效的。《最高人民法院关于适用〈中华人民共和国担保法〉若干问题的解释》第五十七条第一款规定："当事人在抵押合同中约定，债务履行期届满抵押权人未受清偿时，抵押物的所有权转移为债权人所有的内容无效。该内容的无效不影响抵押合同其他部分内容的效力。"根据上述规定，如果该流质契约的内容无效并不影响抵押合同其他内容的效力，抵押合同其他部分内容仍是有效的。本案原、被告之间的借款事实清楚，房产抵押协议虽未进行登记，但是双方真实的意思表示，且不违反法律、行政法规的强制性规定，抵押借款协议成立生效。原告王辉、李巧婷欠被告借款 220 万元及利息应当清偿。

《物权法》第一百八十条规定："债务人或者第三人有权处分的下列财产可以抵押：（一）建筑物和其他土地附着物……"；第一百八十七条规定："以本法第一百八十条第一款第一项至第三项规定的财产或者第五项规定的正在建造的建筑物抵押的，应当办理抵押登记。抵押权自登记时设立。"本案中，由于讼争的房屋经二原告同意已由被告抵押给了案外人武平县天裕小额贷款股份有限公司并办理了抵押登记，在讼争房屋尚未解除抵押登记的情况下，判决讼争房屋属于原告王辉、李巧婷共同所有，与已办理登记的抵押权相冲突。但刘新增依无效条款过户取得的房屋应当返还。根据《物权法》第六条"不动产物权的设立、变更、转让和消灭，应当依照法律规定登记。动产物权的设立和转让，应当依照法律规定交付"和第九条"不动产物权的设立、变更、转让和消灭，经依法登记，发生效力……"的规定，不动产物权的返还应通过办理转移登记来实现。在讼争房屋依无效合同条款过户登记给刘新增后，王辉、李巧婷应依《合同法》关于合同责任的规定另行向刘新增主张权利，而不能直接主张讼争房屋归其所有。

编写人：福建省龙岩市武平县人民法院　王立音

51

未办理抵押登记的合同责任认定

——简易诉南宁市天一包装制品有限公司等借款合同案

【案件基本信息】

1. 裁判书字号

广西壮族自治区南宁市青秀区人民法院（2013）青民二初字第1139号民事判决书

2. 案由：借款合同纠纷

3. 当事人

原告：简易

被告：南宁市天一包装制品有限公司（以下简称天一公司）、黄智英、廖平秀

【基本案情】

被告黄智英与被告廖平秀系夫妻关系。2011年9月22日，原告简易（甲方，债权人）与被告天一公司（乙方，债务人）、被告黄智英、廖平秀（丙方，担保人）共同签订一份《借款合同》，该合同约定："1、丙方黄智英愿意提供位于灵山县县城区环秀路（大花坛）房产（面积：270平方米）、土地（面积：67.5平方米）为乙方作担保，同意乙方向甲方借款人民币贰佰贰拾万元整（以实际发生借款借据为准）。2、借款期限自2011年9月22日至2011年10月21日（以实际放款之日起至实际还完全部本息之日止）。……9、抵押担保：（2）丙方黄智英名下位于灵山县县城区环秀路（大花坛）房产［房权证灵房字第200515×××号］、土地［灵国用（2009）第01－×××号］为抵押担保物，房产及土地作价为人民币贰佰

贰拾万元整（￥2200000.00），以上全部抵押物的最终价值以抵押权实现时实际处理抵押物的净收入为准；（3）担保责任范围：本合同项下抵押担保的范围包括全部借款本金、借款费用以及诉讼费等债权人实现债权的一切费用；（6）抵押担保期限从乙方借款当日起至乙方还清甲方借款本金及其他有关费用止。"原告简易作为债权人在该合同上签字确认，被告天一公司亦加盖了公章，被告黄智英、廖平秀在担保人一栏签字确认。同日，被告天一公司向原告出具一张《借条》，该借条载明："今借到简易（身份证号码：450102××××）人民币贰佰贰拾万元整（￥2200000.00），借款期限自 2011 年 9 月 22 日至 2011 年 10 月 21 日，我公司承诺按借款合同之约定使用该笔借款，并用广西北部湾银行贷款及公司经营收入归还此笔借款及支付借款费用。"被告黄智英、廖平秀在该借条的担保人一栏签字确认。合同签订之后，原告依约向被告天一公司出借了 2200000 元。原告与三被告未就抵押事宜办理抵押登记手续。借款期限届满后，被告天一公司未向原告偿还本金，被告黄智英、廖平秀亦未履行担保义务。原告追索未果，遂诉至法院要求被告天一公司承担还款责任，被告黄智英、廖平秀则承担连带清偿责任。被告天一公司对欠款事实无异议，而被告黄智英认为涉案抵押物没有办理抵押登记手续，抵押权未设立，其承担的至多是在抵押物担保范围内的补充清偿责任，被告廖平秀则主张其只是作为抵押物共有人在合同上签字确认，不是保证人，不应承担连带责任与抵押担保责任。

【案件焦点】

抵押物未办理抵押登记，抵押人应承担缔约过失责任抑或违约责任，承担的是连带责任抑或补充责任。

【法院裁判要旨】

广西壮族自治区南宁市青秀区人民法院经审理认为：原告与三被告签订的《借款合同》为有效合同，各方当事人均应恪守。原告已依约向被告天一公司提供了借款，而被告天一公司不按照约定还款，尚欠借款本金 2200000 元。故原告要求被告偿还前述借款本金的诉请，于法有据，予以支持。

关于被告黄智英、廖平秀的担保责任问题。根据《借款合同》第 9 条的约定，被告黄智英、廖平秀为被告天一公司借款提供担保的性质为"抵押担保"，故被告黄智英、廖平秀的担保性质应为抵押担保。虽然抵押房产并未办理抵押权登记，但根据《中华人民共和国物权法》第十五条之规定，未办理物权登记的，不影响合同效力，故被告黄智英、廖平秀与原告之间的抵押合同成立并生效。另根据《中华人民共和国物权法》第一百八十七条之规定，抵押权自登记时设立，本案中，因未依法对被告黄智英、廖平秀提供的抵押物办理登记手续，故本案中原告享有的抵押权未设立。又因原告享有的抵押权未成立系因被告黄智英、廖平秀不配合原告办理抵押登记导致，故其应向原告承担相应的违约责任，即以其提供的房产、土地的价值范围内，对被告天一公司的债务承担补充清偿责任。

广西壮族自治区南宁市青秀区人民法院依照《中华人民共和国合同法》第六十条第一款、第一百零七条，《中华人民共和国物权法》第十五条、第一百七十八、第一百八十七条，《中华人民共和国民事诉讼法》第六十四条之规定，作出如下判决：

一、被告南宁市天一包装制品有限公司向原告简易偿还借款本金2200000元；

二、被告黄智英、廖平秀以其权属的位于灵山县县城区环秀路（大花坛）房产（房权证灵房字第200515×××号）、土地［灵国用（2009）第01-×××号］的价值范围内对被告南宁市天一包装制品有限公司的上述第一项债务承担补充清偿责任。

【法官后语】

本案涉及抵押物未办理抵押登记时抵押人的责任问题。即抵押物未办理抵押登记，抵押人应承担缔约过失责任抑或违约责任的问题，及承担的是连带责任抑或补充责任的问题。

第一个问题，抵押物未办理抵押登记，抵押人应承担缔约过失责任抑或违约责任的问题。在《物权法》（以下简称《物权法》）颁布前，根据《担保法》第四十一条、第四十二条的规定，当事人以城市房地产抵押的，应当办理抵押物登记，抵押合同自登记之日起生效。而在《物权法》颁布之后，根据《物权法》第十五条规定："当事人之间订立有关设立、变更、转让和消灭不动产物权的合同，除法律另有规定或者合同另有约定外，自合同成立时生效；未办理物权登记的，不影响合同效力。"根据新法优于旧法的法律适用原则，本案中虽然原、被告双方未就抵押物办理登记，但不影响抵押合同的效力，又因为抵押人的原因导致抵押权未设立，故抵押人应承担合同的违约责任。

第二个问题，抵押人要承担的是违约责任，应承担的是连带责任抑或补充责任的问题。根据《民法通则》第一百一十一条的规定，当事人一方不履行合同义务或者履行合同义务不符合约定条件的，另一方有权要求履行或者采取补救措施，并有权要求赔偿损失。本案中，原告要求抵押人依照抵押合同承担合同上的担保义务，即要求抵押人承担的是赔偿损失的责任形式。该责任应以债权人存在实际损失为前提，在主债务人未清偿债务的情况下，债权人的损失并未实际发生，仅存在发生损失的盖然性，只有主债务人经执行程序仍不能清偿债务时，损失才确定发生，债权人才有理据要求抵押人承担赔偿责任。因此，对未办理抵押登记的抵押人的赔偿责任属于先诉抗辩权的补充责任。另，依据《合同法》第一百一十三条的规定，当事人一方不履行合同义务或者履行合同义务不符合约定，给对方造成损失的，损失赔偿额应当相当于因违约所造成的损失，包括合同履行后可以获得的利益，但不得超过违反合同一方订立合同时预见到或者应当预见到的因违反合同可能造成的损失。本案中债权人可以预见的损失是在债务不得清偿时不能对抵押物经处置的价款行使优先受偿权，故本案中抵押人的补充责任应以抵押物价值为限。

编写人：广西壮族自治区南宁市青秀区人民法院　罗春海　覃斯

52

农村集体土地上的房屋能否用于抵押

——重庆市南川区石银村镇银行股份有限公司诉熊代强、程在利金融借款合同案

【案件基本信息】

1. 裁判书字号

重庆市南川区人民法院（2014）民初字第 00626 号民事判决书

2. 案由：金融借款合同纠纷

3. 当事人

原告：重庆市南川区石银村镇银行股份有限公司

被告：熊代强、程在利

【基本案情】

被告熊代强因经营药店缺乏流动资金，申请向原告方贷款，双方于 2012 年 11 月 1 日协商签订了借款合同。借款合同约定了贷款金额、贷款期限、利率、利息支付、贷款本金的还款方式、违约责任约定等内容；合同担保条款约定，由被告程在利合法所有别墅房为被告熊代强借款所生债务提供抵押担保。此后，原告依照合同约定履行了给付贷款本金的义务。合同约定的还款期限届满后，被告熊代强未按合同约定偿还原告贷款本金、利息、罚息、复利。原告请求法院判令二被告按合同约定承担违约责任及担保责任。

被告程在利认为作为担保物的房屋所附着的土地是集体土地，因此抵押合同无效；本案抵押合同上的担保期限已过，程在利也不应当再承担担保责任等答辩理由。

【案件焦点】

原告享有的对被告程在利房屋的抵押权是否有效。

【法院裁判要旨】

重庆市南川区人民法院经审理认为：对于程在利提出的集体土地上的房屋不能用于抵押的问题。我国法律并未对集体土地上的房屋设定抵押权作出明确的禁止性规定，本案中，原告出示了有原告和程在利签章确认的《重庆市房地产抵押合同》，并已经重庆市南川区土地房屋登记部门登记，符合法律规定的不动产抵押权生效要件，原告方享有的抵押权合法有效。

综上所述，被告程在利答辩的抵押合同无效、抵押权过期的理由于法无据，本院不予支持，其仍应当在本案中承担抵押担保的责任。

由于庭审中，被告熊代强承认借款已挪作他用并未用于购买药材，本案原告要求被告依据《借款合同》相应的违约责任，本院予以支持。

依照《中华人民共和国合同法》第二百零六条、第二百零七条,《中华人民共和国担保法》第三十三条,《最高人民法院关于适用〈中华人民共和国担保法〉若干问题的解释》第十二条的规定,判决如下:

一、限被告熊代强在本判决生效后立即偿还原告重庆市南川区石银村镇银行股份有限公司的借款及 2014 年 2 月 28 日前的利息。

二、限被告熊代强在本判决生效后立即偿还下差原告重庆市南川区石银村镇银行股份有限公司 2014 年 3 月 1 日以后的借款利息。

三、被告熊代强如果未能按期履行上述第一、二项判决中规定的还款义务,原告重庆市南川区石银村镇银行股份有限公司有权就拍卖、变卖程在利所有的重庆市南川区南城街道松林一组的房屋所得的价款在上述第一、二项判决中规定的范围内优先受偿。

【法官后语】

本案中对于被告程在利所有的农村宅基地上的房屋能否抵押,我们的意见是农村房屋可以设定抵押。

其一,我国法律法规对农村房屋所有权转移及其附着的宅基地使用权转移、抵押等有着严格的规定,但是没有绝对禁止。对农村房屋的设定抵押权,现实中成都、重庆等地方也出台一些管理办法、细则等进行细化规定,例如《重庆市农村居民房屋抵押登记实施细则(试行)》(渝国土房管发〔2011〕23 号)等规定内容说明了重庆农村房屋抵押实行的是"地随房走"的原则。

其二,合理看待现有农村土地包括宅基地及农村房屋的生存保障、社会公平、维系稳定的作用。随着经济社会的发展,农民向经济发达地区转移,人口城镇化使得农民对宅基地及附着之上的房屋的依附性程度值得考量。农民生产经营的多样性使他们对房屋的需求也不局限于基本的生存、生活保障,更多的希望房屋具有包括抵押融资等功能。

其三,我国对农村、农民的政策呈现的是积极开放的态度。在宅基地方面,党的十八届三中全会提出保障农户宅基地用益物权,改革完善农村宅基地制度,选择若干试点慎重、稳妥推进农村住房财产权抵押、担保、转让,探索农民增加财产性收益渠道。所以笔者认为农村宅基地上的农村房屋可以抵押、担保等将是一个趋势。

综上，我们认为在农村房屋合法取得前提下，按照管理细则办理有效地抵押登记后，抵押权应认定有效。

编写人：重庆市南川区人民法院　邱广　王宏军

53

不同法域下的船舶双重抵押权效力认定

——Darby 国际投资有限公司诉荣太国际船务有限公司船舶抵押合同案

【案件基本信息】

1. 裁判书字号

宁波海事法院（2012）甬海法舟商初字第 714 号民事判决书

2. 案由：船舶抵押合同纠纷

3. 当事人

原告：Darby 国际投资有限公司（以下简称 Darby 公司）

被告：荣太国际船务有限公司（以下简称荣太公司）

【基本案情】

2012 年 1 月 31 日，Darby 公司与荣太公司签订《贷款协议书》，约定：荣太公司向 Darby 公司贷款 5000 万港元；荣太公司提供其完全所有的 "RONG MING" 轮（IMO：9557630）抵押给 Darby 公司；荣太公司按年利率 36% 计付利息，贷款期自 2012 年 1 月 31 日起算三个月，计算利率的有效日期从支付贷款之日起算。荣太公司未偿还贷款，则 Darby 公司有权起诉荣太公司并要求承担 Darby 公司遭受的所有费用、支出及相应的杂费；本贷款协议适用香港法律。同日，Darby 公司在澳门将 5000 万港元交付给荣太公司授权代表应某某。同日，郑志龙代表荣太公司签署贷款支付收据，确认收到 Darby 公司的贷款 5000 万港元，并表示 Darby 公司已履行其义务，荣太公司将在"RONG MING"轮上设置抵押。2012 年 2 月 6 日，荣太公司签署香港船舶抵押契约。2012 年 2 月 17 日，双方在香港海事处完成抵押权登记，载明：抵押人荣太公司，抵押权人 Darby 公司，抵押财产"RONG MING"轮。2012 年 11 月 14 日，因荣太公司未归还款项，Darby 公司申请本院诉前扣押"RONG MING"轮，本院作出（2012）甬海法舟保字第 121 号民事裁定书，裁定将"RONG MING"轮扣押在晨业公司，Darby 公司并于 2012 年 12 月 20 日向本院提起诉讼。

"荣明"轮由晨业公司建造，建造过程中于 2008 年 12 月 1 日在舟山海事局登记船舶所有权，所有权人登记为蛟龙公司，2010 年 9 月 30 日在舟山海事局完成船舶抵押权登记，抵押权人为中国银行股份有限公司宁波市分行（以下简称中行宁波分行），该登记至今未变更。"荣明"轮一直停泊在晨业公司码头，至今没有交付。2010 年 6 月 4 日，荣太公司向香港海事处提交船舶注册申请书，要求注册登记"RONG MING（荣明）"轮为荣太公司所有。2010 年 6 月 30 日，"RONG MING"轮在香港海事处注册登记，船东为荣太公司；2012 年 2 月 17 日在香港海事处完成抵押权登记，抵押人为荣太公司，抵押权人为 Darby 公司，该登记至今未变更。

2013 年 6 月 13 日，Darby 公司在香港特别行政区高等法院就"RONG MING"轮注册登记及抵押登记提起诉讼。2013 年 11 月 26 日，香港法院作出裁定，依照香港《商船（注册）条例》（第 415 章），确认"RONG MING"轮在香港的注册登记和抵押登记有效。

【案件焦点】

不同法域下船舶双重抵押权效力问题。

【法院裁判要旨】

宁波海事法院经审理认为：本案 Darby 公司与荣太公司系外国公司与香港公司，具有涉外和涉港因素，宁波海事法院因采取海事保全措施而依法取得管辖权。本案适用的准据法为香港特别行政区法律。舟山海事局登记的"荣明"轮与在香港海事处登记的"RONG MING"轮为同一艘船舶，Darby 公司对"RONG MING"轮享有船舶抵押权，该抵押权自 2012 年 2 月 17 日起得以对抗第三人。Darby 公司与荣太公司的贷款协议合法有效，Darby 公司已实际履行合同，荣太公司应按约付息并按时归还本金。荣太公司未按约付息及归还本金的行为显属违约，应承担相应的违约责任。

宁波海事法院依照《中华人民共和国香港特别行政区〈放债人条例〉》第二条、第二十四条，《中华人民共和国香港特别行政区〈商船（注册）条例〉（第415章）》第44条，《中华人民共和国涉外民事关系法律适用法》第三条、第四十一条，《中华人民共和国民事诉讼法》第六十四条第一款的规定，经审判委员会讨论决定，于2014年6月13日作出（2012）甬海法舟商初字第714号民事判决：一、荣太公司于本判决生效后十日内支付Darby公司贷款本息人民币55025600元。二、Darby公司就上述款项对荣太公司名下的"RONG MING"轮享有船舶抵押权，该抵押权自登记之日即2012年2月17日起得以对抗第三人。三、驳回Darby公司的其他诉讼请求。

【法官后语】

本案是近年来海事法院审理船舶抵押纠纷中遇到的非常典型的"一船两抵"纠纷，基于不同法域和多重所有权、抵押权的冲突，以及船舶的巨大价值，相关抵押权效力能否得到确认，受偿顺序如何，往往对当事人的利益得失产生重大影响，成为当前海事审判中出现的新纷争与新难题。

关于本案的法律适用，尊重合同当事人意思自治是处理合同法律关系当事人纠纷的原则，即应适用双方约定的法律处理涉案合同纠纷。本案中，当事人在贷款协议中明确约定了"本贷款协议书受香港法律规管"，Darby公司也已提供了香港相关法律的规定，故对本案贷款协议的成立、生效及履行均应依据香港法律进行判断。同时，船舶的所有权、抵押权的问题，依据我国《海商法》的规定也应适用船旗国法律，本案中即为"RONG MING"轮注册登记地的香港法律。

关于船舶设定双重抵押的效力认定，本案船舶抵押权效力的分析认定，建立在以下事实的查明基础之上：即舟山海事局登记的"荣明"轮与在香港海事处登记的"RONG MING"轮的建造船厂均为晨业公司，该公司成立以来只建造过一艘万吨级的化学品及成品油船，结合蛟龙公司与荣太公司的共同法定代表人郑志龙关于两船为同一船舶的陈述，认定在舟山海事局登记的"荣明"轮与在香港海事处登记的"RONG MING"轮为同一艘船舶。

荣太公司向香港海事处申请注册"RONG MING"轮为其所有，并提供了相应的船舶注册资料，成功办理了船舶注册。Darby 公司信赖船舶注册登记而接受荣太公司的船舶抵押借款，辅以荣太公司签署船舶抵押契约，双方船舶抵押的意思表示明确、真实，同时在船舶主管部门依法办理了抵押登记。评判涉案船舶抵押登记是否有效，应依据船舶抵押登记地的法律规定进行审查。依据现行香港《商船（注册）条例》（第 415 章）之规定，该登记应属有效，且至今未被撤销也未发生变更，故 Darby 公司与荣太公司之间的抵押登记应属有效。Darby 公司对"RONG MING"轮享有船舶抵押权。同时，"荣明"（RONG MING）轮在国内办理的在建船舶所有权及抵押权登记，依照我国的法律，该登记亦属有效。在宁波海事法院同期审理的中行宁波分行与中电宁波公司、蛟龙公司、晨业公司船舶抵押合同纠纷一案中，法院同样判决（该判决已生效）确认了中行宁波分行就其债权对"荣明"轮享有船舶抵押权。据此，与第三人中电公司有关的中行宁波分行主张的船舶抵押权，在上述案件中同样得到了确认。

船舶双重抵押权的受偿顺序，在两个同样有效的抵押权保存的情况下，受偿顺序如何？我国《物权法》第一百九十九条规定，同一财产向两个以上债权人抵押的，拍卖、变卖抵押财产所得的价款依照下列规定清偿：（一）抵押权已登记的，按照登记的先后顺序清偿；顺序相同的，按照债权比例清偿；（二）抵押权已登记的先于未登记的受偿；（三）抵押权未登记的，按照债权比例清偿。涉案船舶的双重有效的抵押权，尽管并未直接在判决书中排序，但相关判决书主文实际已经对此作出了判断：即 Darby 公司对"RONG MING"轮的抵押权自 2012 年 2 月 17 日办理抵押登记起得以对抗第三人，中行宁波分行对"荣明"轮的抵押权自 2010 年 9 月 30 日办理抵押登记起得以对抗第三人，受偿顺序，不言自明。

编写人：宁波海事法院　王佩芬　夏关根

54

公证债权文书强制执行力与当事人诉权的关系

——刘东宁诉北京市飞翔鸟快递有限责任公司、中担投资信用
担保有限公司抵押合同案

【案件基本信息】

1. 裁判书字号

北京市朝阳区人民法院（2012）朝民初字第 8093 号民事裁定书

2. 案由：抵押合同纠纷

3. 当事人

原告：刘东宁

被告：北京市飞翔鸟快递有限责任公司（以下简称飞翔鸟公司）、中担投资信用担保有限公司（以下简称中担公司）

【基本案情】

2010 年 7 月，飞翔鸟公司与中担公司签订《委托保证合同》，约定：飞翔鸟公司与贷款银行签订的借款合同项下贷款金额 350 万元，贷款期限一年，贷款用于流动资金，中担公司同意承担信用保证责任，合同还对担保期间、担保范围、反担保、担保费等进行了约定。

2010 年 7 月 19 日，刘东宁与飞翔鸟公司、中担公司签订《抵押反担保合同》，约定：中担公司、飞翔鸟公司已签订《委托保证合同》，由中担公司为飞翔鸟公司向北京银行股份有限公司建国支行（以下简称建国支行）申请的为期一年、金额 350 万元贷款提供连带保证责任；为保障中担公司在代飞翔鸟公司向债权人清偿债务后自身担保债权的实现，刘东宁愿意以其拥有所有权的房产向中担公司提供抵押反担保，并承担反担保责任；抵押物所在地北京市朝阳区团结湖东里×号楼×××，房产证号京房权证朝私字第 248356 号，建筑面积 79.78 平方米；抵押物的担保金额为 150 万

元，其余贷款担保金额由债务人的无限连带责任保证等作为反担保。

2010 年 7 月 23 日，刘东宁办理了上述房产的抵押登记手续。

2010 年 7 月 27 日，北京市方圆公证处就上述委托保证以及抵押反担保事宜出具公证书，其中（2010）京方圆内经证字第 20534 号公证书记载申请人刘东宁、中担公司、飞翔鸟公司申请办理抵押反担保合同公证并赋予强制执行效力，经审查，本公证书自保证人履行担保义务之日起赋予前面的《抵押反担保合同》强制执行效力。

2010 年 7 月 27 日，飞翔鸟公司与建国支行签订《借款合同》，约定：贷款金额 350 万元，贷款期限 12 个月，贷款用途流动资金，保证人之一包括中担公司。

诉讼中，刘东宁认为：2010 年 6 月之前，飞翔鸟公司已经出现经营负债，2010 年 6 月，李树某与孙文会签订《借款协议书》，借款 200 万元，为期一个月，在孙文会授意下，北京美诚嘉信贸易有限公司向飞翔鸟公司打入 200 万元，同日飞翔鸟公司向广州华御典当行支付了当月利息 8 万元。中担公司在明知飞翔鸟公司经营亏损且拖欠高额借款情况下，为了偿还孙文会的高利贷，其与飞翔鸟公司合谋编造了资产负债表、损益表，经审核后报送了建国支行。自 2010 年 7 月 27 日建国支行将 350 万元贷款打入至 2010 年 12 月 31 日，贷款中的 274.1 万元分多次、多种方式偿还了孙文会个人借款本息，上述行为构成了欺诈，因此申请撤销合同。为证明上述陈述，刘东宁提供了《房屋抵押合同》、抵押设立登记表、记账回执、资产负债表、损益表、结算单、支票存根、对账单、会见笔录等予以佐证。其中，李树某于 2011 年 6 月 3 日在朝阳区看守所会见笔录中述称：截止到 2010 年 7 月，公司业务量下滑，很不景气，亏损了 60 多万，欠了客户不少钱，所以需要流动资金，不得不向银行贷款渡过难关，当时中担也知道这个情况，中担说 350 万元贷款需要一段时间，先弄点过桥费，中担给出的主意就找美诚嘉信贸易有限公司借了 200 万元，中担为此提供了担保，109000 元是收的担保费；当时中担帮我们向银行贷款 350 万元，并提供担保，需要交纳 50 万元的保证金，后来我们分期在 2010 年 7 月 28 日至 12 月 31 日向中担支付了这笔钱；在财务状况不好情况下，中担公司说他们给想办法，中担公司的人一直和我联系，整个贷款过程一直跟着，信用不够也能贷出款来，中担公司先让我们做财务报表，他们来人给我们财务说如何做，做好后他们再审核，也就是把亏损做成营利，他们拿走交到贷款银行，公司资产状况不真实。

诉讼中，中担公司提供了付款回单 4 张，金额分别为 54067.18 元、100 万元、

50 万元、2000455.72 元，摘要分别注明代偿利息、飞翔鸟快递还贷款、飞翔鸟还贷款及利息。刘东宁以上述证据均系复印件为由不予认可。

另查明，2013 年 4 月 28 日，中担公司作为申请人以公证债权文书为由将包括刘东宁、李树某、飞翔鸟公司在内的被申请人执行立案。

【案件焦点】

依法公证的债权文书，在债务人到期不履行或者不完全履行债权文书所确定的义务时，债权人是否可以直接向法院起诉要求债务人履行债务。

【法院裁判要旨】

北京市朝阳区人民法院经审理认为：刘东宁起诉要求撤销各方于 2010 年 7 月 19 日签订的《抵押反担保合同》，并要求判令飞翔鸟公司、中担公司择日办理房屋抵押注销手续，上述请求与北京市方圆公证处于 2010 年 7 月 27 日就抵押反担保事宜出具的公证书内容相悖，其实质是刘东宁对具有强制执行效力的公证书内容存在争议。《最高人民法院关于当事人对具有强制执行效力的公证债权文书的内容有争议提起诉讼人民法院是否受理问题的批复》规定：根据《中华人民共和国民事诉讼法》第二百一十四条和《中华人民共和国公证法》第三十七条的规定，经公证的以给付为内容并载明债务人愿意接受强制执行承诺的债权文书依法具有强制执行效力。债权人或债务人对该债权文书的内容有争议直接向人民法院提起民事诉讼的，人民法院不予受理。但公证债权文书确有错误，人民法院裁定不予执行的，当事人、公证事项的利害关系人可以就争议内容向人民法院提起民事诉讼。据此，刘东宁的起诉不符合受理条件，应予驳回。飞翔鸟公司经本院合法传唤，无正当理由未到庭参加诉讼，不影响本院依据查明的事实依法缺席审理。

依照《中华人民共和国民事诉讼法》第一百三十九条之规定，裁定如下：

驳回原告刘东宁的起诉。

【法官后语】

依法公证的债权文书，在债务人到期不履行或者不完全履行债权文书所确定的义务时，债权人可以不经诉讼，直接申请人民法院强制执行。这是法律赋予公证所具有的特殊效力。这一制度设计的立法价值在于维护交易秩序，保障交易安全，减少诉讼，降低维权成本，从而保障债权人合法权益的实现。同时，《公证法》第四十条规定："当事人、公证事项的利害关系人对公证书的内容有争议的，可以就该争议向人民法院提起民事诉讼。"从法理上分析，债权人申请执行被赋予强制执行效力的公证债权文书，是以自愿放弃相应诉权为基础的，是双方在对债权文书进行公证时所作的承诺。人民法院生效的法律文书、仲裁机构的裁决书、公证机构赋予强制执行效力的债权文书是处在同一位阶上的，即公证机构出具了执行证书后，债权人就取得了与判决书同等强制执行效力的执行根据，当事人就不能再选择诉讼程序二次确认债权，即当事人不能在同一实体法律关系上设立两个程序法上的效力。由于公证债权文书被赋予强制执行效力，当出现公证债权文书中债务人出现违约情形时，债权人得以向公证机关立即申请强制执行，则债务人立刻处于极端危险之地位。基于此，我国有很多制度在客观上给债务人的利益提供了保障。当债权人或债务人对有强制执行力的债权文书的内容有争议直接向人民法院提起民事诉讼的，人民法院不予受理；但公证债权文书确有错误，人民法院裁定不予执行的，当事人、公证事项的利害关系人可以就争议内容向人民法院提起民事诉讼。该规定就债权人和债务人的不可诉性、公证的强制执行力与诉讼的对接两大问题进行了化解，既发挥了公证的功能，提高当事人间解决争端的效率，减少诉讼，降低维权成本，又在制度上充分保障了债务人的利益。

编写人：北京市朝阳区人民法院　吕施羽

$$\boxed{55}$$

抵押物能否出租及抵押权人对租金是否有优先权

——中国银行股份有限公司嵊州支行诉嵊州市广原金属制品厂债权人代位权案

【案件基本信息】

1. 裁判书字号

浙江省嵊州市人民法院（2014）绍嵊商初字第 612 号民事判决书

2. 案由：债权人代位权纠纷

3. 当事人

原告：中国银行股份有限公司嵊州支行

被告：嵊州市广原金属制品厂

【基本案情】

2009 年 9 月 24 日，浙江时代厨具有限公司（以下简称时代公司）以自有厂房（包括案涉出租给被告的厂房）为嵊州市秋益电器有限公司（以下简称秋益公司）向原告的借款提供抵押担保，并办理了抵押登记。之后，秋益公司向原告借款 3550 万元，到期后未依约还款。原告向绍兴市中级人民法院（以下简称绍兴中院）提起诉讼，绍兴中院以（2012）浙绍商初字第 51 号民事判决书判令秋益公司赔偿借款本金 3550 万元，支付利息、赔偿律师代理费损失，判令原告有权对时代公司的上述抵押物折价或者拍卖、变卖所得价款优先受偿。判决生效后，秋益公司及时代公司未履行义务，原告申请绍兴中院执行。绍兴中院拍卖了时代公司的抵押物，于 2013 年 10 月 21 日裁定抵押房产归买受人所有，并于同月 28 日对拍卖所得价款进行了分配，原告享有优先受偿权的总债权为 40098230.37 元，分配取得 36176123.35 元，尚余 3922107.02 元未能受偿。时代公司将上述房产抵押给原告期间，将其中的 6523 平方米房屋出租给被告。原告与秋益公司及时代公司的上述案件进入执行阶段后，绍兴中院通知被告暂停向时代公司支付自 2013 年 1 月 1 日起至 2014 年 12 月 31 日止的房租费。抵押房屋拍卖成交后，被告搬离了上述房屋，但至今未支付自 2013 年 1 月 1 日起的租金，截止 2013 年 10 月 21 日，被告共拖欠租金 347191.94 元。时代公司至今未向被告主张该租金债权。原告认为其对上述租金享有优先受偿权，要求代位行使收取租金的权利。被告则认为时代公司违约应当支付违约金及给被告造成的损失，因此时代公司享有的租金债权已然抵销，且原告对该租金并无优先权。

【案件焦点】

嵊州市广原金属厂承租已设定抵押的厂房，还能否依租赁合同要求时代公司承担违约责任，以及中国银行嵊州支行对租金是否享有优先受偿权。

【法院裁判要旨】

浙江省嵊州市人民法院经审理认为：原告对时代公司的债权已有法院生效裁判文书确认，经执行确有部分债权未能实现。虽然被告停止向时代公司支付相应租赁费系基于绍兴中院的协助执行通知书要求，但时代公司一直未向被告主张过租赁费亦是事实，在时代公司厂房已被拍卖、经营已经停止的情况下，原告作为债权人可以行使代位权。本案的争议焦点在于时代公司对被告是否仍享有如原告所诉的347191.94 元债权。被告抗辩认为时代公司未告知其租赁厂房已经抵押导致因厂房被拍卖、其提前搬出厂房而造成了损失，损失包括部分装修装饰费用、搬迁费用、保证金、违约金等共计 637353.14 元。据此被告已不负债务，反而对时代公司享有债权。被告抗辩的装修费及租赁费因证据不足无法支持；租赁保证金交付方式虽稍有瑕疵但应予认定，被告搬出后可以请求返还亦可以在应付租赁款中予以抵销；关于违约金，涉及抵押物出租的问题。因抵押权与租赁权分别支配的是抵押物的交换价值与使用价值，所以抵押人仍可出租抵押物，因为这样不损害抵押权人的利益。由于抵押权已经公示，租赁权不能对抗抵押权，租赁合同对受让人也不具有约束力，但是这并不影响租赁合同对租赁双方的效力，而且抵押人如果未书面将抵押情况告知承租人还应当赔偿由此给承租人造成的损失。时代公司在无法履行相应担保责任的时候应当告知被告租赁物可能因实现抵押权而需提前收回，但是时代公司并未告知，违约情形明显，应按约支付被告违约金 107629.50 元。综上，被告可以用以抵销时代公司债权的共计 127629.50 元，尚欠时代公司房屋租赁费为 219562.44元。原告主张的代位权符合相关要件，依法可以主张。

对于该 219562.44 元租赁费原告有无优先受偿权的问题。该租赁费系抵押房产产生的孳息。因为抵押权的本质在于使抵押设定人继续享有抵押物的用益权能，故抵押物所产生的孳息应当归属于抵押人。债权人代位主张该孳息本无所谓的优先受偿权。本案的特殊之处在于，债权人原告主张的租赁费产生于人民法院通知承租人停止支付期间。根据《中华人民共和国物权法》第一百九十七条的规定，抵押财产被人民法院依法扣押的，自扣押之日起抵押权人有权收取该抵押财产的天然孳息或法定孳息，抵押权人未通知应当清偿法定孳息的义务人的除外。在法院已经通知承租人停止支付的情况下，抵押权人的抵押权效力及于抵押物产生的法定孳息即租赁费，因而本案中原告对该孳息享有优先受偿权。

　　浙江省嵊州市人民法院依照《中华人民共和国合同法》第二百一十二条、第一百零七条、《中华人民共和国物权法》第一百九十七条第一款、《最高人民法院关于适用〈中华人民共和国合同法〉若干问题的解释（一）》第十一条、《最高人民法院关于民事诉讼证据的若干规定》第二条之规定，作出如下判决：

　　一、被告嵊州市广原金属制品厂将应支付给浙江时代厨具有限公司的房屋租金219562.44 元代位支付给原告中国银行股份有限公司嵊州支行，款限于本判决生效之日起十日内付清。

　　二、原告中国银行股份有限公司嵊州支行对上述款项享有优先受偿权。

　　三、驳回原告中国银行股份有限公司嵊州支行的其余诉讼请求。

【法官后语】

　　在金融借贷中，借款人或第三人以厂房、土地等提供抵押担保是非常常见的。同时，虽然设定了抵押，抵押物被仍被出租的情形也很常见。很多银行均认为厂房等抵押物设定抵押后，未经其允许是不得租赁的，因为租赁权不能对抗抵押权。这样的认识其实是不正确的。租赁权不能对抗抵押权并不是说设定抵押后抵押物不能用于出租，而是说抵押权实现的时候租赁权不能成为障碍。抵押权与租赁权分别支配的是抵押物的交换价值与使用价值，所以抵押人仍可出租抵押物。由于抵押权已经公示，承租人不能以租赁权对抗债权人的抵押权，租赁合同对受让人也不具有约束力，但是这并不影响租赁合同对租赁双方的效力，而且抵押人如果未书面将抵押情况告知承租人还应当赔偿由此给承租人造成的损失。本案中，虽然设定抵押权在先，租赁在后，但是时代公司作为出租人仍应当按租赁合同的约定履行各项义务，在违约时也应当支付违约金。原告中国银行嵊州支行代位行使权利不因享有抵押权而超越租赁合同的约定。

　　如上所述，抵押权支配的是抵押物的交换价值，因此抵押权人的优先优先受偿权一般仅及于抵押物本身而不能及于抵押物产生的孳息。因为抵押权的本质在于以抵押物的交换价值为债进行担保，但是仍使抵押设定人继续享有抵押物的用益权能，故抵押物所产生的孳息应当归属于抵押人。但是也有如本案债权人优先受偿权及于抵押物孳息的情形。《物权法》第一百九十七条的规定，抵押财产被人民法院依法扣押的，自扣押之日起抵押权人有权收取该抵押财产的天然孳息或法定孳息，抵押权人未通知应当清偿法定孳息的义务人的除外。本案中，绍兴中院在执行过程中已经通知承租人嵊州市广原金属长停止支付租金，可视为产生了抵押财产被人民法院依法扣押的情形，如此抵押权人有权获取该孳息，即租金。此时，抵押权人的优先受偿权已经超出抵押物的交换价值而及于抵押物产生的孳息。

编写人：浙江省嵊州市人民法院　潘伟

56

混合共同担保中承担了担保责任的抵押人
向保证人追偿时保证人的责任承担

——云南众新交通物资有限公司诉罗志华等追偿权案

【案件基本信息】

1. 裁判书字号

云南省高级人民法院（2014）云高民二终字第 167 号民事判决书

2. 案由：追偿权纠纷

3. 当事人

原告（被上诉人）：云南众新交通物资有限公司（以下简称众新公司）

被告（上诉人）：罗志华

被告：昆明腾建商贸有限公司（以下简称腾建公司）、杨扬

【基本案情】

腾建公司与浦发银行签订《流动资金借款合同》，约定腾建公司向浦发银行借款 1500 万元，借款期限一年，合同中对利息、逾期利息、复息等作出了具体约定。众新公司以其所有的国有土地使用权为腾建公司上述债务向浦发银行提供抵押担保，罗志华提供连带保证责任担保。借款到期后，腾建公司未按约清偿借款，浦发银行诉至法院，要求腾建公司归还借款本息及众新公司、罗志华各自履行担保义务，经昆明市中

级人民法院判决支持浦发银行上述诉讼请求。该判决生效后，经强制执行程序，以拍卖众新公司抵押物所得价款清偿了上述债务，浦发银行收到执行款 17820117.26 元。众新公司诉至法院，请求判令：一、腾建公司偿还代偿款 17820117.26 元并支付利息；二、罗志华、杨扬对上述付款义务承担连带清偿责任。罗志华抗辩认为众新公司要求其承担还款责任没有依据，请求驳回众新公司对其的诉讼请求。

【案件焦点】

众新公司要求罗志华承担连带清偿责任能否成立。

【法院裁判要旨】

云南省昆明市中级人民法院经审理认为：根据《中华人民共和国担保法》第五十七条"为债务人抵押担保的第三人，在抵押权人实现抵押权后，有权向债务人追偿"之规定，众新公司已履行其抵押担保责任，依法有权向腾建公司追偿，众新公司主张腾建公司支付代偿款 17820117.26 元及自代偿之日起按照同期银行贷款利率计算的资金占用利息的诉讼请求有事实及法律依据，予以支持。关于罗志华应否承担连带清偿责任的问题。根据《最高人民法院关于适用〈中华人民共和国担保法〉若干问题的解释》第三十八条第一款"同一债权既有保证又有第三人提供物的担保的，债权人可以请求保证人或者物的担保人承担担保责任。当事人对保证担保的范围或者物的担保的范围没有约定或者约定不明的，承担了担保责任的担保人，可以向债务人追偿，也可以要求其他担保人清偿其应当分担的份额"之规定，针对腾建公司与浦发银行之间的债务，众新公司作为第三人提供物的担保、罗志华作为第三人提供连带保证担保，均系独立地为上述债务提供担保，众新公司与罗志华虽无直接的意思联系，但二者对上述债务形成共同担保关系。现众新公司已完全履行其抵押担保责任，有权要求作为保证人的罗志华承担其应当分担的债务份额。众新公司与罗志华在各自的担保合同中并未约定担保份额，事后也未达成一致，二者均是对全部债务提供担保，根据我国《担保法》及其相关司法解释的立法精神及公平合理的原则，二者应当平均分担上述债务份额，即罗志华应对代偿款及相应利息承担 50% 清偿责任。至于责任承担方式，腾建公司是上述债务最终的、本位上的承担者，为避免日后的追偿权诉累，罗志华对腾建公司不能清偿部分承担补偿清偿责任较为公平合理。众新公司要求罗志华承担连带清偿责任的主张不能成立，不予支持。综上所述，众新公司的诉讼请求部分成立，对成立部分予以支持。依据《中华人民共和国合同法》第一百九十六条、第二百零七条，《中华人民共和国担保法》第五十七条，《最高人民法院关于适用〈中华人民共和国担保法〉若干问题的解释》第三十八条，《中华人民共和国民事诉讼法》第六十四条之规定，判决：一、腾建公司于判决生效之日起十日内偿还众新公司代偿款 17820117.26 元及以 17820117.26 元为基数，自 2013 年 6 月 6 日起至判决确定的履行期限届满之日止，按中国人民银行同期贷款利率计算的利息；二、罗志华对腾建公司上述债务不能清偿部分的二分之一承担清偿责任；三、驳回众新公司的其他诉讼请求。

罗志华提起上诉，请求撤销一审判决第二项，并依法改判。

云南省高级人民法院经审理认为：本案实际存在两个层次的追偿权法律关系。第一，在生效判决判令众新公司履行担保责任并被予以执后，众新公司依法向主债务人即腾建公司追偿担保责任的追偿权诉讼。第二，众新公司和罗志华均提供了担保，但未约定担保比例，按照公平原则应各自承担一半的担保责任。即众新公司认为其超出承担一半担保责任时，可以要求另一担保人罗志华承担该超出部分的担保责任。实际也是一种追偿权的法律关系。因此在本案中，众新公司选择先向腾建公司主张追偿权后，其可以再向罗志华主张其承担超出本案主债务二分之一部分的追偿权。原审为了避免诉累判令罗志华承担腾建公司不能归还该债务的二分之一的责任，并无不当，予以维持。因此，其上诉主张不能成立，不予支持。据此，依照《中华人民共和国民事诉讼法》第一百七十条第一款第（一）项的规定，判决：驳回上诉，维持原判。

【法官后语】

同一债权既有物的担保（如抵押、质押），又有人的保证，担保人为两人以上的，即为混合共同担保。当债务人到期不能履行债务，债权人向担保人主张权利的，担保人实际承担担保责任后，无论物保人或保证人皆可向债务人追偿，这一层面的相关法律规定明确、具体，审判实务中处理的追偿权纠纷也多为此类，不存在法律适用的疑难问题。然而，担保人承担责任后，能否向其他担保人追偿，以及肯定担保人互相之间享有追偿权前提下，如何确定其责任承担方式及分担份额的问题，目前立法没有明确规定，故而引发理论界百家争鸣，审判实践中也存在法院对此作出不同认定的情形。本案审理的亮点在于：一、确认承担了担保责任的抵押人可以向保证人追偿；二、确定保证人的责任承担方式及分担份额问题。

1. 担保人之间享有追偿权。

《担保法》中未对担保人之间的追偿权问题作出规定，但随后《最高人民法院关于适用〈中华人民共和国担保法〉若干问题的解释》（以下简称《〈担保法〉解释》）第三十八条第一款明确规定"同一债权既有保证又有第三人提供物的担保的，债权人可以请求保证人或者物的担保人承担担保责任。当事人对保证担保的范围或者物的担保的范围没有约定或者约定不明的，承担了担保责任的担保人，可以向债务人追偿，也可以要求其他担保人清偿其应当分担的份额"，肯定了担保人之间享有追偿权。然而，《中华人民共和国物权法》（以下简称《物权法》）颁布实施后，作为新法及担保物权的上位法，《物权法》唯一一条表述物保及人保并存时法律关系的处理的条文即第一百七十六条"被担保的债权既有物的担保又有人的担保的，债务人不履行到期债务或者发生当事人约定的实现担保物权的情形，债权人应当按照约定实现债权；没有约定或者约定不明确，债务人自己提供物的担保的，债权人应当先就该物的担保实现债权；第三人提供物的担保的，债权人可以就物的担保实现债权，也可以要求保证人承担保证责任。提供担保的第三人承担担保责任后，有权向债务人追偿"，当中仅规定了担保人对债务人的追偿权，对担保人之间的追偿权未作规定。由此，对担保人之间是否享有追偿权，理论界展开了激烈讨论，我们认为，《物权法》第一百七十八条对《担保法》与《物权法》效力衔接问题规定为"担保法与本法的规定不一致的，适用本法"，应理解为：当两者之间存在冲突规定时，当然适用《物权法》；而对《物权法》没有规定的问题，《担保法》有规定时，应当适用《担保法》。如前所述，《物权法》第一百七十六条对担保人之间的追偿权系未作规定，并非对《〈担保法〉解释》第三十八条的否定，裁判遵循"以事实为依据，以法律为准绳"之根本原则，因此，本案适用《〈担保法〉解释》第三十八条的规定，确认抵押人众新公司有权向保证人罗志华主张权利，支持其要求罗志华承担清偿责任的诉讼请求。

2. 承担担保责任后的抵押人同时向债务人及保证人追偿时，保证人应对债务承担补充清偿责任，其分担的份额为对债务人不能清偿部分，按担保人人数平均分担后所得数额。

确定担保人之间享有追偿权后，如何确定其应当分担的债务份额成为下一个需要解决的问题。在抵押人同时向债务人及保证人追偿的案件中，还要考虑保证人承担责任的方式的问题。这些问题，因现行法律中没有规定，成为没有法律规范可以援引的"疑难问题"，如何得出一个契合相关法律规范和承载法律基本价值内涵的裁判结论，还要从担保人之间形成何种法律关系说起。实践中，绝大多数担保人均是各自独立地向债权人提供担保，互相之间没有意思联系，通常不会有担保人之间的约定存在。但就各个担保人而言，他们均处于从债务人的身份，每个人均负有向债权人清偿债务的责任，无非抵押人以物的价值为限承担担保责任，保证人以其个人全部资产承担担保责任。由此来看，各个担保人系处于同一位阶，负有同一给付任务，任何一个担保人承担全部债务清偿责任后，其余担保人的担保责任即归于消灭的关系，这些法律特征符合《民法通则》第八十七条"债权人或者债务人一方人数为二人以上的，依照法律的规定或者当事人的约定，享有连带权利的每个债权人，都有权要求债务人履行义务；负有连带义务的每个债务人，都负有清偿全部债务的义务，履行了义务的人，有权要求其他负有连带义务的人偿付他应当承担的份额"规定的连带之债的特点，故即便担保人之间没有意思联系，从法律关系上仍可以认定他们之间形成连带关系。这与现行法律所体现的第三人物保人和保证人地位平等、二者担保效果等效的立法本意亦一脉相承。因此，在份额分担的问题上，即可类推适用关于连带共同保证人之间分担债务份额的规定，即《〈担保法〉解释》第二十条第二款规定的"连带共同保证的保证人承担保证责任后，向债务人不能追偿的部分，由各连带保证人按其内部约定的比例分担。没有约定的，平均分担"，在担保人之间没有约定的情况下，应当按照担保人人数平均分摊债务。这一方法方便明了、简单高效，亦符合公平合理、诚实信用的法律基本原则。在本案中，存在两个担保人，因此保证人罗志华应承担二分之一的债务份额。

在责任承担方式的问题上，本案中物保人请求保证人承担连带责任，但案件中缺乏保证人应对追偿债务承担连带责任的事实及法律依据，其对债权人所作承担连带责任的承诺，不能当然适用于物保人（该问题涉及担保人追偿权和代位权的差别，在此不再展开叙述）。且本案中债务人已作为被告，其才是债务终局的、本位的承担者，出于公平合理、程序经济、避免诉累的考虑，应先由债务人向物保人承担清偿责任，保证人承担补充清偿责任。

编写人：云南省昆明市中级人民法院　张雪芳

$\boxed{57}$

抵押权不得与债权分离单独转让

——泉州龙凤置业有限公司诉胡玉得追偿权案

【案件基本信息】

1. 裁判书字号

福建省泉州市安溪县人民法院（2013）安民初字第 2738 号民事判决书

2. 案由：追偿权纠纷

3. 当事人

原告：泉州龙凤置业有限公司

被告：胡玉得

【基本案情】

2009 年 11 月 19 日，被告以向中国建设银行股份有限公司安溪支行（以下简称建行安溪支行）按揭贷款的方式向原告购买址在安溪县德苑商住区龙凤都城第 17 幢×××室房屋一套。原、被告与建行安溪支行三方签订个人住房借款合同一份，合同约定：被告以购买的房屋作为抵押担保，原告作为被告胡玉得向建行安溪支行借款的连带责任保证人，在借款人没有按合同约定履行还款义务时，保证人承诺按贷款人要求履行还款义务。原告与建行安溪支行签订的商品房销售贷款合作协议书另约定：若原告代借款人偿还全部欠款，建行安溪支行保证将贷款的抵押权益转让给原告，有关费用由原告承担。合同签订后，被告未能按期偿还银行的贷款本息，建行安溪支行遂于 2012 年 12 月 21 日从原告账户上扣款人民币 156688.3 元用于偿还被告的欠款本息。经原告催讨，被告未能给付原告垫付的款项。为此原告请求：1. 判决被告胡玉得偿还原告代为垫付的银行借款人民币 156688.3 元及自 2012 年 12 月 21 日起按中国人民银行规定的金融机构计收逾期贷款利率计算至还清之日止的利息。2. 判决原告有权从被告提供贷款抵押地址在安溪县德苑商住区龙凤都城第

17 幢×××室房屋拍卖、变卖或折价的价款优先受偿。被告胡玉得认为建行安溪支行将贷款的抵押权益转让给原告，并未通知作为债务人的被告，抵押权转让对被告不发生法律效力，原告对被告用于贷款抵押的房屋不享有抵押权。原告请求按金融机构计收逾期贷款利率计算利息，不符合法律规定，不应予以支持。

【案件焦点】

原抵押权人建行安溪支行与原告关于抵押权转让的约定是否符合法律规定，对抵押人是否发生法律效力，原告对被告用于贷款抵押的房屋是否享有优先受偿权。

【法院裁判要旨】

福建省泉州市安溪县人民法院经审理认为：原、被告签订的商品房买卖合同以及原、被告与建行安溪支行签订的个人住房借款合同系三方当事人真实的意思表示，合法有效，应受法律保护。原告作为被告胡玉得向建行安溪支行借款的连带责任保证人，在被告未能按照合同约定偿还借款本息的情况下，为被告承担还款责任后，有权向被告追偿。经原告催讨，被告未能给付原告代为偿还的借款人民币156688.3 元，已构成违约，应承担支付款项及利息的违约责任。原告请求按金融机构计收逾期贷款利率计算利息，不符合法律规定，逾期付款利息可按银行同期同类贷款利率计算。根据合同法及担保法的规定，债权人转让权利的，应当通知债务人；抵押权不得与债权分离而单独转让或者作为其他债权的担保；抵押权与其担保的债权同时存在，债权消灭的，抵押权也消灭。原告代借款人胡玉得偿还全部借款本息后，建行安溪支行对债务人胡玉得享有的债权已经消灭，原告与建行安溪支行关于贷款抵押权益转让的约定，既未通知债务人，也不符合上述法律规定。因此，原告诉称对本案抵押房产享有优先受偿权，本院不予支持。

福建省安溪县人民法院依照《中华人民共和国合同法》第八十条第一款、第八十七条、第一百零七条、第一百九十八条、第二百零七条，《中华人民共和国担保法》第三十一条、第五十条、第五十二条之规定，作出如下判决：

一、被告胡玉得应于判决生效之日起十日内给付原告泉州龙凤置业有限公司人民币 156688.3 元及逾期付款利息（自 2012 年 12 月 21 日起按银行同期同类贷款利率计算至生效判决确定的还款之日止）。

二、驳回原告的其他诉讼请求。

【法官后语】

本案的争议焦点在于原告对被告用于贷款抵押的房屋是否享有优先受偿权？在认定原告是否享有优先受偿权之前，应当审查原抵押权人即建行安溪支行与原告关于"原告若代借款人偿还全部欠款，建行安溪支行作为抵押权人自愿将贷款的抵押权益转让给原告"的约定是否符合法律规定？对抵押人即本案的债务人是否发生法律效力？

首先，抵押权作为担保物权的一种类型，是为担保主债权实现而存在的从权利，相对于被担保的主债权，抵押权具有绝对的从属性，主债权消灭，抵押权也消灭。据此，我国《担保法》第五十二条及《物权法》第一百七十七条均规定，抵押权与其担保的债权同时存在，主债权消灭的，抵押权也消灭。主债权因债务人或第三人清偿、免除、抵销、提存等原因而消灭时，抵押权就失去担保的对象，其保障债权得以清偿的目的就不复存在。本案的抵押权人建行安溪支行对被告享有的主债权随着第三人即原告依据合作协议履行还款义务而归于消灭，作为从债权的抵押权也随之消灭。建行安溪支行再以合同形式明确承诺将已不存在的抵押权转让给原告，是依法无据的。

其次，抵押权的转让是指通过转让行为而发生抵押权在不同的民事主体间的转移。理论上，抵押权的转让有两种形式：一为抵押权附随主债权转让，二为抵押权的单独转让。根据《担保法》第五十条和《物权法》第一百九十二条的规定，抵押权不得与债权分离而单独转让或者作为其他债权的担保。债权转让的，担保该债权的抵押权一并转让，但法律另有规定或者当事人另有约定的除外。可见，我国法律只允许抵押权附随主债权转让，而禁止抵押权单独转让。根据《物权法》的规定，抵押权附随主债权转让，还应当符合以下条件：1. 必须有有效的债权以及抵押权的存在。2. 须经当事人就债权及抵押权转让达成协议，还必须通知债务人，否则对债务人不发生效力。3. 以登记为抵押权设立要件的抵押财产，抵押权转让时，应当办理抵押物登记变更手续，否则该抵押权转让不发生物权变动的效力。上述条款中的"当事人另有约定"是指当事人可以约定主债权转让或主债权为其他债权提供担保的，抵押权不随之转让或提供担保，该约定并不违反抵押权的附随性，是抵押权人对担保利益的自主抛弃，为法律所允许，但当事人不能约定抵押权的单独转让或单独设定再担保，该约定因违反了法律的禁止性规定而无效。本案中原抵押权人与原告关于抵押权单独转让的约定，既违反了法律规定，又没有根据《担保法》的规定重新办理抵押权人变更登记手续，也没有通知债务人，因此该抵押权转让的约定对被告是不发生法律效力的，也是违法的。

编写人：福建省泉州市安溪县人民法院　刘雅芬

58

债权让与后抵押权是否存续

—— 中国信达资产管理股份有限公司北京市分公司诉
北京康得乐商贸有限责任公司借款合同案

【案件基本信息】

1. 裁判书字号

北京市第二中级人民法院（2014）二中民再初字第 01758 号民事判决书

2. 案由：借款合同纠纷

3. 当事人

原告：中国信达资产管理股份有限公司北京市分公司（以下简称信达北京公司）

被告：北京康得乐商贸有限责任公司（以下简称康得乐公司）

【基本案情】

2002 年，康得乐公司向工商银行怀柔支行借款，并以康得乐公司位于怀柔区湖光小区 31 号的房产及京怀国用（2002 出）字第 185 号土地使用权作为抵押担保，并办理相应抵押登记手续。2005 年借款期限时届满时，康得乐公司仍欠本金 3119 万元、利息合计 18758890.09 元。2005 年 7 月 24 日，工商银行北京分行将上述债权转让给信达北京公司，但未办理抵押登记变更手续。此后，康得乐公司未向信达北京公司偿还债务。

2003 年，北京市怀柔区人民法院依据康得乐公司与定发公司自愿达成的《以物抵帐协议书》，作出（2003）怀执字第 02318 号民事裁定，确认康得乐公司以

185号土地使用权及地上物抵顶其对北京定发科技发展有限责任公司（以下简称定发公司）的欠款。2004年，康得乐公司将185号土地中一部分土地使用权转让给定发公司。2005年1月20日，工商银行怀柔支行书面同意其对涉案房产土地进行产权变更，原抵押登记不予撤销。2006年，185号土地转让时分割为两宗地，证号分别为京怀国用（2006出）字第0167、0168号，权利人为定发公司。工商银行怀柔支行、信达北京公司均未注销原185号土地上的抵押登记，亦未对分割后的土地使用权重新设定抵押权。

信达北京公司诉至法院要求康得乐公司偿还借款本金及利息，确认对涉案抵押物享有抵押权和优先受偿权。康得乐公司称，定发公司早在2003年成为185号土地的合法权利人，我公司也有其他资产足够清偿债务，请求驳回信达北京公司要求对185号土地使用权享有抵押权的诉讼请求。定发公司认为，185号土地及地上物过户给我公司是经工商银行怀柔支行同意，且185号土地已注销，重新登记为167号、168号土地，故信达北京公司对该两块土地不享有抵押权。

【案件焦点】

债权转让后未办理抵押权变更登记以及抵押物发生转移、分割等因素是否影响原抵押权的效力。

【法院裁判要旨】

北京市第二中级人民法院经审理认为：信达北京公司受让工商银行怀柔支行债权后，对康得乐公司享有合法债权，康得乐公司应当偿还本金、支付利息。原抵押登记继续有效，信达北京公司依法取得对上述债权的抵押权。北京市第二中级人民法院作出如下判决：一、康得乐公司偿还信达北京公司欠款本金人民币三千一百一十九万元及其利息三千零五十二万三千零二十九元五角五分。二、信达北京公司对康得乐公司设定的京怀国用他项2002出第185号《土地他项权利证明书》项下的抵押物享有抵押权及优先受偿的权利。

判决生效后，北京市第二中级人民法院对本案提起再审，并追加定发公司为第三人。北京市第二中级人民法院再审认为，本案争议焦点系信达北京公司对185号土地使用权是否享有抵押权及优先受偿权。定发公司依据康得乐公司的意思表示继受物权，抵押权并不因此消灭。仅以185号土地被分割登记，不能作为抵押权消灭的依据。在 185 号土地使用权分割、转让的过程中，工商银行怀柔支行、康得乐公司及定发公司就抵押权是否存续曾自愿达成一致意思表示，对此各方均应遵守。因在向信达北京公司转让债权之前，工商银行怀柔支行已通过书面声明的方式自愿放弃对 168 号土地的抵押权，故信达北京公司并未取得 168 号土地使用权的抵押权。而就 167 号土地而言，工商银行怀柔支行在《证明》中虽同意转让但明确表示不解除抵押，故信达北京公司有权对分割后的 167 号土地使用权行使抵押权。

北京市第二中级人民法院依照《中华人民共和国民事诉讼法》第二百零七条第一款之规定，作出如下判决：

一、维持本院（2008）二中民初字第 03928 号民事判决第一项；

二、撤销本院（2008）二中民初字第 03928 号民事判决第二项；

三、信达北京公司对康得乐公司设定的京房怀私移字第 33653 号他字第 001 号等抵押物享有抵押权及优先受偿的权利；

四、信达北京公司对京怀国用（2006 出）字第 0167 号国有土地使用证项下的土地使用权享有抵押权及优先受偿的权利；

五、驳回中国信达资产管理股份有限公司北京市分公司其他诉讼请求。

【法官后语】

本案系一起关于债权转让后原担保的抵押权是否存续的典型案件。

1. 债权转让后未办理抵押权变更登记的，是否影响抵押权的效力

根据法律规定，债权转让后是否办理抵押权变更登记本身，并不影响原抵押权的效力。抵押权是否一并移转，需要判断法律有无特殊规定或当事人有无特别约定。当事人之间特别约定情况有三：一是在原抵押权存续期间，原抵押权人与抵押人约定放弃抵押权；二是在原抵押权存续期间，原抵押权人与抵押人之间达成抵押权不随同主债权移转的约定；三是债权转让时，债权受让人与抵押人约定抵押权不一并移转，受让人的行为构成抵押权的放弃。

本案中，信达北京公司受让债权后，抵押权本应一并发生移转。但在债权转让之前，在 185 号土地使用权分割、转让的过程中，工商银行怀柔支行、康德乐公司以及定发公司已就抵押权是否存续达成特别约定。工商银行怀柔支行已自愿放弃 185 号土地中 168 号土地的抵押权。因此，168 号土地抵押权因原抵押权人的放弃

行为在债权转让之前已消灭，不随同主债权一并移转给信达北京公司。故信达北京公司仅受让了剩余的 167 号土地抵押权，仅得对此主张权利。

2. 执行程序中法院作出的以物抵债裁定是否发生消灭抵押权的效力

以物抵债是否造成抵押权消灭，应根据该行为系物权原始取得还是继受取得进行区分。法律规定了两种以物抵债裁定：一是经当事人同意，法院直接将被执行人的财产作价交申请执行人抵偿债务；二是被执行人的财产无法拍卖或者变卖的，经当事人同意，法院将该项财产作价后交付申请执行人抵偿债务。前者系依据双方当事人协商自愿以物抵债，性质上是私法行为，本质仍是依据原物权人的意思表示转让物权，民事裁定仅是对双方合意的确认，系物权继受取得，抵押权不能因此消灭。后者系依据申请执行人的单方意思法院强制以物抵债，是法院依职权作出的公法行为，不取决于原物权人的意思表示。申请执行人据此取得物权应属原始取得，物上原负担的抵押权因此消灭。

本案中，法院系依据康得乐公司与定发公司以物抵债协议作出的裁定，该裁定只是对双方合意的确认，并不改变定发公司从康得乐公司继受物权的性质，故 185 号土地使用权上原负担的抵押权不因该裁定而发生消灭。

3. 关于抵押物的分割是否影响抵押权存续

本案的争议在于该两块土地是否因行政部门的重新登记成为新物，而不适用抵押物分割的规定。从地理位置看，两块土地均系原 185 号土地的一部分，行政部门新的登记行为只是法律意义上的重新确认，并不改变土地作为物本身的物理属性，故仍属抵押物的分割，适用上述规定。因此，仅以 185 号土地被分割登记，不能作为抵押权消灭的依据。

编写人：北京市第二中级人民法院　孙盈

59

债权转让后抵押权的实现

——缪春山诉高宏岭抵押权案

【案件基本信息】

1. 裁判书字号

北京市第三中级人民法院（2014）三中民终字第 4040 号民事判决书

2. 案由：抵押权纠纷

3. 当事人

原告（被上诉人）：缪春山

被告（上诉人）：高宏岭

【基本案情】

2010 年 1 月 12 日，甲方卞童与乙方南通永芳仓储有限公司（以下简称永芳公司）签订《协议书》，约定甲方同意于 2010 年 1 月 13 日出借乙方 236 万元，利息按月利率 0.708% 计算，并将上述借款汇入乙方指定账号；乙方愿以高宏岭所有的位于北京市朝阳区曙光西里甲 5 号凤凰城 A 座×××号房产提供抵押担保；乙方应于 2010 年 3 月 13 日前向甲方偿还借款 236 万元并支付利息；乙方将在 1 月 13 日归还农行 210 万元贷款后并将解除高宏岭的房产抵押登记手续交给甲方，乙方于 1 月 23 日前必须办理抵押担保手续给甲方。次日，江苏省华强纺织有限公司向永芳公司汇款 236 万元，永芳公司出具了借条称收到卞童 236 万元，于 2010 年 3 月 13 日前偿还，到期不还按协议执行。

2010 年 6 月 1 日，甲方卞童与乙方缪春山签订《债权转让协议书》，约定 2010 年 1 月 12 日甲方出借给永芳公司 236 万元，利息按月利率 0.708% 计算，永芳公司以高宏岭位于北京市朝阳区曙光西里甲 5 号凤凰城 A 座×××号房产提供抵押担保，高宏岭已经办理抵押登记手续，抵押权人为卞童；甲方将债权转让给乙方，甲方负责通知债权人并协调办理相关变更抵押登记手续，将抵押权人变更为乙方；乙方支付甲方债权转让款 250 万元，支付时间为清收结束后三个工作日内。

2010 年 6 月 9 日，甲方高宏岭与乙方缪春山签订《房屋最高额抵押贷款合同》，约定贷款金额为 235 万元，债务履行期限为 2010 年 6 月 9 日至 2011 年 6 月 8 日；抵押房屋坐落于北京市朝阳区曙光西里甲 5 号凤凰城 A 座×××号房产；被担保主债权数额为 235 万元，担保范围包括但不限于本合同项下的借款金额、本金、利息、罚息、复利、违约金、赔偿金及贷款人实现债权的费用等；双方共同确认本合同仅为办理抵押权设立登记或抵押权预告登记之用的主债权及抵押合同，除双方另有约定外不作他用；双方承诺本合同贷款及抵押内容真实准确。同日，双方在北京市朝阳区房屋管理局办理了抵押登记手续，房屋他项权利证书记载的权利人为缪春山，房屋所有人为高宏岭，房屋坐落于北京市朝阳区曙光西里甲 5 号凤凰城 A 座×××号房，他项权利种类为一般抵押，债权数额为 235 万元。

诉讼中，缪春山提交了 2011 年 9 月 23 日，甲方卞童、乙方永芳公司、丙方缪春山的《还款协议书》，约定乙方因资金周转需要在 2010 年 1 月 13 日向甲方借款 236 万元，借期至 2010 年 3 月 13 日前，年息为 8%，并以高宏岭在北京市朝阳区曙光西里甲 5 号凤凰城 A 座×××号房产抵押；借款到期后乙方未能如约履行，后甲乙丙三方协商同意借款期限延长至 2011 年 6 月 8 日，并于 2010 年 6 月 9 日办理了抵押贷款手续，但借款到期后乙方仍未履行，三方达成一致意见，截止 2011 年 6 月 30 日乙方尚欠甲方借款本金 236 万元，利息 280053.33 元合计 2640053.33 元；乙方愿意为上述提供的房产担保继续有效，不另外办理抵押登记手续；本协议一式三份，三方签字或盖章后生效。永芳公司在协议尾部加盖了印章，并有"高宏岭"签名，卞童和缪春山未签字。缪春山称协议为永芳公司起草的，缪春山不同意协议内容故未签字。高宏岭对协议上签名的真实性有异议，向法院申请鉴定，法院向其释明是否对永芳公司印章的真实性申请鉴定，高宏岭坚持只对签名的真实性申请鉴定。

【案件焦点】

债权转让后新的债权人缪春山是否依法享有对原抵押人高宏岭抵押房产的抵押权。

【法院裁判要旨】

北京市朝阳区人民法院经审理认为：关于高宏岭是否需要对缪春山的债权承担抵押担保责任的问题。高宏岭与缪春山签订了《房屋最高额抵押贷款合同》是双方当事人的真实意思表示，内容未违反国家法律法规的强制性规定，合法有效。双方在合同中明确此合同仅用于办理抵押登记使用不作他用，表明双方当事人认可签订此合同的目的在于办理抵押登记并非建立借款关系。卞童与永芳公司之间存在借贷关系，高宏岭以个人的房产对永芳公司的欠款承担抵押担保责任。虽然高宏岭未在卞童与永芳公司之间签订的《协议书》上签字确认，但考虑到高宏岭为永芳公司的法定代表人，在债权转让给缪春山之后高宏岭与缪春山办理了房屋抵押登记，足以表明高宏岭认可卞童与缪春山之间的债权转让行为，同意向新的债权人承担抵押担保责任。

关于缪春山的债权是否过诉讼时效的问题。《中华人民共和国物权法》第二百零二条规定，抵押权人应当在主债权诉讼时效期间行使抵押权；未行使的，人民法院不予保护。主债权的履行期间应该按照卞童与永芳公司签订的《协议书》确认，诉讼时效的期间自 2010 年 3 月 13 日债务履行期满之日起算。缪春山提供的《还款协议书》虽未生效，但永芳公司盖章确认，表明永芳公司在 2011 年 9 月 23 日认可尚欠债务。高宏岭称未接到卞童与缪春山之间的债权转让通知，但最晚至 2013 年 6 月 19 日缪春山在本院起诉时应视为债权人向高宏岭通知了债权转让事宜。自债务到期后永芳公司确认债务至缪春山向本院起诉，债权尚在诉讼时效期间之内。债权人缪春山在诉讼时效内起诉抵押人，要求行使抵押权于法有据，本院予以支持。

关于高宏岭要求进行笔迹鉴定一节。高宏岭只申请对笔迹的真实性进行鉴定，对永芳公司印章的真实性不申请鉴定。虽然高宏岭与永芳公司为不同的民事主体，但考虑到高宏岭为永芳公司的法定代表人，其对永芳公司的印章不申请鉴定，本院认定其对印章的真实性没有异议。债务人永芳公司盖章确认尚欠债务，足以中断债权的诉讼时效，故无再行对高宏岭签字进行鉴定的必要。故对高宏岭要求进行笔迹鉴定的请求，本院不予准许。

北京市朝阳区人民法院依照《中华人民共和国合同法》第二百零六条，《中华人民共和国担保法》第三十三条、第五十三条，《中华人民共和国物权法》第二百零二条之规定，判决如下：

原告缪春山对被告高宏岭所有的北京市朝阳区曙光西里甲 5 号凤凰城 A 座××××号房产（京房他证朝字第 222372 号）拍卖或变卖款，按照抵押登记顺序在二百三十五万元范围内享有优先受偿权。

高宏岭持原审起诉意见提起上诉。北京市第三中级人民法院经审理认为：高宏岭与缪春山签订的《房屋最高额抵押贷款合同》是当事人双方真实意思表示，内容未违反国家法律法规的强制性规定，合法有效。双方在合同中明确此合同仅用于办理抵押登记而非建立借贷关系。卞童与永芳公司之间存在借贷关系，高宏岭以个人的房产对永芳公司的欠款承担抵押担保责任，基于高宏岭是永芳公司的法定代表人，并在债权转让给缪春山之后办理了抵押登记的事实，足以表明高宏岭认可卞童与缪春山之间的债权转让行为。自主债务到期后永芳公司于 2011 年 9 月 23 日认可尚欠债务至缪春山起诉，债权尚在诉讼时效内。

北京市第三中级人民法院依照《中华人民共和国民事诉讼法》第一百七十条第一款第（一）项之规定，判决如下：

驳回上诉，维持原判。

【法官后语】

本案的核心问题在于缪春山是否享有对高宏岭房屋的抵押权，即债权转让后债权的受让人如何实现对原债务人的抵押权的问题。要解决这个问题，必须明晰以下两点：一债权转让的条件，二抵押合同的效力。

《合同法》第八十条规定，债权人转让权利的，应当通知债务人。未经通知，该转让对债务人不发生效力。债权人转让权利的通知不得撤销，但经受让人同意的除外。具体到本案来看，高宏岭是永芳公司的法定代表人，卞童将债权转让给缪春山后，高宏岭与缪春山办理了房屋抵押登记，足以表明卞童已经就债权转让事宜通知了债务人永芳公司和担保人高宏岭，债权转让对债务人和担保人均产生约束力。

《担保法》第五条规定，担保合同是主合同的从合同，主合同无效，担保合同无效。担保合同另有约定的，按照约定。从本条的规定来看，虽然主合同有效并不必然意味着从合同有效，但主合同有效是从合同有效的前提。本案中所谓主合同应为债权转让前卞童与永芳公司之间签订的《协议书》，该协议是当事人真实意思表示，卞童实际履行了放款义务，永芳公司认可收到借款，主合同合法有效，卞童依法享有对永芳公司债权，有权在通知债务人的情况下将债权转让给第三人。高宏岭与缪春山签订的《房屋最高额抵押贷款合同》，双方明确在此合同仅用于办理抵押登记使用不作他用，此合同为从合同，目的在于办理抵押登记，该合同是当事人的真实意思表示，未违反国家法律法规的强制性规定，合法有效。

综上，债权转让成立，抵押合同合法有效并办理了抵押登记，新的债权人缪春山依法享有对原债务人永芳公司的债权，以及对原担保人高宏岭的抵押权。

编写人：北京市朝阳区人民法院　薛泓

60

抵押权尚未实现时是否具有诉权

——覃志兵诉广西武宣县平和米业有限公司等抵押合同案

【案件基本信息】

1. 裁判书字号

广西壮族自治区武宣县人民法院（2013）武民初字第 654 - 2 号民事裁定书

2. 案由：抵押合同纠纷

3. 当事人

原告：覃志兵

被告：广西武宣县平和米业有限公司（以下简称米业公司）、黄静远、覃美姣

【基本案情】

米业公司的法定代表人覃美姣与被告黄静远是夫妻关系。被告米业公司与柳州银行股份有限公司来宾分行（以下简称来宾分行）于 2012 年 8 月 28 日签订的《委托担保协议》合同约定：被告米业公司于 2012 年 8 月 28 日向来宾分行借款人民币 500 万元，借款期限为一年，同日委托来宾市方圆融资性担保有限公司（以下简称方圆公司）为被告提供贷款担保，并签订了合同编号为：方圆担保（2012）第 36 号委托担保协议。同时，被告米业公司对方圆公司的反担保行为是以其自己名下的

位于武宣县武宣镇丽光路南四巷（房产证号为武房权证字第 012194 号）私有房屋为被告米业公司的借款行为提供抵押反担保，此外被告覃美姣、黄静远、覃志兵以个人的财产对方圆公司的担保行为提供反担保。米业公司与原告覃志兵于 2012 年 11 月 14 日签订的《协议书》约定：米业公司用覃志兵的武房权证武宣镇（1）字第 009469 号楼房及其土地提供给方圆公司抵押，到 2013 年 8 月抵押期满后，米业公司及担保人黄静远将覃志兵的楼房及其土地解除抵押完好地归还原告，抵押期间如发生风险，米业公司及担保人黄静远将优先从各自名下的财产赔付 600000.00 元给原告。2013 年 4 月，由于被告米业公司的法定代表人覃美姣及其丈夫黄静远涉嫌行贿罪被武宣县人民检察院依法逮捕。覃美姣、黄静远被采取强制措施后，方圆公司为了保证其合法权益，于 2013 年 7 月 5 日向兴宾区人民法院申请诉前财产保全，并诉至兴宾区人民法院，请求法院判令：一、被告米业公司、覃美姣、黄静远归还原告的借款 500 万元；二、被告米业公司、覃美姣、黄静远支付违约金 100 万元；三、被告米业公司、覃美姣、黄静远支付原告的律师费 163000 元；四、被告覃志兵在担保物的范围内承担连带偿还责任；五、被告承担本案诉讼费。

2013 年 9 月 3 日，原告覃志兵以被告米业公司及担保人黄静远没能够偿还来宾分行借款，导致方圆公司起诉覃志兵并要求覃志兵在担保物范围内承担连带偿还责任，发生了风险，根据双方于 2012 年 11 月 14 日签订的协议约定：被告米业公司应赔偿原告覃志兵 60 万元为由，诉至法院，请求法院：一、判令两被告连带赔偿原告人民币 60 万元。二、判令两被告承担本案全部的诉讼费。

2014 年 1 月 17 日，广西壮族自治区来宾市兴宾区人民法院的（2013）兴民初字第 1909 号民事判决书判决被告覃志兵在反担保债权金额即 400000 元范围内承担连带责任。该案判决后至本案审理终结时，抵押权人（方圆公司）尚未实现抵押权。覃志兵尚未代为偿还方圆公司的代偿款。

【案件焦点】

在覃志兵尚未代为偿还即抵押权人尚未实现抵押权的情况下，覃志兵要求米业公司等被告按照协议约定赔偿 60 万是否合理，覃志兵是否有诉权。

【法院裁判要旨】

广西壮族自治区武宣县人民法院经审理后认为：本案的反担保抵押关系中，第三人覃志兵如果为债务人（米业公司、覃美姣、黄静远）抵押担保在抵押权人（方圆公司）实现抵押权后，有权向债务人（米业公司、覃美姣、黄静远）追偿。但是，至今由于本案的抵押权人（方圆公司）尚未实现抵押权，覃志兵亦尚未代为清偿债务。因此，覃志兵尚未享有追偿权，即不符合起诉条件。

广西壮族自治区武宣县人民法院依照《中华人民共和国担保法》第四条、第五十七条的规定，和《最高人民法院关于适用〈中华人民共和国民事诉讼法〉若干问题的意见》第一百三十九条第二款①的规定，作出如下裁定：

驳回原告覃志兵的起诉。

当事人对本案裁定没有提出上诉。

【法官后语】

本案处理重点主要在于对诉权的理解。《担保法》第五十七条规定，为债务人抵押担保的第三人，在抵押权人实现抵押权后，有权向债务人追偿。

具体到本案中，法院在审理时有不同看法。主要意见是，根据《担保法》第五十七条规定，只有履行了义务之后才能追偿，原告覃志兵与被告米业公司约定赔偿60 万元，但是覃志兵担保的财产是 40 万元左右，而覃志兵要求赔偿的是 60 万元，超过了担保的价值，超过的部分损害了其他权利人的利益，有规避法律的嫌疑。部分意见认为，约定大于法定，原、被告之间反担保的约定是合理的，他们的协议是为了保护覃志兵的权利，本案并不是追偿的问题，来宾市兴宾区人民法院以(2013) 兴民初字第 1909 号民事判决书判决覃志兵在反担保债权金额即 40 万元范围内承担连带责任，在抵押期间发生风险，覃志兵可按照约定要求米业公司赔付 60 万元。为了保证当事人的诉权，在立案阶段，可先立案受理。

值得注意的是，在抵押权尚未实现，可见预期风险的情况下，为了保证当事人

---

① 已失效，对应 2015 年公布的《最高人民法院关于适用〈中华人民共和国民事诉讼法〉的解释》第二百零八条规定："人民法院接到当事人提交的民事起诉状时，对符合民事诉讼法第一百一十九条的规定，且不属于第一百二十四条规定情形的，应当登记立案；对当场不能判定是否符合起诉条件的，应当接收起诉材料，并出具注明收到日期的书面凭证。需要补充必要相关材料的，人民法院应当及时告知当事人。在补齐相关材料后，应当在七日内决定是否立案。立案后发现不符合起诉条件或者属于民事诉讼法第一百二十四条规定情形的，裁定驳回起诉。"

的诉权，在立案阶段，是否可先立案受理案件。本案在审理期间经过讨论，多数意见认为不受理，当事人根据《担保法》第五十七条规定，履行义务后可行使追偿权得到救济。本案经中止审理到恢复诉讼、审理终结，历时较长，也不利于审判效率。

编写人：广西壮族自治区武宣县人民法院　蒙玉连

61

人保与物保并存时担保债权实现顺序的认定

——当阳市鑫盛小额贷款有限责任公司诉方强等借款合同案

【案件基本信息】

1. 裁判书字号

湖北省当阳市人民法院（2014）鄂当阳民初字第 01328 号民事判决书

2. 案由：借款合同纠纷

3. 当事人

原告：当阳市鑫盛小额贷款有限责任公司（以下简称鑫盛公司）

被告：湖北大地陶瓷有限公司（以下简称大地公司）、方强、龙学鱼

【基本案情】

2014 年 7 月 3 日，原告鑫盛公司（甲方）与被告大地公司（乙方）、方强（丙方）、龙学鱼（丙方）签订借款合同，合同约定：乙方因流动资金需要向甲方借款，丙方同意为乙方向甲方提供无条件不可撤销连带责任保证，借款额度大写：贰佰万元整，借款期限 2014 年 7 月 3 日至 2014 年 10 月 20 日，以借款凭证为准。乙方不可撤销的委托甲方将借款付至以下账户：账户名称：刘红琼，开户行：交通银行，账号：6222600×××，借款月利率为 2%，借款按月结息（每月按 30 天计）。若借款人未能按期清偿全部借款本息，则丙方应在到期日后十日内向甲方履行保证责任，在承担连带清偿责任后，有权向乙方行使追偿权。方强、龙学鱼作为

保证人在借款合同上签字并出具担保承诺函。2014 年 7 月 3 日，大地公司根据公司章程规定，召开全体股东大会，会议一致决议：一、大地公司向鑫盛公司申请贷款 200 万元，贷款期限 3 个月。公司全体股东一致同意为该笔贷款提供抵押担保，抵押物为本公司的库存产品，总价值为 3512150.40 元；二、本公司及公司股东同意为该笔贷款承担无条件不可撤销连带责任保证，并由方强、龙学鱼作为公司股东在决议上签字。2014 年 7 月 4 日，大地公司（甲方）与鑫盛公司（乙方）签订抵押合同，合同约定：甲方所担保的主合同为乙方依据其与大地公司于 2014 年 7 月 3 日签订的主合同，担保的主债权金额和期限依主合同之约定，甲方同意以公司的库存产品，具体是格友、盛邦牌 300×600 规格的墙砖 39400 件、100×800 规格的墙砖 71520 件，总价值为 3512150.40 元，作为抵押物。若借款人不能按期偿还借款，抵押权人有权按评估价格或低于评估价格（以实际可变现价格处置）变现处置抵押物品，以此来偿还借款，不足的由借款人另外筹资偿还。双方于 2014 年 7 月 11 日签订动产抵押登记书。鑫盛公司于 2014 年 7 月 11 日向合同约定的账户发放借款 2000000 元。被告大地公司至本案立案之日起尚欠 1545320.40 元借款本金未还。原告鑫盛公司于 2014 年 10 月 28 日诉至法院，要求被告大地公司偿还借款本息，被告方强、龙学鱼承担保证责任。

【案件焦点】

人保与物保并存时实现抵押权的顺序问题。

【法院裁判要旨】

湖北省当阳市人民法院经审理认为：鑫盛公司与大地公司签订的借款合同和抵押合同系双方当事人的真实意思表示，不违反法律、行政法规的规定，合法有效，双方当事人均应按合同约定履行自己的义务。现借款期限已届满，被告大地公司未能按期归还借款本息，其行为已经构成违约，应当承担逾期还款的违约责任。故对原告要求被告大地公司偿还借款本息的诉讼请求，予以支持。原告要求对抵押瓷砖享有优先受偿权的诉讼请求符合法律规定，予以支持。原告起诉要求被告方强、龙学鱼对大地公司所欠借款本息承担连带清偿责任，方强、龙学鱼辩称在抵押物不足的情况下才承担责任，公司提供的抵押物足以清偿债务，二被告不应该承担偿还责任，根据《中华人民共和国物权法》第一百七十六条规定"被担保的债权既有物的担保又有人的担保的，债务人不履行到期债务或者发生当事人约定的实现担保物权的情形，债权人应当按照约定实现债权……"，在原告鑫盛公司与被告大地公司、方强、龙学鱼签订的借款合同中明确约定：若借款人未能按期清偿全部借款本息，则方强、龙学鱼应在到期日后十日内向鑫盛公司履行保证责任，原告鑫盛公司与被告大地公司及方强、龙学鱼对实现债权进行了明确约定，现借款期限届满被告大地公司未按期偿还借款，被告方强、龙学鱼应按照约定履行保证责任，故对被告的抗辩意见不予采纳。原告要求被告方强、龙学鱼对借款本息承担连带清偿责任的诉讼请求符合法律规定，予以支持。

湖北省当阳市人民法院根据《中华人民共和国合同法》第四十四条、第一百零七条、第二百零五条、第二百零六条、第二百零七条，《中华人民共和国物权法》第一百七十六条，《中华人民共和国担保法》第十八条、第五十三条之规定，作出如下判决：一、被告湖北大地陶瓷有限公司偿还原告当阳市鑫盛小额贷款有限责任公司借款本金人民币1545320.40元，并自2014年10月28日起至本判决确定的给付之日止按月息2%计付利息。二、被告湖北大地陶瓷有限公司与原告当阳市鑫盛小额贷款有限责任公司签订的抵押合同有效，若被告湖北大地陶瓷有限公司不履行上述债务，原告当阳市鑫盛小额贷款有限责任公司有权以被告湖北大地陶瓷有限公司提供的抵押财产拍卖、变卖所得价款优先受偿。三、被告方强、龙学鱼对被告湖北大地陶瓷有限公司应偿还的上述借款本息承担连带清偿责任。

【法官后语】

物保是以担保物权作为债权的担保方式，人保是以保证人作为债权的担保方式。物保是以债务人自己或第三人的特定化或一定期间内可特定化的财产作为债务人履行债务的担保，人保则是以建立在第三人所拥有的全部财产的基础上的个人信誉作为债务人履行债务的担保。物保与人保在担保债务履行中各有其适用的场域，但在单一的担保形式无法为全部债务提供担保或债权人为加大其债权受偿的可能性而提出要求时，同一债权也可能同时存在物的担保和人的担保，此即物保与人保的并存，亦称为混合担保。

在《物权法》颁布之前，根据《担保法》第二十八条的规定，在物保与人保并存的情形下，保证人只对物保之外的债权承担保证责任，即由物保优先承担保证责任。《最高人民法院关于适用〈中华人民共和国担保法〉若干问题的解释》第三十八条则规定，在第三人提供的物保与人保并存时，债权人可以自由选择由哪一方来承担担保责任，即物保与人保平等等待承担保证责任。相比较而言，《最高人民法院关于适用〈中华人民共和国担保法〉若干问题的解释》的规定区分了第三人提供的物保和债务人自己提供的物保，并允许债权人自由选择担保责任的承担者，体现了尊重债权人意思自治、物保与人保平等的态度。《物权法》第一百七十六条延续了这一做法，并在此基础上又将尊重债权人的意思自治扩大到尊重债权人和债务人双方的意思自治，显得更为具体而合理，即首先按照双方的约定来实现债权人的债权，然后是以债务人自身提供的物保来实现债权，物保是第三人提供时，由债权人自由选择由物保或由人保来保障其债权实现。按照《物权法》第一百七十八条的规定："担保法与本法的规定不一致的，适用本法。"

先诉抗辩权是指保证人在债权人未就债务人的财产申请强制执行而仍不能受清偿前，得以拒绝承担保证责任的权利。保证人的先诉抗辩权在我国民法上仅为一般保证人所享有。市场经济条件下权利人的意思自治重要性的凸显，因此需要在每项具体制度上逐步贯彻民法的意思自治之基本原则，尊重民事主体基于自身理性判断而做出的选择。在物保与人保并存时，应当尊重当事人的约定、尊重债权人的选择，因为在此情况下"自应探求债权人的真意……在主债务人不履行债务时，债权人自得选择其认为更便捷、更安全的方式行使权利，法律上无限制的必要。"

在本案中，原告起诉要求被告方强、龙学鱼对大地公司所欠借款本息承担连带清偿责任，方强、龙学鱼辩称在抵押物不足的情况下才承担责任，公司提供的抵押物足以清偿债务，二被告不应该承担偿还责任，原告鑫盛公司与被告大地公司、方强、龙学鱼签订的借款合同中明确约定：若借款人未能按期清偿全部借款本息，则方强、龙学鱼应在到期日后十日内向鑫盛公司履行保证责任，原告鑫盛公司与被告大地公司及方强、龙学鱼对实现债权进行了明确约定，现原告作为债权人选择要求方强、龙学鱼承担保证责任，故对原告要求被告方强、龙学鱼对借款本息承担连带清偿责任的诉讼请求予以支持，对方强、龙学鱼提出的先诉抗辩权意见不予采纳。

编写人：湖北省当阳市人民法院　张佩玉

62

未实际提供借款情况下抵押合同的解除

——史三八诉曹存兵抵押合同案

【案件基本信息】

1. 裁判书字号

北京市第三中级人民法院（2014）三中民终字第3974号民事判决书

2. 案由：抵押合同纠纷

3. 当事人

原告（被上诉人）：史三八

被告（上诉人）：曹存兵

【基本案情】

2012年10月10日，甲方曹存兵与乙方史三八签订了《借款合同》，约定甲方向乙方出借200万元，通过银行转账方式支付；乙方的收款账户为史三八在工商银行开立的账户。按照乙方要求分期支付借款；按月利率2%计算资金占用费，自乙方收到款之日起计算，每满30个日历日结算一次，并于当日支付给甲方；借款期限为一个月，自甲方实际提供借款之日起开始计算；乙方应于借款期限届满之日一次性将借款本金及资金占用费支付给甲方；乙方为保证还款义务，以朝阳区广渠门外大街一号院×号楼×××室房屋作为抵押担保；担保范围为借款本金、资金占用费和实现担保权利的一切费用；如乙方未按本协议约定支付资金占用费或偿还借款本金的，每逾期一日，按照资金占用费两倍的标准向甲方支付延期资金占用费，并按照借款总额日千分之五向甲方支付违约金；本合同一式两份，双方各持一份具有同等法律效力。"按照乙方要求分期支付借款"为手写，双方均不清楚为谁书写，史三八称其未持有此份合同。

2012年10月11日，甲方史三八与乙方曹存兵签订了《房产抵押借款合同》，约定甲方向乙方借款金额为 200 万元；借款期限自 2012 年 10 月 11 日至 2012 年 11 月 10 日止；甲方以朝阳区广渠门外大街一号院×号楼×××号房屋抵押，向乙方提供担保；借款利率为 2%，但如果甲方未按本合同约定履行还款义务，超出借款期限外按实际期限以每日千分之五支付违约金；担保范围为主债权及利息、违约金、损害赔偿金、保管担保财产和实现担保物权的费用等。同日，双方办理了抵押权人为曹存兵的抵押登记。

2012 年 10 月 15 日，甲方史三八与乙方曹存兵签订了《借款合同》，约定甲方因资金周转困难向乙方借款 150 万元；借款期限为 30 个日历日，乙方指定曹存兵招商银行账户收款到账日为还款；借款期间设利息（利息为借款本金的 2%）。双方同意本协议经北京市方正公证处公证并赋予强制执行效力，甲方承诺，若未如期还款或到期未全部还清借款，乙方即有权单方向北京市方正公证处申请出具执行证书，并有权向有管辖权的法院申请强制执行。2012 年 10 月 15 日，曹存兵向向史三八的工商银行账户汇款 150 万元。

2012 年 10 月 15 日，史三八向郭大川账户（账号 6222020×××）汇款 6 万元。2012 年 11 月 14 日，史三八再次向郭大川账户汇款 150 万元。史三八称曹存兵指定向郭大川的账户还款，在偿还 156 万元后借款已经还清。曹存兵否认指定向郭大川账户还款，认为史三八未能还款，公证机关出具执行证书后曹存兵向本院申请强制执行，案件正在执行中，史三八的部分银行存款已经被划至本院。

诉讼中，法院询问史三八要求解除抵押合同的理由是已经还清了借款还是曹存兵未能放款，史三八称曹存兵未能履行 2012 年 10 月 11 日的抵押借款合同中约定的发放 200 万元款项的义务，故要求解除抵押登记。曹存兵称 150 万元的合同为 200 万元借款抵押合同中的一部分，由于史三八未申请其余 50 万元借款，故其余款项未发放。

【案件焦点】

主合同借款合同项下的放款义务是否实际履行，抵押合同是否合法有效。

【法院裁判要旨】

北京市朝阳区人民法院经审理认为：史三八与曹存兵签订的两份《借款合同》、《房产抵押借款合同》均系双方当事人的真实意思表示，其内容未违反国家法律法规的强制性规定，应属合法有效。

双方当事人均认可双方之间签订了三份借款合同，本案争议的焦点问题在于 200 万元的借款合同与 150 万元的借款合同的关系。史三八认为两份合同相互独立，曹存兵提供了 150 万元的借款，履行的是金额为 150 万元的《借款合同》，曹存兵未履行金额为 200 万元合同，故要求本院解除抵押登记。曹存兵认为金额为 200 万元的《借款合同》系曹存兵给予史三八 200 万元的借款额度，150 万元的《借款合同》履行了其中的 150 万元借款额度，故抵押登记不能解除。双方认可 2012 年 10 月 11 日的《房产抵押借款合同》中约定的提供 200 万元借款一事并未履行。曹存兵认为其发放 150 万元借款属于部分履行 2012 年 10 月 10 日的《借款合同》，但双方办理抵押登记的合同依据是《房产抵押借款合同》并非 2012 年 10 月 10 日的《借款合同》。在《房产抵押借款合同》中并未约定史三八可以分期提款的事宜，双方在签订《房产抵押借款合同》时亦未明确其与《借款合同》的关系。虽然在《房产抵押借款合同》签订后至本案起诉前史三八未要求解除房屋抵押登记，但是史三八在抵押登记办理后半年即向本院起诉，应属积极主张了其权利。双方签订了《房产抵押借款合同》，但曹存兵未按约定发放 200 万元借款，致使史三八签订合同目的无法实现。结合本院就 150 万元借款的执行情况，本院认为史三八要求解除与曹存兵签订的《房产抵押借款合同》并办理解除抵押登记的请求于法有据，本院予以支持。抵押登记的费用属于办理抵押所需的必要费用，且史三八未能提供证据证明其已经实际支付了，故史三八要求曹存兵支付 100 元登记费的诉讼请求，本院不予支持。

北京市朝阳区人民法院依照《中华人民共和国合同法》第九十四条第四款，《中华人民共和国担保法法》第三十三条之规定，判决如下：

一、解除原告史三八与被告曹存兵于二〇一二年十月十一日签订的《房产抵押借款合同》；

二、被告曹存兵于本判决生效之日起七日内协助原告史三八办理解除对房屋的抵押登记；

三、驳回原告史三八的其它诉讼请求。

曹存兵持原审起诉意见提起上诉。北京市第三中级人民法院经审理认为：双方办理抵押登记的合同依据是《房产抵押借款合同》并非 2012 年 10 月 10 日签订的《借款合同》。《在房产抵押借款合同》中并未约定史三八可以分期提款的事宜，双方在签订《房产抵押借款合同》时亦未明确其与《借款合同》的关系。双方认可《房产抵押借款合同》中约定的提供 200 万元借款一事并未履行，即双方签订的《房产抵押借款合同》，但曹存兵未按约定发放 200 万元借款，致使史三八签订合同的目的无法实现。史三八要求解除《房产抵押借款合同》并办理解除抵押登记的请求于法有据。一审判决认定事实清楚，适用法律正确，处理结果并无不当，应予维持。

北京市第三中级人民法院依据《中华人民共和国民事诉讼法》第一百七十条第一款第（一）项之规定，判决如下：

驳回上诉，维持原判。

【法官后语】

《担保法》第五条规定，担保合同是主合同的从合同，主合同无效，担保合同无效。担保合同另有约定的，按照约定。相对于借款合同而言抵押合同是从合同，尽管主合同有效并不必然意味着从合同有效，但是主合同有效是从合同有效的前提。

具体到本案来看，抵押合同是否有效需要判断其对应的主合同是否有效，即史三八与曹存兵之间是否存在抵押合同对应的借款合同项下真实的借贷关系。双方办理抵押登记的合同依据是《房屋抵押借款合同》，双方认可《房屋抵押借款合同》中约定的提供 200 万元借款一事并未履行，可见《房屋抵押借款合同》为从合同，目的在于办理抵押登记而非建立借款关系。史三八与曹存兵签订了两份《借款合同》，借款金额分别为 200 万元与 150 万元，签订时间分别为 2012 年 10 月 10 日和 2012 年 10 月 15 日。本案的难点在于判断两份《借款合同》及《房屋抵押借款合同》之间的关系。史三八认为 200 万元《借款合同》为抵押合同对应的主合同，曹存兵未履行该合同项下 200 万元的放款义务，应解除抵押登记；曹存兵认为 150 万元《借款合同》是部分履行 200 万元《借款合同》下的借款额度，因而抵押登记不能解除。双方在签订《房屋抵押借款合同》时并未约定史三八可以分期提款，亦未明确《房屋抵押借款合同》与《借款合同》的关系，曹村兵的主张没有合同依据。《房屋抵押借款合同》对应的主合同应为 200 万元《借款合同》，该合同项下曹存兵未按约定发放 200 万元借款，致使史三八签订合同的目的无法实现，故史三八要求解除《房屋抵押借款合同》并办理解除抵押登记的请求于法有据。

编写人：北京市朝阳区人民法院　薛泓

63

实现担保物权案件法院应当如何审查认定案件事实

——何政恒与骆丽媛、云南荣宇商贸有限公司申请实现担保物权案

【案件基本信息】

1. 裁判文书字号

云南省昆明市盘龙区人民法院（2014）盘法民特字第 03 号民事裁定书

2. 案由：申请实现担保物权

3. 当事人

申请人：何政恒

被申请人：骆丽媛、云南荣宇商贸有限公司

【基本案情】

2012 年 7 月 13 日，何政恒与骆丽媛签订《借款合同》，约定何政恒借款 600 万元给骆丽媛，约定以云南荣宇商贸有限公司所有的车位 20 个、商铺 1 个作为抵押担保，云南荣宇商贸有限公司未在借款合同中签字盖章。同日云南荣宇商贸有限公司与何政恒签订《抵押（担保）协议》，约定云南荣宇商贸有限公司自愿将其拥有的财产抵押给何政恒作为骆丽媛借款的担保。抵押物为车位 20 个，抵押价值为 600 万元，担保范围包括：以抵押物的实际变现价值为限，对何政恒提供的贷款本金、利息、罚息、复利、违约金、损害赔偿金、实现债权费用（包括但不限于诉讼或仲裁费、财产保全或证据保全费、强制执行费、评估费、拍卖费、鉴定费、律师费、差旅费、调查取证费等）进行担保。合同第二十四条约定：本抵押担保为普通借贷担保，本次借贷总额为人民币 600 万元，本抵押合同中抵押物承担其中 180 万元债务，剩余部分债务由双方另行约定担保。上述《借款合同》、《抵押（担保）协议》经云南省昆明市国正公证处（2012）云昆国正证字第 4991 号《公证书》予以公证。2012 年 7 月 13 日，何政恒转账支付骆丽媛借款 400 万元。2012 年 8 月 15 日，何政

恒、骆丽媛及云南荣宇商贸有限公司签订《补充协议》约定，借款期限延至 2012 年 11 月 12 日，骆丽媛应当于借款期限届满当日向何政恒归还借款。担保物抵押期随借款期限一并展期。该《补充协议》经云南省昆明市国正公证处（2012）云昆国正证字第 6780 号《公证书》予以公证。上述抵押物于 2012 年 8 月 28 日办理了抵押登记，何政恒取得昆房他证（官渡）字第 201208859 号《房屋他项权证》。

【案件焦点】

《借款合同》约定借款数额为 600 万元，实际履行的借款数额为 400 万元，《抵押（担保）协议》约定抵押物担保债权数额为 180 万元。何政恒申请在 400 万元债权范围内实现抵押权，超出了《抵押（担保）协议》对担保数额的约定，应当如何确定优先受偿债权数额。

【法院裁判要旨】

云南省昆明市盘龙区人民法院经审查认为：何政恒与骆丽媛签订的《借款合同》约定借款数额为人民币 600 万元，何政恒于 2012 年 7 月 13 日向骆丽媛转账人民币 400 万元，骆丽媛收到何政恒借款人民币 400 万元事实清楚，云南荣宇商贸有限公司以其所有的 20 个车位抵押给何政恒，为 600 万元借款中 180 万元债务提供担保，并办理了抵押登记，抵押权已设立并有效。现骆丽媛不履行上述到期债务，且上述抵押房产没有设定其他在先抵押，故申请人对该抵押房产有权优先受偿。申请人何政恒申请在 400 万元债权范围内享有优先受偿权，因《抵押（担保）协议》第二十四条约定：本抵押担保为普通借贷担保，本次借贷总额为人民币 600 万元，本抵押合同中抵押物承担其中 180 万元债务，剩余部分债务由双方另行约定担保。本院按合同约定的担保范围予以确认担保物权。

云南省昆明市盘龙区人民法院依照根据《中华人民共和国物权法》第一百九十五条第一款、第二款、《中华人民共和国民事诉讼法》第一百九十六条、第一百九十七条之规定，裁定如下：

准予对被申请人云南荣宇商贸有限公司所有的 20 个车位采取拍卖、变卖方式依法变价，申请人何政恒对变价后所得价款在借款本金人民币 180 万元、逾期损失（自 2012 年 11 月 13 日起按中国人民银行一年期贷款利率计算的资金占用损失）及实现上述债权所需费用的范围内优先受偿。

【法官后语】

2012 年 8 月 31 日《民事诉讼法》修订后在特别程序中新增实现担保物权案件，实现担保物权案件实行一审终审，由审判员一人独任审理。实现担保物权案件设立的立法目的是为了方便债权人实现债权，减少诉累。实现担保物权的案件跳过了确认债权债务的环节，在债务人和抵押人下落不明的情况下，通过特别程序对担保物权进行确认，能够大幅度缩短诉讼周期，节省诉讼成本。但由于该程序主要通过人民法院审查决定是否准予实现抵押权，修订后的民事诉讼法也未对审查的范围和标准予以明确，导致在审判实践中各个法院的执法尺度各不相同，有的认为只需针对担保物权的效力进行审查，有的认为必须结合主合同进行审查。笔者认为担保合同作为从合同与主合同具有密切的关系，主合同的效力及履行情况直接影响抵押合同的效力，因此对实现担保物权案件的审查应当众以下几个方面进行：一、主合同效力、期限、履行情况；二、担保物权是否有效设立；三、担保财产范围；四、被担保的债权范围；五、被担保的债权是否已届清偿期；六、担保物权上是否存在其他权利人。并且，在现有材料不足以查明事实的情况下，人民法院应当主动进行调查，收集证据，查明事实。在部分担保物权已明确，部分担保物权存在实质性争议的情况下，可以对先行对能够无争议的部分进行裁定。

编写人：云南省昆明市盘龙区人民法院　唐旭霞

64

最高额抵押权实现必须以债权确定期间届满为前提

——中国农业银行股份有限公司奉节支行诉王家涛、梁金靓金融借款合同案

【案件基本信息】

1. 裁判书字号

重庆市奉节县人民法院（2013）奉法民初字第 02583 号民事判决书

2. 案由：金融借款合同纠纷

3. 当事人

原告：中国农业银行股份有限公司重庆奉节支行

被告：王家涛、梁金靓

【基本案情】

原告中国农业银行股份有限公司重庆奉节支行与被告王家涛于 2011 年 11 月 25 日签订编号 55020620110007664 的农户贷款借款合同。合同约定用款方式为自助可循环方式，额度有效期自 2011 年 11 月 25 日至 2014 年 11 月 24 日；借款利率采用浮动利率，即按照借款发放日所对应的中国人民银行同期同档次人民币贷款基准利率上浮 25% 确定，借款期内如遇中国人民银行人民币贷款基准利率调整，自基准利率调整之日起，按调整后相应档次的基准利率上浮 25% 确定新的借款执行利率；借款人未按约定期限归还借款本金的，贷款人对逾期借款从逾期之日起在借款执行利率基础上上浮 50% 计收罚息，直至本息清偿为止。被告王家涛依据该合同于 2011 年 11 月 28 日向原告借款 150000 元，到期日 2012 年 11 月 27 日。在诉讼过程中，被告梁金靓于 2014 年 2 月 20 日偿还了该笔借款产生的利息 15000 元。

2011 年 11 月 25 日，中国农业银行股份有限公司重庆奉节支行还与王家涛签订了另一份编号为 55020620110007665 的农户借款贷款合同。合同约定用款方式为自助可循环方式，额度有效期自 2011 年 11 月 25 日至 2014 年 11 月 24 日；借款利率采用固定利率，即按照借款发放日所对应的中国人民银行同期同档次人民币贷款基准利率上浮 55% 确定，借款期限内不变；借款人未按约定期限归还借款本金的，贷款人对逾期借款从逾期之日起在借款执行利率基础上上浮 50% 计收罚息，直至本息清偿为止。被告王家涛依据该合同于 2011 年 11 月 28 日向原告借款 50000 元，到期日 2012 年 11 月 28 日，年利率 10.168%，逾期年利率 15.252%。在诉讼过程中，被告梁金靓于 2014 年 2 月 20 日偿还了该笔借款本金 50000 元。

被告梁金靓以其位于奉节县永安镇人和街 74 号 4 幢×单元×号房屋在以上两份合同中向中国农业银行股份有限公司重庆奉节支行提供最高额抵押担保，并办理了抵押登记。双方约定：债权确定期间届满包括合同约定的额度有效期届满以及贷款人依法律规定或者本合同约定宣布债权确定期间提前届满的情形；借款人或担保人违反本合同约定的，贷款人有权宣布债权确定期间提前届满。

【案件焦点】

合同约定"借款人或担保人违反本合同约定的，贷款人有权宣布债权确定期间提前届满"，原告要求实现最高额抵押权，是否必须据此宣告债权确定期间届满。

【法院裁判要旨】

重庆市奉节县人民法院经审理认为：原告中国农业银行股份有限公司重庆奉节支行与被告王家涛订立的借款合同依法成立，应当按照合同的约定履行自己的义务。由于王家涛没有对其是否履行还款义务进行抗辩并提供相应的证据，应自行承担不利后果。借款合同的双方当事人对借款期限内的利息和逾期利息都有约定，该约定不违反法律规定。中国农业银行股份有限公司重庆奉节支行要求王家涛返回借款本金并按照合同约定支付利息的请求应予准许。原告中国农业银行股份有限公司重庆奉节支行与被告梁金靓的最高额抵押合同依法成立，抵押权自登记时设立，在债务人不履行到期债务时，原告作为抵押权人有权在最高债权额限度内就该担保财产优先受偿。根据双方当事人在合同中的意思表示可以推定，本案中的最高债权额限度即合同约定的可循环借款额度和担保范围内的相关费用金额。同时，由于借款人王家涛违约，原告可以依合同约定宣布债权确定期间于起诉的同时届满，从而使其债权确定。债权确定期间届满后，实际发生的债权余额没有超过最高债权额限度。因此，原告要求对被告梁金靓抵押的房产优先受偿的请求应当得到支持。

重庆市奉节县人民法院依照《中华人民共和国合同法》第六十条、第二百零五条、第二百零六条、第二百零七条、《中华人民共和国物权法》第二百零三条第一款、第二百零六条、《中华人民共和国民事诉讼法》第一百四十四条、《最高人民法院关于民事诉讼证据的若干规定》第二条之规定，作出如下判决：

一、被告王家涛于本判决生效后5日内向原告中国农业银行股份有限公司重庆奉节支行返还借款150000元，并支付按合同（编号55020620110007664）约定的方式计算的借款期限内的利息（按浮动利率从2011年11月28日计算至2012年11月27日）和逾期利息（按借款执行利率上浮50%从逾期之日计算至本息清偿之日），已经偿还的15000元利息在计算时予以扣除。

二、原告中国农业银行股份有限公司重庆奉节支行已受清偿的50000元本金在清偿之前所产生的利息，包括借款期限内的利息（按 10.168% 的年利率从 2011 年 11 月 28 日计算至 2012 年 11 月 28 日）和逾期利息（按 15.252% 的年利率从逾期之日计算至本息清偿之日），由被告王家涛根据合同（编号 55020620110007665）约定的计算方式于本判决生效后 5 日内支付给原告中国农业银行股份有限公司重庆奉节支行。

三、如上述债务未受清偿，原告中国农业银行股份有限公司重庆奉节支行有权就被告梁金靓位于奉节县永安镇人和街 74 号 4 幢×单元×号房屋折价或者以拍卖、变卖该抵押物所得价款优先受偿。

【法官后语】

本案涉及最高额抵押，最高额抵押权的实现，除了要具备一般抵押权实现的条件，还必须具备其特有的条件。一般抵押权的实现条件包括：一、抵押权合法有效存在，这是前提条件；二、抵押权所担保的债权已届清偿期。但《物权法》规定有例外情况，即在抵押人被宣告破产或者被撤销、当事人约定的实现抵押权的情形以及严重影响债权实现的其他情形，比如抵押物因抵押人的原因造成价值减少而抵押人又不能恢复原状或增加担保的特殊情况下，即使债务并未届期，抵押权人也可以实现抵押权；三、债务人没有清偿债务，既包括没有清偿全部债务，也包括尚有部分债务没有清偿，因为依据抵押权的不可分原则，债务人虽然只有部分债务未履行，抵押权人仍然可以对全部抵押物主张实现抵押权；四、对于债务未清偿，非因债权人方面的原因而造成。若债务人没有履行债务是由债权人一方当事人的原因造成，则抵押权人可以债务人对抗债权人的事由为抗辩，抵押权不能实现。而最高额抵押权的实现除了要具备一般抵押权实现的要件之外，还必须满足一个条件，即最高额抵押权所担保的不特定债权变为特定的债权，也就是抵押权人的债权确定。

本案双方当事人在合同中约定的额度有效期就是最高额抵押的债权确定期间，而原告起诉之时，该案债权确定期间并未届满，如果没有其他能使债权确定的事由发生，最高额抵押权实现的条件尚不具备。通俗地讲，就是抵押权所担保的债权数额尚不确定，由于起诉时还处在额度有效期内，新的债权还有可能会发生，这种情形下抵押权当然不能实现。基于《物权法》第二百零六条的规定，经过法院释明，原告利用双方在合同中的特别约定，即"借款人或担保人违反本合同约定的，贷款人有权宣布债权确定期间提前届满",宣布于起诉的同时债权确定期间届满,从而使其请求得以支持。由于本案原告并未解除双方的借款合同,法院判决之后,理论上被告王家涛还可以依据该合同向原告借款,新的债权还可能产生。但由于原告已经宣布债权确定期间届满,则抵押人梁金靓不需再为债权确定之后新发生的债权承担担保责任。从本案可见债权确定是实现最高额抵押权不同于一般抵押权的至关重要的一点,而本案较为特殊的一点是原告依据双方的约定使债权确定期间提前届满,而主合同并没有解除,新的债权还有可能产生,只是抵押人不需再为新的债权承担担保责任,在审判实务中需要加以注意。

编写人:重庆市奉节县人民法院 刘邓

65

对涉嫌恶意抵押的申请不宜作出准予担保物权实现裁定

——朱洪英与王平华、杨敏申请实现担保物权案

【案件基本信息】

1. 裁判书字号

浙江省杭州市西湖区人民法院(2013)杭西商特字第2号民事裁定书

2. 案由:申请实现担保物权

3. 当事人

申请人:朱洪英

被申请人:王平华、杨敏

【基本案情】

朱洪英系王平华嫂子。2008年至2012年9月13日期间,王平华陆续向朱洪英借款,朱洪英以转账以及现金的方式将借款出借给王平华。2012年9月13日双方经对账,王平华共向朱洪英借款1970000元,并出具借条一张,王平华经与其妻杨敏协商同意将坐落于杭州市西湖区某村×号×幢×单元401室(以下简称401室)

的共有房屋抵押给朱洪英。之后，双方办理了抵押登记手续。朱洪英因急需资金，故提出担保物权实现申请，请求裁定拍卖、变卖王平华、杨敏的抵押财产即 401 室房屋，对拍卖、变卖后所得款项在抵押主债权 1970000 元范围内优先受偿。王平华、杨敏对朱洪英的申请均无异议，同意申请事项。经听证，另查明，王平华同时尚有多笔涉及其他债权人的借款未归还，且已有其他债权人起诉至法院。王平华无其他财产。

【案件焦点】

本案是否涉嫌恶意抵押。

【法院裁判要旨】

浙江省杭州市西湖区人民法院经审查认为：朱洪英系王平华嫂子，2012 年 9 月王平华、杨敏将 401 室房屋抵押给朱洪英，为王平华向朱洪英 2008 年至 2012 年期间的借款提供抵押担保，该抵押系部分事后抵押。因王平华同时尚有多笔涉及其他债权人的借款未归还，且已有其他债权人起诉至本院。在本案中，王平华已明确无其他财产，故王平华、杨敏将 401 室房屋抵押给朱洪英的行为有可能损害其他债权人利益，因此，本院对朱洪英的申请不予支持。据此，作出如下裁定：

驳回申请人朱洪英要求实现担保物权的申请，申请人朱洪英可以向人民法院提起诉讼。

【法官后语】

2012 年修正的《民事诉讼法》新增实现担保物权特别程序，有利于担保物权人"省时省钱"地实现担保物权。但该程序的非争讼性质有可能使虚假诉讼趁机而入。如何在高效审理实现担保物权案件的同时，有效防止虚假诉讼、查明恶意抵押就成为必须面对的问题。

1. 恶意抵押的定义

担保法上的恶意抵押是指债务人有多个债权人，而仅为其中一个债权人设置的导致其他债务不能清偿的抵押，集中体现在最高人民法院的相关批复、复函、解释中。《最高人民法院关于适用〈中华人民共和国担保法〉若干问题的解释》第六十九条规定，债务人有多个普通债权人的，在清偿债务时，债务人与其中一个债权人恶意串通将其余全部或部分财产抵押给该债权人，因此丧失了履行其他债务的能力，损害了其他债权人的合法权益，受损害的其他债权人可以请求人民法院撤销该抵押行为。按此解释，恶意抵押是可被债权人撤销的行为。这是司法解释对可撤销的抵押的一种特殊规定，是依据民法诚实信用、禁止权利滥用等基本原则对当事人之间自愿设置抵押权的限制。

司法实践中，恶意抵押更多地表现为事后抵押，通常发生在债务人业已陷入支付危机、濒临破产情况下为已存在的先前债务设定抵押。事后抵押具有无偿性，必然导致其降低或者丧失了履行其他债务的能力，损害了其他债权人的合法利益。本案中，2012年9月王平华将401室房屋抵押给朱洪英系为王平华与朱洪英之间2008年至2012年期间陆续发生的借款提供抵押担保，该抵押系部分事后抵押，存在恶意抵押嫌疑。

2. 恶意抵押的构成要件

恶意抵押可撤销，须具备以下要件：债务人有多个普通债权人；全部或部分财产抵押给其中一个债权人；抵押发生在清偿债务时，即有多个债权履行期届满，债务人对多个债权均有清偿义务时；债务人因设定抵押丧失了履行其他债务的能力；债务人与抵押权人有恶意串通行为，该恶意串通非传统民法上的通谋虚伪表示，应采观念主义：债权人知悉债务人陷入支付危机而仍签订抵押合同即可构成恶意串通。如果债务人将全部财产为债权人设定事后抵押，可以直接推定债务人与抵押权人之间存在恶意串通。

司法实践中，应注意根据以上要件综合认定恶意抵押，而不能单方面进行认定。本案在认定部分事后抵押的基础上，结合王平华同时尚有多笔其他借款未归还，且已有其他债权人起诉至法院，王平华也无其他财产的情况，可初步判断，本案抵押行为有可能损害其他债权人利益。虽其他债权人在本案中未提出异议，但在抵押行为存在争议的情况下，本案不宜作出准予实现担保物权的裁定。

3. 恶意抵押的识别措施

有下列情形的，审判人员应当予以谨慎审查，防范恶意抵押：申请人陈述的事实、理由不合常理，证据存在伪造可能；当事人无正当理由拒不到庭参加质证，委托代理人对案件事实陈述不清；当事人配合默契，不存在实质性的对抗；被申请人在一定期间反复涉及债务纠纷诉讼；当事人双方存在近亲属等特殊密切关系。具体的识别措施有：

（1）审判组织上一般应组成合议庭。从程序性质上看，实现担保物权程序属非讼性质的特别程序，非讼程序的特点之一就是非争议性，故在审判机制的设计上，可以采取法官独任制进行审查，但对于重大、疑难、有恶意抵押嫌疑的案件，慎重起见仍应组成合议庭进行审查。

（2）审查对象上应不限于当事人提供的材料。由于非讼程序本身适用的是职权主义，故人民法院可不限于当事人提供的材料，可以依职权进行调查，并通过听证等程序询问当事人，以进一步查清事实。

（3）审查标准应采实体主义。抵押登记作为一种行政登记行为，具有权利推定效力，即推定记载在《他项权利证》上的抵押权人是真实的。但行政行为公定力不应成为民事诉讼中对行政登记证书及所涉民事权利效力认定的障碍。在存在恶意抵押、虚构债权债务嫌疑的情况下，人民法院应进行严格的实质审查，只有对主债务、担保债务均确无争议的，才可作出准予实现担保物权的裁定。

编写人：浙江省杭州市西湖区人民法院　陈贞全　卜亮

66

顺序在后的抵押权人可申请实现担保物权

——苏翠妹与宗新建、赵红申请实现担保物权案

【案件基本信息】

1. 裁判书字号

浙江省杭州市西湖区人民法院（2013）杭西商特字第 1 号民事裁定书

2. 案由：申请实现担保物权

3. 当事人

申请人：苏翠妹

被申请人：宗新建、赵红

【基本案情】

2013年1月7日，宗新建向苏翠妹借款400000元，借期为2013年1月7日至2013年3月7日，宗新建、赵红以坐落于杭州市西湖区某村东×幢×单元501室（以下简称501室）房屋为该笔借款抵押担保，担保债权数额为400000元，并办理了抵押登记。该笔借款到期后，宗新建、赵红均表示无力偿还债务。苏翠妹遂向西湖区人民法院提出申请：请求裁定拍卖、变卖501室房屋，对拍卖、变卖后所得款项在抵押主债权400000元范围内优先受偿。经听证审查，另查明，501室房屋在设定苏翠妹的抵押权之前，宗新建、赵红已于2010年2月26日将501室房屋为其向中国民生银行股份有限公司杭州分行（以下简称民生银行）所借的1100000元办理了抵押登记。该笔借款也已到期，宗新建、赵红亦未归还。至本案听证时，民生银行尚未提起诉讼，也未提出实现担保物权的申请。

【案件焦点】

顺序在后的抵押权人能否通过实现担保物权特别程序要求实现抵押权。

【法院裁判要旨】

浙江省杭州市西湖区人民法院经审查认为：宗新建、赵红向苏翠妹借款400000元，以其所有的501室房屋为该笔借款抵押，并办理了抵押登记。现借款已到期，宗新建、赵红未归还借款，苏翠妹有权就该财产优先受偿。但经审查查明，在苏翠妹设定抵押权之前，宗新建、赵红已于2010年2月26日将501室房屋为其向民生银行所借的1100000元，办理了抵押登记。故，拍卖、变卖抵押物后所得的款项，应优先清偿民生银行的抵押债权，再清偿苏翠妹的抵押债权。

浙江省杭州市西湖区人民法院依照《中华人民共和国物权法》第一百八十七条、第一百九十九条，《中华人民共和国民事诉讼法》第一百九十七条之规定，裁定如下：

对被申请人宗新建、赵红501室房屋准予采取拍卖、变卖等方式依法变价，申请人苏翠妹对变价所得款项超出顺序在先的民生银行抵押担保债权的部分，在抵押债权400000元的范围内优先受偿。本裁定为终审裁定。

【法官后语】

担保物权实现案件是《民事诉讼法》规定的特别程序。本案在审查中存在两种意见。一种意见认为：优先受偿权是抵押权的核心和实质，在同一抵押物上存在数个抵押权时，登记在先的抵押权优先于登记在后的抵押权，故只有在先抵押权人能要求实现抵押权，在先抵押权人未提起申请，对顺序在后抵押权人提出实现担保物权的申请，应予驳回（见《人民法院报》2013 年 3 月 21 日第 6 版案例指导）。另一种意见认为：在先抵押的存在不是作出担保物权实现准予裁定的否定条件，只要经审查，对主债务、担保债务无异议的，可依法裁定准予拍卖、变卖担保财产。法院最终采纳第二种意见，理由主要是：

1. 抵押权效力的先后次序不等于抵押权实现的先后次序。根据《物权法》第一百九十九条、《担保法》第五十四条，抵押权效力的先后次序取决于是否登记、登记时间、合同订立时间等因素，即抵押权已登记的，按照登记的先后顺序清偿；抵押权已登记的先于未登记的受偿；未登记的，按照合同生效时间的先后顺序清偿；顺序相同的，按照债权比例清偿。抵押权实现的先后次序，则取决于抵押权实现的条件、方式和程序。效力居于后位的抵押权可能先具备抵押权的实现条件，如后位抵押权担保的主债务先到期或约定实现抵押权的情形先成就等，在此情形下，先符合实现条件的抵押权人，当然可先提起申请。

2. 后位抵押权人可先提起普通民事诉讼，当然也就有权先提起实现担保物权的申请。业务庭负责案件具体审查作出的准予裁定，类似于经过普通诉讼程序作出的肯定判决，均为执行依据。2012 年修正的《民事诉讼法》新增实现担保物权的特别程序，目的在于解决诉讼程序复杂、漫长且成本高昂的问题，通过特别程序，"省时省钱"地实现担保物权。既然在一物二抵的情况下，不同的债权人均可以债务人、抵押人为被告单独提起普通民事诉讼，法院均可独立作出判决，那么法院对不同抵押权人提起实现担保物权的申请，亦可独立作出裁定，包括对后位抵押权人先提起的申请作出准予裁定。

3. 法律法规并未禁止后位抵押权先提出申请，相反司法解释对此持肯定态度。申请宣告死亡特别程序中，相关法律明确规定申请人存在先后顺序，在先的利害关系人如配偶未提出申请，后位申请人如子女不得提出申请。但实现担保物权特别程序并未对申请人有明确的顺序规定，相反《最高人民法院关于适用〈中华人民共和国担保法〉若干问题的解释》第七十八条规定，同一财产向两个以上债权人抵押的，顺序在后的抵押权所担保的债权先到期的，抵押权人只能就抵押物价值超出顺序在先的抵押担保债权的部分受偿。由此，亦可推断后位抵押权可先提出申请。

4. 对顺序在后抵押权人先提出的申请作出准予拍卖、变卖裁定，并不会当然损害在先抵押权人的利益。司法实践中，申请人递交的申请材料的接受、立案登记、编立案号，由立案庭负责；商事审判业务庭负责案件具体审查并作出裁定；执行局负责对担保财产执行拍卖、变卖程序。进入拍卖、变卖执行程序后，一般均会查明登记在先的抵押权，执行法院会通知在先抵押权人，在先抵押权人也会主动申报债权。执行法院在保障在先抵押权人利益的前提下将拍卖、变卖价款予以提存，留待清偿顺序在先的抵押担保债权，剩余款项清偿后位抵押权人。

另外，在裁定主文的表述上，由于在先抵押权担保的主债务是否清偿，是否已到期等问题无法在本案中一并查明，可借鉴《最高人民法院关于适用〈中华人民共和国担保法〉若干问题的解释》第七十八条的规定，具体表述为：对被申请人宗新建、赵红501室房屋准予采取拍卖、变卖等方式依法变价，申请人苏翠妹对变价所得款项超出顺序在先的民生银行抵押担保债权的部分，在400000元的范围内优先受偿。

编写人：浙江省杭州市西湖区人民法院　陈贞全　卜亮

四、质 押

67

"保证金"账户内资金的法律性质认定

——屯昌县农村信用合作联社诉海南屯昌辰鸿混凝土配送有限公司 案外人执行异议之诉案

【案件基本信息】

1. 裁判书字号

海南省第一中级人民法院（2014）海南一中民一终字第 5 号民事判决书

2. 案由：案外人执行异议之诉

3. 当事人

原告（被上诉人）：屯昌县农村信用合作联社（以下简称屯昌信用联社）

被告（上诉人）：海南屯昌辰鸿混凝土配送有限公司（以下简称辰鸿公司）

【基本案情】

2011 年 6 月 15 日，屯昌信用联社与海南龙诚达投资有限公司（以下简称龙诚达公司）签订《按揭贷款业务合作协议》，协议约定：屯昌信用联社为龙诚达公司开发的"龙城天地"房地产项目中的购房者提供抵押加阶段性保证担保业务，发放总额不超过一千万元人民币的住房贷款，同意购房者提供以所购买的房地产作抵押，在办妥房地产他项权证交付给屯昌信用联社之前，由龙诚达公司提供阶段性无条件的、不可撤销的连带责任保证；龙诚达公司则在屯昌信用联社开立保证金账户，并承诺保留一定存款余额，一般为贷款业务总额的 5%，当借款人未按时还款时，屯昌信用联社可按合同约定，直接从保证金账户中扣收借款人欠付的贷款本息等；保证期限至该笔贷款相应的房地产办理抵押登记，并且《房地产他项权证》原件及其他原件交付于屯昌信用联社之日止。协议签订后，龙诚达公司依约将保证金存入其在屯昌信用联社开立的账户，截止2013年7月12日，该账户内共有存款622500元人民币。因辰鸿公司根据屯昌县人民法院生效的民事调解书申请强制执行龙诚达公司的财产，屯昌县人民法院遂于2013年12月4日作出（2013）屯执字第176-2号执行裁定，划拨龙诚达公司在屯昌信用联社开立的保证金账户上的存款622500元至屯昌县人民法院账户。2013年12月16日，屯昌信用联社以其对该账户内资金享有优先受偿权为由，向屯昌县人民法院提出书面异议。2013年12月25日，屯昌县人民法院作出（2013）屯执字第176-3号执行裁定，以屯昌信用联社提出异议的理由不属执行异议程序审查的范围为由，驳回屯昌信用联社的异议。屯昌信用联社向海南省第一中级人民法院申请复议，海南省第一中级人民法院审查后作出（2014）海南一中执复字第1-1号执行裁定，以同样理由驳回屯昌信用联社的复议申请。2014年4月11日，屯昌信用联社依据《中华人民共和国民事诉讼法》第二百二十七条的规定起诉，请求：1.确认屯昌信用联社对龙诚达公司在屯昌信用联社处的保证金账户上的保证金享有优先受偿权；2.驳回辰鸿公司对该账户上的资金的执行申请，终止对该账户保证金的执行。

【案件焦点】

屯昌信用联社对龙诚达公司在其社开立的保证金账户内的款项是否享有优先受偿权。

【法院裁判要旨】

海南省屯昌县人民法院经审理认为：屯昌信用联社与龙诚达公司签订的《按揭贷款业务合作协议》，是双方真实意思表示，合同内容并未违反法律法规的强制性规定，合法有效。该《按揭贷款业务合作协议》属双方用保证金账户中的资金作为贷款担保的书面意向，双方也实际履行了该协议的内容。龙诚达公司以保证金存款科目在屯昌信用联社开立账户，并按贷款相应比例存入保证金，该账户资金所有权虽在龙诚达公司名下，但龙诚达公司对账内资金没有自由支取的权利，当借款人不及时偿还贷款时，屯昌信用联社有权直接从中扣划款项偿还欠款，故龙诚达公司保证金账户资金实际为债权人屯昌信用联社控制和占有，在形式上满足了将金钱特定化的要求，符合《最高人民法院关于适用〈中华人民共和国担保法〉若干问题的解释》第八十五条的规定，即"债务人或者第三人将其金钱以特户、封金、保证金等形式特定化后，移交债权人占有作为债权的担保，债务人不履行债务时，债权人可以以该金钱优先受偿"。屯昌信用联社主张对龙诚达公司在屯昌信用联社处的保证金账户上的保证金享有优先受偿权有事实与法律依据，予以支持。

案经审判委员会讨论决定，依照《最高人民法院关于适用〈中华人民共和国担保法〉若干问题的解释》第八十五条的规定，判决：

一、屯昌信用联社对龙诚达公司在该社处的保证金账户上的保证金享有优先受偿权；

二、停止对龙诚达公司在屯昌信用联社处的保证金账户上的保证金的执行。

被告辰鸿公司不服一审判决提起上诉，海南省第一中级人民法院经审判委员会讨论决定，判决驳回上诉，维持原判。

【法官后语】

这是一起当前频发的金融机构作为案外人所提起的执行异议之诉，涉及"保证金"账户内资金的法律性质认定问题。通常金融机构在发放贷款或开展其他金融业务时，一般要求客户开立"保证金"账户并存入一定数额的资金作为履约担保。我国《担保法》明确规定的担保方式为保证、抵押、质押、留置、定金，这种"保证金"账户内资金双方已明确约定用于履约担保，但属于何种性质的担保方式，法律上并无明确规定，存在立法上的空白，在司法实践中也常引发争议。《最高人民法院关于适用〈中华人民共和国担保法〉若干问题的解释》第八十五条规定："债务人或者第三人将其金钱以特户、封金、保证金等形式特定化后，移交债权人占有作为债权的担保，债务人不履行债务时，债权人可以该金钱优先受偿"。根据该规定，特定化的金钱，可以作为质物移交债权人占有作为质押担保。客户在银行或金融机构开立了"保证金"账户并存入一定的资金，在双方明确约定用于某项金融业务的还款担保时，尽管账户密码或取款印鉴由客户保管，但未经银行或金融机构的同意，客户也不能随意支取该账户内的资金，且一旦发生了客户不能及时履约事项时，银行或金融机构有权根据双方的约定，从该账户中直接划款折抵。根据以上特征，这种双方明确约定用于担保的"保证金"账户内的资金，已具备了"金钱特定化"的形式要求，符合"债权人占有并作为债权担保"的质押要件，应认定为特殊的金钱质押方式，银行或金融机构对该账户内资金享有优先受偿权。

编写人：海南省第一中级人民法院　李雪茹

68

保证金账户特定化后的优先受偿权问题

——珠海农村商业银行股份有限公司金湾支行诉珠海市兴华源五金工艺有限公司、珠海市中融融资担保有限公司金融借款合同案

【案件基本信息】

1. 裁判书字号

广东省珠海市金湾区人民法院（2014）珠金法三民初字第 437 号民事判决书

2. 案由：金融借款合同纠纷

3. 当事人

原告：珠海农村商业银行股份有限公司金湾支行

被告：珠海市兴华源五金工艺有限公司、珠海市中融融资担保有限公司

【基本案情】

原告与被告珠海市兴华源五金工艺有限公司签订《流动资金贷款合同》，提供借款人民币 200 万元整，被告珠海市中融融资担保有限公司为上述借款提供连带责任保证。

原告的总行珠海农村商业银行股份有限公司与被告珠海市中融融资担保有限公司签订《担保业务合作协议》，约定被告珠海市中融融资担保有限公司与珠海农村商业银行股份有限公司合作的担保业务时，必须在指定的营业部开立存款账户和保证金账户，必须对应每笔担保金额在指定的保证金账户存入一定比例的保证金，农商行对该保证金账户实行封闭管理，保证金专户与客户结算户不得串用、挪用、不得提前支取保证金，在担保人违约或借款人违约时，农商行有权直接在该保证金账

户直接扣划款项以偿还借款人的债务，未经农商行书面确认同意，担保人不得划转或提取他用；担保人担保的贷款到期全额收回后，凭贷款回收凭证出具支付通知办理保证金支付，农商行辖下的各支行在办理和执行该协议项下合作事宜时，无需单独与中融公司再签订类似的协议《合作协议》，等等。被告珠海市中融融资担保有限公司向开设的保证金专户按被告珠海市兴华源五金工艺有限公司贷款金额的20%的比例缴存了40万元保证金。

广东省揭阳市中级人民法院因执行（2013）揭中法执字第39号案，冻结了中融公司在珠海农商银行开设的保证金账户，扣划该保证金账户中的人民币10440000元。

基于被告珠海市中融融资担保有限公司的担保能力下降，原告依据约定诉请解除借款合同，要求被告珠海市中融融资担保有限公司承担连带保证责任，并要求对被告珠海市中融融资担保有限公司在珠海农商银行股份有限公司设立的保证金账户中内的全部存款享有优先受偿权。

【案件焦点】

1. 设立保证金账户是否构成货币质押；2. 原告对于保证金账户内存款是否具有优先受偿权。

【法院裁判要旨】

广东省珠海市金湾区人民法院经审理认为，被告珠海市中融融资担保有限公司在珠海农商银行股份有限公司设立保证金专用账户，按借款比例存入保证金的行为属于金钱动产质押，原告作为珠海农商银行的下设机构，经授权取得对保证金账户中的保证金的优先受偿权。由于被告珠海市中融融资担保有限公司与珠海农商银行签订《担保业务合作协议》，建立长期担保合作关系，在为每一笔借款提供担保时均向该保证金账户存入一定比例的保证金，在借款人或担保人未偿还借款是可以在保证金账户中直接扣划款项以抵偿，且约定该保证金的退还支付应根据还款情况取得珠海农商银行及其下设机构同意后方可，说明保证金账户中的存款即可作为偿还借款的保证，并不局限于对应的借款金额的部分保证金，故亦应认定银行对账户内的全部资金在担保债务未清偿前均享有质权。

广东省珠海市金湾区人民法院依照《中华人民共和国合同法》第八条、第九十八条、第二百零五条、第二百零六条、第二百零七条，《中华人民共和国担保法》第二十一条、第六十三条，《最高人民法院关于适用〈中华人民共和国担保法〉若干问题的解释》第四十二条、第八十五条，《中华人民共和国民事诉讼法》第六十四条第一款、第一百四十四条的规定，判决如下：

一、解除原告珠海农村商业银行有限公司金湾支行与被告珠海市兴华源五金工艺有限公司于 2013 年 9 月 30 日签订的《流动资金贷款合同》；

二、被告珠海市兴华源五金工艺有限公司于本判决发生法律效力之日起七日内向原告珠海农村商业银行有限公司金湾支行偿还借款本金人民币 1996315.31 元；

三、被告珠海市兴华源五金工艺有限公司于本判决发生法律效力之日起七日内向原告珠海农村商业银行股份有限公司金湾支行偿还借款利息（利息及复利计算方法：自 2014 年 10 月 19 日至 2014 年 10 月 20 日，以本金人民币 200 万元为基数，按照合同载明的贷款利率水平上加收 50% 的利率标准计算；自 2014 年 10 月 21 日起，以本金人民币 1996315.31 元为基数，按照合同载明的贷款利率水平上加收 50% 的利率标准计算至本判决判定的债务履行期届满之日止。复利为以未付利息为基数，不包含已计算的复利，按照合同载明的贷款利率水平上加收 50% 的利率标准计算至本判决判定的债务履行期届满之日止）；

四、被告珠海市兴华源五金工艺有限公司于本判决发生法律效力之日起七日内向原告珠海农村商业银行股份有限公司金湾支行偿还律师费 4 万元；

五、被告珠海市中融融资担保有限公司对上述第二判项、第三判项、第四判项确定的被告珠海市兴华源五金工艺有限公司的债务承担连带清偿责任；

六、原告珠海农村商业银行股份有限公司金湾支行在上述对被告珠海市兴华源五金工艺有限公司、被告珠海市中融融资担保有限公司的债权范围内对被告珠海市中融融资担保有限公司提供的保证金账户（账号：800200××××；户名：珠海市中融融资担保有限公司；开户行：珠海农村商业银行营业部）内的全部资金享有优先受偿权；

七、被告珠海市中融融资担保有限公司在承担上述第五判项、第六判项确定的连带清偿责任后，有权向被告珠海市兴华源五金工艺有限公司追偿。

【法官后语】

本案具有代表性和特殊性的就是担保金账户的性质及账户内存款的优先受偿权问题。

首先，是对于保证金账户性质的定性，《最高人民法院关于适用〈中华人民共和国担保法〉若干问题的解释》第八十五条创设了金钱动产质押制度，根据该规定，保证金账户质押实际上是一种金钱质押。金钱质押生效的条件包括金钱特定化和移交债权人占有两个方面。本案珠海市中融融资担保有限公司已经依约为出质金钱开立了保证金专用账户并存入保证金，该账户未用于非保证金业务的日常结算，符合特定化的要求。农商银行取得对该账户的控制权，实际控制和管理该账户，符合出质金钱移交债权人占有的要求。故被告珠海市中融融资担保有限公司开设保证金账户存入保证金的性质即为金钱质押，原告对该账户中的保证金依法享有优先受偿权。

其次，关于优先受偿权的金额问题，是全额还是按对应的贷款额度的一定比例缴存的部分保证金？珠海农商银行与被告珠海市中融融资担保有限公司之间签订的合作协议并不只是针对某一份借款合同，而针对的是合作期限内被告珠海市中融融资担保有限公司担保的所有借款合同。被告珠海市中融融资担保有限公司每开展一笔担保贷款业务，就需要按照一定比例向保证金账户存入一笔资金，而该保证金账户是固定的，并非每一次担保都开设一个担保金账户，在多比担保业务未完毕的情况下，可能出现保证金账户资金余额超过合同对应的保证金额度的情形。对于超出额度的部分，银行是否享有质权？本案中，合作协议约定保证金账户资金在其担保债务未获全部清偿前，担保公司不得动用，在借款人或担保人未偿还借款是可以在保证金账户中直接扣划款项以抵偿，且约定该保证金的退还支付的前提是担保的贷款到期全额收回，还需取得珠海农商银行及其下设机构同意后方可，此外，合作协议并未明确约定仅在根据借款额度按比例存入的保证金金额范围内承担清偿责任，说明保证金账户中的存款即可作为偿还借款的保证，并不局限于对应的借款金额的部分保证金，故亦应认定银行对账户内的全部资金在担保债务未清偿前均享有质权。

编写人：广东省珠海市金湾区人民法院　袁朔霖

$\boxed{69}$

应退税款质押的效力认定

——安徽郎溪农村商业银行股份有限公司诉郎溪县远大铜业
有限公司等金融借款合同案

【案件基本信息】

1. 裁判书字号

安徽省宣城市中级人民法院（2014）宣中民二初字第00040号民事判决书

2. 案由：金融借款合同纠纷

3. 当事人

原告：安徽郎溪农村商业银行股份有限公司（以下简称朗溪农村商业银行）

被告：郎溪县远大铜业有限公司（以下简称郎溪远大铜业公司）、戴俊华、安徽省郎溪县国家税务局（以下简称郎溪县国税局）

【基本案情】

2012年11月22日，郎溪远大铜业公司以本公司两张增值税完税凭证的应退税款提供质押，向郎溪农村合作银行申请贷款。郎溪远大铜业公司承诺委托郎溪县国税局将应退税款划到指定账户，并同意郎溪农村合作银行直接划收归还贷款本息。郎溪县国税局向郎溪农村合作银行承诺将应退税款及时划到郎溪远大铜业公司指定的账户。2012年11月27日，郎溪远大铜业公司与郎溪农村合作银行签订《借款合同》和《权利质押合同》，约定：郎溪远大铜业公司借款870万元，期限6个月；郎溪远大铜业公司以两张增值税完税凭证为权利质物提供质押担保。郎溪远大铜业公司法定代表人戴俊华承诺承担连带保证责任。合同签订当日，郎溪农村合作银行发放借款870万元，郎溪远大铜业公司将两张增值税完税凭证作为权利质物交付给郎溪农村合作银行。

2013年3月29日和2013年4月23日，郎溪远大铜业公司采取相同方式（3月

29 日以一张增值税完税凭证应退税款提供质押，4 月 23 日以两张增值税完税凭证应退税款提供质押），分别从郎溪农村合作银行借款 500 万元、630 万元。郎溪远大铜业公司对上述借款分别归还了部分利息。

上述借款发放后，郎溪县国税局尚未实际核定和支付郎溪远大铜业公司五张增值税完税凭证的应退税款。

2013 年 12 月 31 日，郎溪农村商业银行开业，郎溪农村合作银行终止，债权债务转为郎溪农村商业银行债权债务。2014 年 3 月 6 日，郎溪农村商业银行向法院起诉，请求判令：1. 郎溪远大铜业公司归还借款本金 2000 万元及未付利息；2. 确认郎溪农村商业银行享有质押优先受偿权；3. 戴俊华承担连带清偿责任；4. 郎溪县国税局按照承诺内容及时退税，用于归还郎溪远大铜业公司的贷款。

【案件焦点】

金融借款合同中，当事人约定以特定增值税应退税款提供质押担保，并指定了退税账户，转移了对特定增值税完税凭证的占有，赋予了质权人对指定退税款项的直接处置权，该质押是否合法有效。

【法院裁判要旨】

安徽省宣城市中级人民法院经审理认为：

一、关于郎溪远大铜业公司对借款本息的偿还责任。郎溪远大铜业公司未按期偿清借款本金和利息，应当依据合同约定和法律规定承担归还本金、利息及逾期罚息的民事责任。

二、关于本案中应退税款质押的效力。本案三笔借款中，郎溪远大铜业公司与郎溪农村合作银行均约定以已缴增值税应退税款作质押担保，郎溪远大铜业公司并授权郎溪农村合作银行可以将指定账户内的特定退税款项直接划收归还贷款本息，双方之间意思表示真实，据此成立应退税款质押关系。对于应退税款质押，我国法律、行政法规并无禁止性规定。实践中，应退税款质押贷款已经成为一种较为有效的企业融资方式。本案中，经郎溪远大铜业公司指定，郎溪县国税局承诺将应退税款划入相应账户，实现了应退税款账户的特定化；郎溪远大铜业公司授权郎溪农村合作银行可以直接划收退税款项归还贷款本息，赋予了郎溪农村合作银行对指定应退税款账户中退税款项的直接处置权；双方约定质押的应退税款为特定已缴增值税完税凭证的应退税款，郎溪远大铜业公司并将约定的五张增值税完税凭证作为权利质物交付给郎溪农村合作银行，实现了未来可处置应退税款的特定化。从以上当事人之间约定及操作流程看，不违反法律、行政法规的规定精神，依照物权法和担保法有关动产质权的规定精神，应认定本案中的应退税款质押合法有效。

三、关于戴俊华的责任。戴俊华对三笔借款承诺承担连带保证责任，但郎溪远大铜业公司同时以本公司应退税款提供质押，对债权人如何实现债权当事人没有约定，依据物权法相关规定，郎溪农村商业银行应首先行使质押优先受偿权实现债权，未能实现部分才应由戴俊华承担连带清偿责任。

四、关于郎溪县国税局是否应以承担民事责任形式办理退税。郎溪远大铜业公司与郎溪农村合作银行签订《借款合同》和《权利质押合同》前，经郎溪远大铜业公司指定账户，郎溪县国税局承诺将应退税款及时划入相应账户。郎溪县国税局该承诺旨在协助郎溪远大铜业公司与郎溪农村合作银行之间将应退税款账户特定化，从而能够成立合法有效的应退税款质押贷款关系，该承诺并不具有民事担保性质。郎溪县国税局在承诺前后，是否应退税、何时退税、退税金额多少，应依法经税务行政程序核定，郎溪农村商业银行要求郎溪县国税局以承担民事责任的形式退税归还贷款不能成立。

综上，宣城市中级人民法院依照《中华人民共和国合同法》第八条第一款、第六十条第一款、第一百零七条、第二百零六条、第二百零七条，《中华人民共和国物权法》第一百七十条、第一百七十三条、第一百七十六条、第二百零八条，《中华人民共和国担保法》第十八条、第二十一条、第三十一条，《最高人民法院关于适用〈中华人民共和国担保法〉若干问题的解释》第四十二条、第八十五条，判决：

一、郎溪远大铜业公司于判决生效之日起十五日内归还郎溪农村商业银行借款本金 2000 万元及相应利息；

二、郎溪农村商业银行对郎溪远大铜业公司提供质押的应退税款账户中的特定应退税款，分别在质押担保范围内享有质押优先受偿权；

三、戴俊华对郎溪远大铜业公司以上借款本金及利息，分别在郎溪农村商业银行行使质押优先受偿权未能实现部分范围内承担连带清偿责任。戴俊华实际承担连带清偿责任后，有权向郎溪远大铜业公司追偿；

四、驳回郎溪农村商业银行的其他诉讼请求。

【法官后语】

本案涉及如何合理认定应退税款质押的效力问题。

1. 本案中，当事人就应退税款质押签订的合同为《权利质押合同》。从原理上分析，当事人提供质押的应退税款本质上也应属一种财产权利。但依照《物权法》的相关规定，应退税款作为权利质押尚缺乏明确的法律依据。《物权法》第二百二十三条规定："债务人或者第三人有权处分的下列权利可以出质：（一）汇票、支票、本票；（二）债券、存款单；（三）仓单、提单；（四）可以转让的基金份额、股权；（五）可以转让的注册商标专用权、专利权、著作权等知识产权中的财产权；（六）应收账款；（七）法律、行政法规规定可以出质的其他财产权利。"根据该条规定，可以出质的其他财产权利须有法律、行政法规规定，但目前对应退税款质押还没有法律、行政法规作出明确的赋权性规定。根据上述规定，应收账款可以出质，以应收账款出质的，质权自信贷征信机构办理出质登记时设立。通常理解认为，上述规定的应收账款是民事主体从事民事交易活动产生的应收款项，属于普通民事债权。应退税款则属于公法上的债权，难以归属于应收账款范畴。中国人民银行 2007 年制定的《应收账款质押登记办法》中，应收账款也未包括应退税款。实践中，应退税款质押的操作模式与应收账款质押也有明显不同，例如应退税款质押通常由出质人授予质权人银行对应退税款账户中退税款项的直接处置权，并交付相关完税凭证，一般并未到信贷征信机构办理出质登记。综上，本案中的应退税款质押如果界定为一种权利质押，现行法律依据不足。

2. 《最高人民法院关于适用〈中华人民共和国担保法〉若干问题的解释》第八十五条规定："债务人或者第三人将其金钱以特户、封金、保证金等形式特定化后，移交债权人占有作为债权的担保，债务人不履行债务时，债权人可以以该金钱优先受偿。"从本案当事人之间应退税款质押的约定及操作流程看，采取的是一种类似于动产质押原理（转移质物占有即转让对质物的控制权）的操作模式，实现了应退税款账户和未来可处置应退税款的特定化，转移了对特定完税凭证的占有，赋予了质权人对指定退税款项的直接处置权，符合上述司法解释规定精神。

3. 我国金融实践中，退税账户质押贷款由来已久。2001 年 8 月 24 日，《中国人民银行、对外贸易经济合作部、国家税务总局关于办理出口退税账户托管贷款业务的通知》（银发〔2001〕276 号）发布，此后各商业银行普遍开展了出口退税账户托管贷款业务。2004 年 11 月 22 日，《最高人民法院关于审理出口退税托管账户质押贷款案件有关问题的规定》（以下简称《规定》）对出口退税托管账户质押给予事实上认可。该《规定》第一条第二款规定："本规定所称出口退税专用账户质押贷款，是指借款人将出口退税专用账户托管给贷款银行，并承诺以该账户中的退税款作为还款保证的贷款。"第二条规定："以出口退税专用账户质押方式贷款的，应当签订书面质押贷款合同。质押贷款合同自贷款银行实际托管借款人出口退税专用账户时生效。"第三条规定："出口退税专用账户质押贷款银行，对质押账户内的退税款享有优先受偿权。"2008 年 12 月份，最高人民法院以"与物权法有关规定冲突"为由废止上述《规定》第二条规定，该条规定的废止使退税账户质押如何设立生效变得不甚明确，但并未完全否定退税账户质押这一质押形式。2011 年 11 月 21 日，财政部、国家税务总局发布《关于调整完善资源综合利用产品及劳务增值税政策的通知》（财税〔2011〕115 号）①，将资源综合利用产品及劳务增值税由免征调整为按比例退税。政策调整后，很多再生资源类生产企业出现资金周转困难，多地金融机构由此创设了增值税应退税款质押贷款新业务。本案审理中，经向当地人民银行相关部门咨询了解，退税质押贷款属于一项较为成熟的金融创新产品，实践中也已成为一种较为有效的企业融资方式，不宜轻易予以否定。

综上，本案中的应退税款质押，符合法律、行政法规和司法解释规定精神，适应经济运行现实需要，应当认定该质押合法有效，确认质押优先受偿权。

编写人：安徽省宣城市中级人民法院　杨学军

---

① 已被《财政部、国家税务总局关于印发〈资源综合利用产品和劳务增值税优惠目录〉的通知》废止。

70

应收账款基础交易合同对应收账款质权设立的影响

——交通银行股份有限公司福建省分行诉福建万家药业有限公司等金融借款合同案

【案件基本信息】

1. 裁判书字号

福建省福州市中级人民法院（2014）榕民初字第 296 号民事判决书

2. 案由：金融借款合同纠纷

3. 当事人

原告：交通银行股份有限公司福建省分行（以下简称交行福建分行）

被告：福建万家药业有限公司（简称万家公司）、江西药都樟树药业有限公司（以下简称药都樟树公司）、福建盛和食品集团有限公司（以下简称盛和公司）、黄勤某、张莉

【基本案情】

2012 年 9 月 24 日，原告交行福建分行与被告万家公司签订《开立银行承兑汇票额度合同》，交行福建分行给予万家公司 1000 万元授信额度。当天，交行福建分行与万家公司签订《应收账款质押合同》，约定万家公司将其对药都樟树公司"基于 086 号《药品买卖合同》产生的 5065867 元应收账款（到期日为 2013 年 3 月 24 日）及未来十八个月应收账款"作为出质标的，提供质押担保。当天，双方办理了出质登记手续。原告还分别与被告盛和公司、黄勤某、张莉签订《最高额保证合同》。

上述合同签订后，万家公司分别于 2012 年 9 月 24 日、2012 年 10 月 16 日向原告申请开立银行承兑汇票，汇票金额分别为 700 万元、300 万元，并提供了两份伪造的《药品买卖合同》及《应收账款质押通知书》，之后万家公司已付清该两笔汇

票的票款，其中 500 万元款项系其指示药都樟树公司汇入其开立于交行的指定账户。

2013 年 3 月 26 日、2013 年 4 月 17 日，被告万家公司再度向原告申请开立承兑汇票，金额分别为 700 万元、300 万元。并提交了两份伪造的《药品买卖合同》及《应收账款质押通知书》。后万家公司未依约还款，交行福建分行向药都樟树公司催款时，药都樟树公司提出异议，并以《药品买卖合同》及《应收账款质押通知书》所盖印章均系伪造为由，向当地公安机关报案。当地公安机关已立案侦查，万家公司法定代表人黄勤某在接受讯问时承认其私刻药都樟树公司印章伪造了《药品买卖合同》及《应收账款质押通知书》。另，万家公司与药都樟树公司长期存在药品买卖合同关系，双方于 2012 年初签订过《销售协议》，万家公司在向银行申请开立承兑汇票时隐瞒了该份《销售协议》，并继续收取药都樟树公司支付的货款，药都樟树公司已付清货款。因万家公司尚欠垫款本金 4853729 元及利息，交行福建分行遂提起诉讼。

【案件焦点】

本案应收账款质权是否依法设立。

【法院裁判要旨】

福建省福州市中级人民法院经审理认为：

一、被告万家公司向原告交行福建分行申请开立银行承兑汇票，到期后未依约支付票款导致原告产生垫款，万家公司应向原告承担偿还汇票垫款本金 4853729 元并支付相应利息的违约责任。被告盛和公司、黄勤某、张莉应分别在担保的最高债权额 600 万元限度内，对万家公司债务承担连带清偿责任。

二、关于案涉应收账款质权是否设立及药都樟树公司是否承担责任问题。

首先，案涉应收账款质押虽符合《物权法》第二百二十八条第一款规定的订立书面要式合同并办理出质登记的应收账款质权设立的形式要件，但应收账款作为金钱债权，其应为真实存在且已特定化的债权。本案《应收账款质押合同》约定出质人万家公司将其对药都樟树公司"基于 086 号《药品买卖合同》产生的 5065867 元应收账款（到期日为 2013 年 3 月 24 日）及未来十八个月应收账款"作为出质标的，但出质人万家公司提供给原告的应收账款基础合同即各《药品买卖合同》以及

《应收账款质押通知书》均系伪造，其所指向的"应收账款"亦非真实。

其次，药都樟树公司与万家公司虽长期存在药品买卖关系，但被告万家公司并未将真实有效的《销售协议》作为应收账款基础合同向原告提交，且原告亦系根据伪造的《药品买卖合同》而非《销售协议》向药都樟树公司主张行使应收账款质权，故万家公司基于《销售协议》履行产生的对被告药都樟树公司的货款债权，并非《应收账款质押合同》约定的质押标的。

第三，《应收账款质押合同》虽约定万家公司对药都樟树公司的"未来十八个月应收账款"亦属质押标的，但该约定仅系框架约定，从本案讼争的两笔银行承兑汇票以及已结清的两笔银行承兑汇票额度申请程序来看，在万家公司提出申请时，均应提交"应收账款"对应的基础交易合同即《药品买卖合同》，故《应收账款质押合同》约定的"未来十八个月应收账款"所指向的将来应收账款并非特定化的债权，应待应收账款实际产生后才可特定化并成为质押标的。基于被告万家公司均系提交虚假的《药品买卖合同》，故"未来十八个月应收账款"亦不能指向基于《销售协议》产生的万家公司对药都樟树公司的未来应收账款。

第四，应收账款质押登记，并不能取代出质通知。在债权上设定质权，出质人行使债权的权利受限，出质人或质权人应当将出质情况通知应收账款债务人，以便于应收账款债务人正确履行债务。但本案讼争《应收账款质押通知书》系伪造，原告与万家公司均未向药都樟树公司正式通知应收账款质押情况，故即便本案应收账款质权可依法设立，应收账款质押亦对药都樟树公司不发生效力。

第五，药都樟树公司虽曾向万家公司开立于交行账户汇入 500 万元，但其系基于《销售协议》并根据万家公司的指示汇款，不能以此推知其知晓讼争应收账款质押情况并已向原告履行债务。

最后，药都樟树公司基于其与万家公司《销售协议》已履行了向万家公司的付款义务，且其不存在过错，双方之间的债权债务关系已消灭，故药都樟树公司亦无义务再次付款。

综上，原告向被告药都樟树公司主张行使应收账款质权，缺乏事实及法律依据，应予驳回。

三、关于本案是否涉嫌经济犯罪及如何处理问题。

原告交行福建分行接受"应收账款"作为质押标的，却未对该"应收账款"

基础的《药品买卖合同》真实性进行严格审查，未直接向药都樟树公司了解核实，违背了商业银行法关于商业银行安全性的经营原则，导致本案债权缺乏有效担保而产生无法实现之风险。另，被告万家公司及其法定代表人黄勤某伪造"应收账款"基础合同，且未将药都樟树公司向其支付的货款用于偿还讼争债务，所涉金额巨大，严重破坏金融市场秩序。故相关当事人已涉嫌相关经济犯罪，根据《最高人民法院关于在审理经济纠纷案件中涉及经济犯罪嫌疑若干问题的规定》第十条的规定，相关犯罪线索、材料将移送公安机关查处。

福建省福州市中级人民法院依照《中华人民共和国合同法》第一百零七条、第二百零六条、第二百零七条，《中华人民共和国担保法》第十八条、第二十一条，《中华人民共和国物权法》第二百二十三条第（六）项、第二百二十八条第一款，《中华人民共和国民事诉讼法》第一百四十四条的规定，作出如下判决：

一、被告万家公司偿还原告交行福建分行代垫款本金 4853729 元并支付相应利息；

二、被告盛和公司、黄勤某、张莉分别在担保的最高债权额 600 万元限度对万家公司债务承担连带清偿责任；

三、驳回原告交行福建分行的其他诉讼请求。

宣判后，双方均未上诉。

【法官后语】

应收账款系金钱债权，应收账款质押本质上是债权质押，其类似于大陆法系国家的一般债权质押，作为质押标的的应收账款债权应真实有效且特定化，才可成为质押标的。因此，在实务中应当审查应收账款的真实性，尤其应审查应收账款基础合同关系。《物权法》虽未规定应收账款质权设立应当通知应收账款债务人（即第三债务人），但应收账款质权的实现需第三债务人配合，未通知第三债务人自然对其不发生效力，第三债务人仍可进行向其债权人（即出质人）清偿债务，并可行使抵销权及其他抗辩权。因此，通知第三债务人亦有利于应收账款债权特定化，确保质权人顺利行使质权。

本案中，出质人虽与第三债务人存在真实的药品买卖合同关系，但其并未将有效的《销售协议》提交质权人作为应收账款基础合同，而是伪造了《药品买卖合同》以及《应收账款质押通知书》，故应收账款基础合同系虚构，基础合同所指向的应收账款亦不存在，质权未依法设立。且该出质亦未通知第三债务人，即便质权设立，第三债务人已履行了向其债权人（出质人）的付款义务，"应收账款"亦已灭失，质权人不能再向第三债务人主张权利。

编写人：福建省福州市中级人民法院　陈光卓

71

质权人有权申请实现担保物权

——杭州乾融典当有限责任公司与杭州振邦医疗器械有限公司申请实现担保物权案

【案件基本信息】

1. 裁判书字号

浙江省杭州市萧山区人民法院（2013）商特字第 11 号民事裁定书

2. 案由：申请实现担保物权

3. 当事人

申请人：杭州乾融典当有限责任公司

被申请人：杭州振邦医疗器械有限公司

【基本案情】

2012 年 12 月 11 日，申请人（贷款人/质权人、乙方）与被申请人（借款人/出质人、甲方）签订《票据质押典当合同》一份，约定：甲方同意将其自有的或有享有处分权的票据财产作为物质押给乙方，乙方同意接受甲方以下列票据质押并提供相应的当金；甲方用作质押的财产为：银行承兑汇票（出票日期：2012 年 11 月 16 日；承兑行：中国工商银行；出票金额：500 万元；汇票到期日：2013 年 5 月 16 日）；乙方同意给甲方发放当金 400 万元；典当期限从 2012 年 12 月 11 日起至 2013 年 2 月 10 日止；典当期限向甲方收取综合服务费和利息，综合服务费月费率为典当金额的 2.033%，费用在典当时一次结清；甲方到期不能如约按期赎当或甲方不能按期给乙方还款付息，甲方逾期每日给乙方给付相当贷款金额 0.01%／日的违约金，乙方有权单方解除合同；当物的担保范围为本合同项下的决算期内按照约定连续发生的一系列的借款当金（本金）、综合费用、利息、罚息、违约金、损害赔偿金、乙方垫付的有关费用以及乙方实现债权的一切费用（包括但不限于律师费、拍卖费等）等内容。

合同签订后，被申请人将合同中约定的银行承兑汇票交付给申请人。同日，被申请人向申请人出具收款确认书一份，载明：本人已收到贵司与杭州振邦医疗器械有限公司（以下称当户/债务人）于 2012 年 12 月 11 日签订的《票据质押典当合同》项下当金 400 万元。被申请人已向申请人支付典当综合服务费 162640 元。

典当期限到期后，被申请人未及时归还借款当金。申请人为实现债权与律师事务所签订《法律服务委托合同》一份，约定律师费并予以支付。

【案件焦点】

1. 杭州乾融典当有限责任公司是否可以提出申请实现担保物权；2. 票据质押情形下，申请实现担保物权管辖法院的确定。

【法院裁判要旨】

浙江省杭州市萧山区人民法院经审查认为，申请人提供的《票据质押典当合同》、当票、《公司股东会同意借款决议书》、收款确认书、银行承兑汇票（票据号 102000×××）、《公司股东会同意质押典当决议书》、《法律服务委托合同书》、律师费发票等证据均系原件，内容客观明确、形式来源合法，故可认定被申请人向申请人借款 400 万元，并以其拥有票据权利的银行承兑汇票（票据号 102000×××）质押，质押关系成立并有效。现主债务履行期限已届满，申请人依照合同要求实现质押物权，符合法律规定，本院予以支持。申请人违约金计算标准因超过中国人民银行同期同类贷款基准利率的 4 倍，本院依法予以调整①。浙江省杭州市萧山

---

① 2015 年公布的《最高人民法院关于审理民间借贷案件适用法律若干问题的规定》第二十六条规定："借贷双方约定的利率未超过年利率 24%，出借人请求借款人按照约定的利率支付利息的，人民法院应予支持。借贷双方约定的利率超过年利率 36%，超过部分的利息约定无效。借款人请求出借人返还已支付的超过年利率 36% 部分的利息的，人民法院应予支持。"

区人民法院依照《中华人民共和国物权法》第二百十九条第二款、第三款、《中华人民共和民事诉讼法》第一百九十七条的规定，作出如下裁定：

对被申请人杭州振邦医疗器械有限公司质押的银行承兑汇票（出票日期：2012年11月16日；承兑行：中国工商银行；出票金额：500万元；汇票到期日：2013年5月16日）准予采取拍卖、变卖等方式依法变价，申请人杭州乾融典当有限责任公司对变价后所得价款在本金400万元、该款从2013年2月11日起至实际支付日止的违约金（按中国人民银行同期同类贷款基准利率的4倍标准计算）和律师费的范围内优先受偿。

【法官后语】

关于质权人是否可以提出申请实现担保物权的问题。依据《民事诉讼法》第一百九十六条的规定，申请实现担保物权由担保物权人以及其他有权请求实现担保物权的人依照物权法等法律，向担保财产所在地或者担保物权登记地基层人民法院提出。我国《物权法》第一百九十五条第二款规定抵押权人与抵押人未就抵押权实现方式达成协议的，抵押权人可以请求人民法院拍卖、变卖抵押财产。但对质权，《物权法》并未明确规定，质权人可请求人民法院拍卖、变卖抵押财产，仅明确债务人不履行到期债务或者发生当事人约定的实现质权的情形，质权人可以与出质人协议以质押财产折价，也可以就拍卖、变卖质押财产所得的价款优先受偿。从《民事诉讼法》的立法本意来看，质权人可以提出申请实现担保物权。（1）从《民事诉讼法》的相关表述来看，其使用"担保物权"而非"质押权"，从文义理解来看，当然包括抵押权、质押权、留置权等担保物权。（2）从立法本意来看，2012年修正的《民事诉讼法》新增申请实现担保物权的相关规定，旨在于完善抵押权等担保物权的公力救济途径，摒弃早期单一通过诉讼方式实现担保物权的做法，发挥担保制度应有的功能。现代商业社会，融资担保的形式已不再局限于不动产的抵押，票据、证券、提单、债券质押及留置权也早已成为担保制度的有效补充，如将申请实现担保物权的范围仅局限于《物权法》明确的抵押权，也无法完全达到立法目的。（3）从物权法关于实现质押的规定来看，其只表明质权人可以就拍卖、变卖质押财产所得价款优先受偿，但并未明确拍卖、变卖的途径，即表明质权人可与担保人协商一致进行拍卖、变卖，也可包括质权人申请法院实施的拍卖、变卖。

关于票据质押情形下，申请实现担保物权管辖法院的确定问题。依据《民事诉讼法》的规定"担保财产所在地"或者"担保物权登记地"的基层人民法院为申请实现担保物权的管辖法院。依据《物权法》的规定，以汇票、支票、本票、债券、存款单、仓单、提单出质的，当事人应当订立书面合同。质权自权利凭证交付质权人时设立；没有权利凭证的，质权自有关部门办理出质登记时设立。因此，就没有权利凭证的质权，存在质权登记地，例如以应收账款出质的，质权自信贷征信机构办理出质登记时设立。但对有权利凭证的，质权自权利凭证交付质权人即设立。票据是设定并证明持券人有权取得一定财产权利的书面凭证，因此票据质押并不存在担保登记地，只能依据"担保财产所在地"确定管辖权。按照《物权法》的规定，质权自权利凭证"交付"质权人即设立，因此质权设立时，担保财产已经交付于质权人，故质权人住所地即为担保财权所在地。本案中，申请人典当行已持有票据，典当行所在地即为担保财产所在地，典当行所在地法院有管辖权。

编写人：浙江省杭州市萧山区人民法院　夏婧静　贾菁菁

图书在版编目（CIP）数据

中国法院 2016 年度案例. 借款担保纠纷／国家法官
学院案例开发研究中心编. —北京：中国法制出版社，
2016. 3

ISBN 978 - 7 - 5093 - 7165 - 7

Ⅰ. ①中… Ⅱ. ①国… Ⅲ. ①借贷 - 经济纠纷 - 案例
- 汇编 - 中国②担保 - 经济纠纷 - 案例 - 汇编 - 中国
Ⅳ. ①D920. 5

中国版本图书馆 CIP 数据核字（2016）第 015774 号

策划编辑：李小草（lixiaocao2008@ sina. cn）
责任编辑：王熹　　　　　　　　　　　　　　封面设计：温培英、李宁

中国法院 2016 年度案例·借款担保纠纷

ZHONGGUO FAYUAN 2016 NIANDU ANLI · JIEKUAN DANBAO JIUFEN

编者／国家法官学院案例开发研究中心
经销／新华书店
印刷／三河市紫恒印装有限公司
开本/730 毫米×1030 毫米　16　　　　　　　印张/ 16. 25　字数/ 215 千
版次/2016 年 3 月第 1 版　　　　　　　　　2016 年 3 月第 1 次印刷

中国法制出版社出版
书号 ISBN 978 - 7 - 5093 - 7165 - 7　　　　　　　　　　定价：45. 00 元

北京西单横二条 2 号　　　　　　　　　　　　值班电话：010 - 66026508
邮政编码 100031　　　　　　　　　　　　　　传真：010 - 66031119
网址：http：//www. zgfzs. com　　　　　　**编辑部电话：010 - 66010493**
市场营销部电话：010 - 66033393　　　　　**邮购部电话：010 - 66033288**

（如有印装质量问题，请与本社编务印务管理部联系调换。电话：010 - 66032926）

中国法院 2012、2013、2014、2015、2016 年度案例系列

国家法官学院案例开发研究中心　编

简便易用、权威实用——打造"好读有用"的案例

1. 权威的作者： 国家法官学院案例开发研究中心持续 20 余年编辑了享誉海内外的《中国审判案例要览》丛书，2012 年起推出《中国法院年度案例》丛书，旨在探索编辑案例的新方法、新模式，以弥补当前各种案例书的不足。

2. 强大的规模： 2012、2013 年各推出 15 本，2014 年推出 18 本，2015 年推出 19 本，2016 年推出 20 本，含传统和新近的所有热点纠纷，所有案例均是从全国各地法院收集到的上一年度审结的近万件典型案例中挑选出来的，具有广泛的选编基础和较强的代表性。

3. 独特的内容： 不再有繁杂的案情，高度提炼案情和裁判要旨，突出争议焦点问题。不再有冗长的分析，主审法官撰写"法官后语"，展现裁判思路方法。

1. 婚姻家庭与继承纠纷
2. 物权纠纷
3. 土地纠纷（含林地纠纷）
4. 房屋买卖合同纠纷
5. 合同纠纷
6. 买卖合同纠纷
7. 借款担保纠纷
8. 民间借贷纠纷
9. 侵权赔偿纠纷
10. 道路交通纠纷
11. 雇员受害赔偿纠纷（含帮工受害纠纷）
12. 人格权纠纷（含生命、健康、身体、姓名、肖像、名誉权纠纷）
13. 劳动纠纷（含社会保险纠纷）
14. 公司纠纷
15. 保险纠纷
16. 金融纠纷
17. 知识产权纠纷
18. 行政纠纷
19. 刑法总则案例
20. 刑法分则案例

最高人民法院指导性案例裁判规则理解与适用系列

公司卷（第二版）（上下册）	139 元	婚姻家庭卷	50 元
民事诉讼卷（上下册）	139 元	合同卷四	98 元
侵权赔偿卷二	69 元	合同卷三	98 元
侵权赔偿卷一	69 元	合同卷二	98 元
房地产卷	98 元	合同卷一	98 元
劳动争议卷	58 元	担保卷	98 元

最高人民法院知识产权审判实务系列

商标法适用的基本问题（增订版）	78 元
反不正当竞争法的创新性适用【精装】	68 元
知识产权保护的新思维——知识产权司法前沿问题	98 元
最高人民法院知识产权审判案例指导（第 7 辑）	98 元
最高人民法院知识产权审判案例指导（第 6 辑）	78 元
最高人民法院知识产权审判案例指导（第 5 辑）	88 元
最高人民法院知识产权审判案例指导（第 4 辑）	78 元
最高人民法院知识产权审判案例指导（第 3 辑）	78 元
最高人民法院知识产权审判案例指导（第 2 辑）	78 元
最高人民法院知识产权审判案例指导（第 1 辑）	48 元
中国知识产权指导案例评注（第 6 辑）	128 元
中国知识产权指导案例评注（第 5 辑）	118 元
中国知识产权指导案例评注（第 4 辑）	98 元
中国知识产权指导案例评注（第 3 辑）	98 元
中国知识产权指导案例评注（上、下卷）	188 元
商业秘密司法保护实务	98 元
知识产权法律适用的基本问题——司法哲学、司法政策与裁判方法	168 元
最高人民法院知识产权司法解释理解与适用	58 元

北京市高级人民法院知识产权审判实务书系

知识产权司法保护与审判指导（2015 年第 1 辑，总第 1 辑）	36 元
商业特许经营合同原理解读与审判实务	58 元
北京市高级人民法院《专利侵权判定指南》理解与适用	128 元
商标授权确权的司法审查	88 元
知识产权疑难案例要览（第 3 辑）	98 元
北京市高级人民法院知识产权疑难案例要览（第 2 辑）	88 元
北京市高级人民法院知识产权疑难案例要览（第 1 辑）	78 元

北京市西城区人民法院审判实务书系

老字号企业知识产权管理与法律风险防范	58 元

宁波市中级人民法院知识产权审判实务书系

知识产权审判理念与实务	68 元

中国知识产权报书系

知识产权经典案例评析（2015 年卷）	50 元
知识产权经典案例评析（2016 年卷）	50 元